es 1158

edition suhrkamp

Neue Folge Band 158

[redacted]

[redacted]

»Die Demokratisierung der Schule ist genauso unsinnig wie die Demokratisierung der Gefängnisse und Kasernen.« Das schrieb ein Schüler im Jahre 1967. Geschichte und Theorie der Revolte von 1968 sind Themen der vorliegenden Arbeit. Um die Protestbewegung speziell der Schüler in ihrer Eigenschaft als Jugendlichenrevolte begreifen zu können, rekonstruiert die Autorin die Entstehung des Phänomens Jugend zwischen dem 16. und dem 19. Jahrhundert. Der bürgerliche Jugendbegriff, die Trennung der Altersklassen und der angeblich ewige Generationskonflikt erweisen sich dabei als ideologische Herrschaftsinstrumente.

Was Mitte der sechziger Jahre von Schülerseite so brav mit der Forderung nach Aufklärung begann, eskalierte zunächst an den aufgebrachten Reaktionen eines Teils der Öffentlichkeit, der Lehrer und der Eltern. Ein »Sex-Skandal« jagte den anderen, und die Schüler forderten nicht mehr nur Aufklärung, sondern die Pille, Freie Liebe und die Erotisierung des Unterrichts. Gleichzeitig politisierte und radikalisierte sich die Revolte, indem sie sich nicht mehr nur kultur-, sondern auch sozialrevolutionär definierte. Mit der Entwicklung antiimperialistischen und antikapitalistischen Engagements konnte sie ihren ursprünglichen Charakter einer Jugendlichenbewegung überwinden. Die sich anschließende K-Gruppen-Bewegung aber mußte zum dogmatischen Sektierertum regredieren, weil die immer noch jungen Akteure jetzt alle antiautoritären Prinzipien und Ausdrucksformen aus der Revolte als jugendliche Torheiten verwarfen.

Der Autorin gelingt es anhand einer empirischen Untersuchung von Schülerzeitungen, die Entwicklung der Schülerbewegung nachzuzeichnen: vom antiautoritären Protest zur sozialen Revolte über die neoleninistischen Parteigründungen bis zum partiellen Wiederaufleben des Antiautoritarismus in der »Sponti«-Bewegung.

Ulrike Heider

Schülerprotest in der Bundesrepublik Deutschland

Suhrkamp

edition suhrkamp 1158
Neue Folge Band 158

Erstausgabe

Satz: Georg Wagner, Nördlingen
Druck: Nomos Verlagsgesellschaft, Baden-Baden
Umschlagentwurf: Willy Fleckhaus
Printed in Germany

1 2 3 4 5 6 – 89 88 87 86 85 84

Inhalt

Einleitung

Bei der Wahl des Themas der vorliegenden Untersuchung war das Bedürfnis nach historischer Aufarbeitung der Zeit, die mich in meinem politischen und lebenspraktischen Selbstverständnis am meisten geprägt hat, ausschlaggebend.

Die zehn Jahre zwischen 1964 und 1974 konfrontierten mich mit vier unterschiedlichen, aber ineinander übergehenden oppositionellen Strömungen, an deren Erfahrungen ich mich bis heute abgrenzend orientiere.

Es handelt sich dabei um die pazifistische Intellektuellenbewegung der späten fünfziger und frühen sechziger Jahre, um die antiautoritäre Protestbewegung der späten sechziger Jahre, um deren Dogmatisierungsphase in den frühen siebziger Jahren und um die folgende Zweitauflage des Antiautoritarismus als sogenannte Sponti-Bewegung (Sponti = Spontaneist).

Die Arbeit war ursprünglich vor allem historisch geplant: Im Rahmen eines sozialgeschichtlichen Abrisses der Protestbewegung von ihren Anfängen bis zum Zeitpunkt des Beginns meiner Aufarbeitung wollte ich den Antiautoritarismus der Protestbewegung mit der theoretischen und praktischen Tradition des Anarchismus vergleichen und der Beziehung zwischen der politischen und der hedonistischen Linken besondere Aufmerksamkeit schenken.

Diese beiden Punkte werden in der (bisher sowieso geringen) Literatur zum Thema Protestbewegung weitgehend vernachlässigt. So wird die an sich naheliegende Verwandtschaft des Antiautoritarismus mit dem Anarchismus bzw. Libertärsozialismus bei fast allen Interpreten vergessen; wahrscheinlich wegen der offiziellen Berufung der sog. Studentenrevolte auf Marx. Ebenso verhält es sich mit dem Einfluß der hedonistischen Linken auf das oppositionelle Geschehen an Schulen und Universitäten zur Zeit der Revolte, ein Zusammenhang, der schon durch den Gebrauch des mißverständlichen Begriffs »Studenten«-Revolte oder auch »Schüler- und Studenten«-Revolte in Vergessenheit geraten ist. Noch mehr aber trug die meist einseitige Thematisierung in Büchern, Aufsätzen, Rundfunk- und Fernsehsendungen zu historischen Fehleinschätzungen bei, indem die jugendliche Opposition jener Jahre nicht nur auf das Geschehen innerhalb der Ausbildungsinstitutionen, sondern auch noch auf die Aktivitäten einer intellektuellen Funktionärsclique reduziert wird. So können sich nicht einmal mehr die ehemals Beteiligten die ursprünglich starke Vermischung von Undergroundkultur und sog. Studentenrevolte vorstellen.

Über die ganze große Protestbewegung in und außerhalb von Universitäten und Schulen sowie in und außerhalb der Subkultur der hedonistischen Linken zu schreiben, schien mir vermessen. Es galt also, sich auf einen Teilbereich zu beschränken. Daß meine Wahl dabei auf die Schülerbewegung fiel, hatte folgende Gründe:

Erstens glaubte ich, daß man nicht über Dinge schreiben soll, die einem noch zu nahe sind, wie mir die linke Opposition an der Universität seit meinem Studienbeginn 1967. Was sich dagegen parallel zur sog. Studentenbewegung an den Gymnasien ereignete, meinte ich aufgrund meiner eigenen Erfahrungen ebensogut nachvollziehen, aber wegen der größeren Distanz besser beurteilen zu können, denn ich habe selbst nur die allerersten Anfänge der Schülerbewegung miterlebt. Zweitens schien mir die Schülerbewegung gradliniger antiautoritär und stärker von anarchistischen Zügen geprägt zu sein als die sog. Studentenrevolte. Und drittens schien mir auch die Affinität zur hedonistischen Linken bei den Schülern stärker zu sein als bei den Studenten.

Als dokumentarisches Arbeitsmaterial kamen Flugblätter, Interviews mit (ehemaligen) Beteiligten und Schülerzeitschriften in Frage. Da mir die erste Möglichkeit zu mühsam und die zweite zu subjektiv erschien, beschloß ich, die Auswertung von Zeitschriften durch Interviews mit (ehemaligen) Redakteuren zu ergänzen, und begann, alte und neue Zeitschriftenreihen aus dem ganzen Bundesgebiet zu sammeln.

Nach der ersten Sichtung des Materials war ich in der Lage, die Schülerbewegung in vier Phasen einzuteilen. Ich unterscheide seither:

1. Entstehung der Schülerbewegung vor 1967,
2. Schülerrevolte von 1967 bis ca. 1969/70,
3. Dogmatisierungsphase 1969 bis ca. 1973,
4. Partielles Wiederaufleben einer antiautoritären Schülerbewegung im Zuge der Sponti-Bewegung.

Die genannten Phasen entwickelten sich an verschiedenen Orten früher oder später, aber immer in der gleichen Reihenfolge.

Bei der exemplarischen Auswahl der Zeitschriftendokumente beschränkte ich mich aus arbeitstechnischen Gründen auf fünf Zeitschriften meiner Heimatstadt Frankfurt und eine aus der nordhessischen Provinz.

Der Inhalt der sechs ausgewählten Schülerzeitschriften ist repräsentativ für den jeweils radikalsten Teil der Bewegung, die über Hessen hinaus bis auf besagte zeitliche Verschiebungen und kleinere inhaltliche Unterschiede in der ganzen Bundesrepublik gleich verlief.

Auf eine Auswertung der schriftlichen Dokumente des AUSS (Allgemeiner Unabhängiger Sozialistischer Schülerbund), des überregionalen Zusammenschlusses linker Schülergruppen von 1968 nach dem Modell des SDS (Sozialistischer Deutscher Studentenbund), die ich einsehen konnte, habe ich verzichtet, weil mir dort hauptsächlich das Bewußtsein einer Art Avantgarde von Schülerfunktionären dokumentiert scheint, die sich von der Realität an den Schulen entfernt hatten, während es mir auf das Geschehen an der Basis ankam.

Für die Auswertung des beschriebenen Materials entwickelte ich ein dem Gegenstand adäquates qualitativ-inhaltsanalytisches Untersuchungsverfahren.

Bei der Inhaltsanalyse zeigte sich folgendes: Je weiter ich in der chronologisch vorgenommenen Untersuchung kam, desto deutlicher fiel mir beim jeweiligen Übergang der genannten historischen Phasen der Bewegung ein sich periodisch wiederholender Wechsel im psychischen Habitus der Autoren auf, der nicht allein aus dem Wechsel der politischen Positionen zu erklären war; erst allmählich stellte sich heraus, daß es sich dabei um die dreimalige Veränderung des Verhältnisses der Beteiligten zu ihrer eigenen Jugendlichkeit handelt:

1. Vor 1967 verleugnen die politisch engagierten Schüler ihre Jugend, ihr Schülerdasein und die damit verbundenen Probleme, indem sie sich zwanghaft erwachsen geben.

2. Von 1967 bis 1969 betonen die revoltierenden Schüler ihre Jugendlichkeit, indem sie bestimmte, allgemein als jugendspezifisch geltende Eigenschaften und Verhaltensweisen in ihre Aktionen in und außerhalb der Schule eingehen lassen und so aggressiv gegen die Erwachsenen als Repräsentanten der Sozialisationsin-

stanzen Schule und Familie sowie gegen die bestehende Gesellschaft insgesamt richten.

3. Nach 1969, bis etwa 1973, verleugnet der größte Teil der jetzt als kommunistisch identifizierten Bewegung erneut die Jugendlichkeit ihrer Akteure, und die (erwachsenen) Lehrer und Eltern werden teilweise rehabilitiert.

4. Nach 1973 kommt es bei einem großen Teil der Nachfolger der Schülerrevolte zu einer nochmaligen Aufwertung der Jugendlichkeit, ähnlich wie in der Zeit zwischen 1967 und 1969.

Dem aufgezeigten periodischen Wechsel im Verhältnis zum eigenen Lebensalter aber entspricht ebenso periodisch der Wechsel der politischen Positionen:

- der antiautoritären Radikalisierung der Schülerbewegung nach 1967 die Betonung der Jugendlichkeit und der für jugendspezifisch geltenden Eigenschaften;
- der marxistisch-leninistischen Dogmatisierung, die mit der Organisierung und Disziplinierung der Bewegung einhergeht, dagegen ein angestrebtes Erwachsen-Werden, das mit »Reif-« und »Vernünftig-Werden« gleichgesetzt wird;
- die libertäre Welle nach 1973 wiederum der erneuten Betonung der Jugendlichkeit ihrer Vertreter.

Das heißt, der Antiautoritarismus bzw. der Anarchismus hat etwas mit Jugendlichkeit zu tun, der Marxismus-Leninismus bzw. Kommunismus etwas mit Erwachsen-Sein. Diese Vermutung ergab für mich die Notwendigkeit, die Schülerbewegung unter einem weiteren spezifischen Aspekt zu untersuchen, und zwar in ihrer Eigenschaft als Jugendlichenbewegung.

Da mir bis dahin selbst weitgehend unklar war, worauf der Mentalitätsunterschied zwischen Jugendlichen und Erwachsenen beruht, ob er biologisch oder sonstwie bedingt ist, mußte ich mich zunächst allgemeiner mit dem Phänomen Jugend auseinandersetzen. Bei der Befassung mit Literatur zur Jugendsoziologie ergab sich die auch bei progressiven Autoren kaum aufgehobene ideologische Verschleierung des Begriffs Jugend, und in den Schriften zur Schülerbewegung, Studentenbewegung und zur hedonistischen Linken war der Aspekt der Jugendlichkeit der Beteiligten entweder nur mangelhaft oder ideologisch verhunzt berücksichtigt. Ansätze eines entideologisierten Jugendbegriffs fand ich nur bei Autoren, die in der Tradition der Antipsychiatrie »antipädagogische« Standpunkte entwickelt haben, wie z. B. Maud Mannoni, bei den »Entschulungstheoretikern« wie Ivan Illich und in der Zivilisationstheorie bei Norbert Elias und Philippe Ariès. (Auch die Theorie des Kindheitsforschers Lloyd de Mause fußt auf einem traditionellen Begriff von Jugend, in dessen Rahmen die bürgerliche Grundidee der Pädagogik nicht in Frage gestellt wird.)

So sah ich mich genötigt, die historische Entstehung der modernen Kindheit und Jugend sowie die Entstehung und den Verlauf der jugendlichen Emanzipationsbewegungen seit dem 18. Jahrhundert zu untersuchen und darzustellen, und zwar vor allem unter zivilisationstheoretischen Aspekten. Ich kam dabei zu folgendem Ergebnis:

Die vom Bürgertum besorgte und bis zum Beginn des 19. Jahrhunderts abgeschlossene Differenzierung der Altersklassen als subkultureller Separierung der Teilpopulationen Kindheit und Jugend geht mit der künstlichen Aufteilung der menschlichen Eigenschaften in nicht mehr wie bisher nur männliche und weibliche, sondern jetzt auch erwachsene und kindlich-jugendliche einher.

Dabei entspricht der neu geschaffene psychische Habitus des Erwachsenen dem des zivilisierten Menschentyps, der des Kindes und besonders des Jugendlichen dem des vorzivilisatorischen Individuums.

Ideologischer Zweck dieser bürgerlichen Trennungsbemühungen ist die Integration gegenbürgerlicher Opposition, zunächst der aus den eigenen Reihen, später auch der proletarischen.

Inzwischen schon ahnend, was Anarchismus und Jugend sowie Kommunismus und Erwachsenenkultur miteinander zu tun haben, unterzog ich die Grundmaximen des Marxismus bzw. des Marxismus-Leninismus und die des Anarchismus bzw. Libertärsozialismus einem idealtypischen Vergleich unter zivilisationstheoretischen Aspekten.

Dabei wurde klar, daß die historisch ältere Tradition des Libertärsozialismus hauptsächlich von vorzivilisatorischen Mentalitätsmodellen geprägt ist, der Marxismus-Leninismus von (bürgerlich-)zivilisatorischen. So ist z. B. der vom Marxismus für revolutionär erachtete Menschentyp, vor allem der Industrieproletarier, ein im bürgerlich-ideologischen Sinn Erwachsener, der anarchistisch-revolutionäre Typ, besonders der Lumpenproletarier dagegen ein im gleichen Sinne jugendlicher Mensch.

I.
Das Phänomen Jugend
Historisch-theoretische Überlegungen

1. Die Entstehung der Altersklassendifferenzierung

Soziale Gleichheit von jung und alt

Im Mittelalter und zu Beginn der Neuzeit galt ein Mensch, wenn er sechs oder acht Jahre alt geworden war, als erwachsen. Man unterschied vom Erwachsenenleben nur die Periode der frühen Kindheit. Weder eine zweite Phase der Kindheit bis zur Pubertät noch eine Jünglings- bzw. Jugendzeit existierte im Bewußtsein dieser Gesellschaft. Das Verhältnis der Erwachsenen zu den (kleinen) Kindern war weitgehend von der hohen Kindersterblichkeit bestimmt.

Dementsprechend erwartete man von Kindern auch kein »gesittetes« Benehmen, ebenso wenig wie von Erwachsenen im Umgang mit ihnen. Ganz im Gegenteil erlaubte man sich Kindern gegenüber ein für unsere Begriffe schamloses Verhalten, indem man mit Vorliebe derb-erotische Späße mit ihnen trieb. Es gibt dafür zwei Erklärungen: Entweder akzeptierte man die kindliche Sexualität wie die erwachsene oder man hielt das Kind für vollständig asexuell. Was auch immer der Grund gewesen sein mag, die Kinder wuchsen ohne die sexuelle Repression späterer Jahrhunderte auf. Weder Sexualaufklärung noch Pubertätskrise existierten als Problem. In den europäischen Unterschichten hat sich diese mittelalterliche Einstellung zur Kindheit bis ins 18. und z. T. ins 19. Jahrhundert erhalten, in den Unterschichten der Dritten Welt teilweise bis heute. Während der kurzen Zeit vor Eintritt ins Erwachsenenleben lebten die Kinder mit den Erwachsenen zusammen. Sie trugen dieselbe Kleidung, spielten die gleichen Spiele und waren bei ihren Arbeiten, Zerstreuungen, Festen und Feierlichkeiten anwesend bzw. beteiligt. Ebenso wie uns aus der heutigen Sicht das Leben der Kinder und Jugendlichen im Mittelalter erwachsen erscheint, nimmt sich das Leben der Erwachsenen für uns kindlich bzw. jugendlich aus.

Um den frühen, übergangslosen Eintritt der Kinder ins Erwachsenenleben zu verstehen, muß man sich vergegenwärtigen, daß im Mittelalter unsere heutigen Sozialisationsinstanzen Schule und Familie als solche noch nicht existierten. Die mittelalterliche Gesellschaft kannte keine Kindererziehung als Vorbereitung auf das Erwachsenenleben. Die übliche Ausbildung war in allen Ständen das Lehrverhältnis, das erst im 18. Jahrhundert auf breiter Ebene von der Schulzeit abgelöst wurde.

Die mittelalterliche Schule war die Ausbildungsstätte für künftige Priester und ab dem 13. Jahrhundert auch Vorbereitung auf das Universitätsstudium für Weltgeistliche. Sie war eine reine Lateinschule, Lesen und Schreiben in der Muttersprache lernte man zu Hause oder während der Berufsausbildung im Lehrverhältnis. In den mittelalterlichen Domschulen, die als Keimzelle unseres heutigen höheren Schulwesens betrachtet werden können, lernte man über die Priesterausbildung in Psalter und Gesang hinaus die sogenannten Artes, die sieben freien Künste (Grammatik, Rhetorik, Dialektik, Geometrie, Arithmetik, Astronomie und Musik) als Vorbereitung auf das Universitätsstudium. Das durchschnittliche Mindestalter der Schulanfänger betrug sieben bis neun Jahre, der Schulbeginn fiel in diesen Fällen mit dem Berufsantritt zusammen. Man konnte aber auch in späterem Lebensalter mit dem Studium der Artes beginnen, denn an Schulen wie Universitäten lernten Angehörige aller Altersklassen gemeinsam. Eine Abstufung der Lehrprogramme gab es noch nicht. Was die Disziplin betrifft, so wurden kleine und große Schüler bzw. Studenten bis ins 15. Jahrhundert vom Lehrer, der nicht mehr als ein primus inter pares war, gleichermaßen als Erwachsene behandelt. Dementsprechend isolierte die mittelalterliche Schule den Schüler auch noch nicht von der Umwelt. Die Lehrer der Domschulen und der ersten Universitäten schrieben ihre Unterrichtsangebote öffentlich aus, mieteten einen Raum und hielten ihre Lektion gegen das Entgelt der Schüler.

Erst im 14. Jahrhundert kam es dann zu den ersten Gründungen der geistlichen Kollegien bzw. Bursen oder Pädagogien, in denen Stipendiaten als Interne lebten. Die klösterlichen Statuten der ersten Internate waren auf Erwachsene zugeschnitten und dienten der Abschirmung der Geistlichen vom weltlichen Leben, denn die Kirche konnte damals den Verzicht auf weltliches Leben noch nicht für alle ihre Angehörigen durchsetzen. Die Regeln waren demokratisch und beruhten auf Selbstverwaltung. Lehrer und Hausverwalter wurden gewählt. Die Rangordnung unter graduierten und nicht graduierten Schülern hatte noch nichts mit der delegierten Autorität des erziehenden Lehrers zu tun, denn Schüler und Studenten unterstanden bis ins 15. bzw. 16. Jahrhundert noch keiner außerkorporativen, disziplinarischen Autorität oder schulischen Hierarchie. Sie traten entweder in die Korporation eines Internats ein oder – im Fall der fahrenden Scholaren – folgte der kleinere dem größeren Schüler, der Schütze dem Bacchanten, und war dessen Autorität unterstellt.

Bis zum Ende des 14. Jahrhunderts war auch die Prügelstrafe an den Schulen noch unbekannt. Die traditionellen Strafen der Schüler- und Studentenkorporationen waren Geldbußen. Die demütigende Prügelstrafe dagegen galt bis zum 15. Jahrhundert nur den Angehörigen der Unterschicht. Erst seit dieser Zeit ging man zur Züchtigung der jüngeren Grammatikschüler über und verhängte die Körperstrafe auch auf ältere Schüler, wenn sie zu arm waren, die Geldbußen zu bezahlen. Die damit einhergehende Unterprivilegierung junger und armer Schüler läßt die deklassierende Funktion dieser ersten Ansätze schulischer Altersklassendifferenzierung erkennen.

Die kirchliche Schule des Mittelalters hatte auch für die wenigen Kinder bzw. Erwachsenen, denen sie vorbehalten war, keinerlei vorbereitende sozialisierende Funktion. Die seit dem 14. Jahrhundert zumindest angestrebte klösterliche Einsperrung der jungen und alten Schüler in den Stipendiatenkollegien zielte noch nicht auf Ausgliederung aus dem Erwachsenenleben ab, wohl aber auf Schutz vor dem weltlichen Leben der Gesellschaft, in der sich die lebens- und sexualfeindliche Moral des Christentums weder beim Adel noch beim aufkommenden Bürgertum und schon gar nicht beim Volk durchgesetzt hatte. Keuschheit galt noch nicht als Tugend, körperliche Sinnlichkeit und außerehelicher Geschlechtsverkehr wurden bei der Mehrheit der Bevölkerung noch nicht verurteilt.

Die weltlich-adligen Machthaber des Mittelalters konnten ihre gesellschaftliche Vorrangstellung noch weitgehend direkt mittels physischer, bewaffneter Gewalt erhalten. Die geistlichen Herren dagegen übten ihren Einfluß von Anfang an ideologisch aus.

Die Kirche legitimierte die Ständeordnung und die jeweilige Lebensweise der Angehörigen aus den verschiedenen Ständen als von Gott gewollt, sowohl den Müßiggang und das Wohlergehen der Adligen bzw. höheren Geistlichen als auch die tierische Knechtung der leibeigenen Bauern. Der kirchliche Volksunterricht der frühfeudalen Zeit, später die Predigt und der katechetische Unterricht sowie die Ohrenbeichte waren Mittel der rein ideologischen Volksbelehrung, die demütige Duldung alles physischen und ökonomischen Elends forderte. Die Kirche als wichtigste ideologiereproduzierende Institution mußte, um sich dieses Monopol zu erhalten und es auszubauen, danach trachten, die Weltanschauung und Moral, die sie verbreitete, in der Psyche ihrer eigenen Mitglieder fest zu verankern; nicht nur, um Vorbilder zu schaffen, sondern auch, um sich vor Klassenverrätern zu schützen. Denn auch die armen Mönche hatten die Möglichkeit, sich Wissen anzueignen. Sie hätten Kritik äußern und sich mit den Bauern verbünden können, wie es auch bisweilen geschah: Fast alle intellektuellen Führer und Agitatoren der Bauernkriege waren Geistliche. Aus diesem Grund hatte es die geistlich-geistige Elite auf die Produktion des »verinnerlichten Menschen« (Horkheimer) – zunächst in ihren eigenen Reihen – abgesehen, der sich der Autorität nicht nur unterwirft, sondern sich damit identifiziert, während der weltliche Adel noch keiner solchen Charaktere bedurfte, um sich an der Macht zu halten. Antihedonismus und sexuelle Abstinenz, zwei Voraussetzungen für Verinnerlichung von Autorität und Ideologien, wurden in steigendem Maße von Geistlichen und künftigen Geistlichen in Schulen und Universitäten erwartet.

Bis ins 15. und 16. Jahrhundert allerdings blieb die Minderheit der moralistischen Ideologen ohne Einfluß. In den Klöstern, den kirchlichen Schulen und Universitäten lebte man trotz gegenteiliger Forderungen und Behauptungen noch weltlich, und die Scholarenfreiheit war Kennzeichen der mittelalterlichen Bildungsinstitutionen.

Was die Familie betrifft, die andere unserer beiden heutigen Bastionen für Sozialisation und Ideologiereproduktion, so war sie im Mittelalter von ebenso geringer Bedeutung wie die Schule. Die auf Gatten und Kinder reduzierte Familie hatte weder gefühlsmäßige Bedeutung für die Eheleute noch eine Funktion für die Erziehung der Kinder. Die Ehe war bis zum 10. Jahrhundert nicht mehr als ein Kontrakt, innerhalb dessen die Frau dem Mann juristisch gleichgestellt war und allein über ihre ererbten Güter verfügte. Die Autorität des Familienvaters war dementsprechend gering und seine Stellung im Haus nicht zu vergleichen mit der des Oikosdespoten oder des römischen pater familias.

Das mittelalterliche Patriarchat wurde erst seit dem 12. Jahrhundert so stark, daß es imstande war, die Rechtsfähigkeit der Frau mehr und mehr einzuschränken, bis diese im 16. Jahrhundert zur rechtsunmündigen Person wurde und die Familie langsam an Bedeutung gewann. Bis dahin engagierte man sich emotional nur für die blutsverwandte Sippe. Noch weniger als die Schule schränkte die mittelalterliche Familie (im Gegensatz zur heutigen) die Sexualität der Kleinkinder, Kinder und Pubertierenden ein. Große und kleine Familien aller Stände lebten zusammen mit dem Gesinde bzw. der Herrschaft in ein oder zwei großen Räumen, in denen sie auch in wenigen großen Betten – meist nackt – zusammen schliefen. Niemand störte sich am Geschlechtsverkehr der Erwachsenen und Pubertierenden oder an den sexuellen Spielen der Kinder.

An Stelle unseres heutigen Engagements für die Mitglieder der Kernfamilie standen nicht nur die Solidarität und Sorgepflicht der ganzen Sippe, sondern auch viele andere Kollektivzusammenhänge wie die Dorfgemeinschaft, die Gilden, Zünfte und Korporationen. Sie beruhten alle auf gegenseitiger Hilfe und Sorgepflicht für ihre Angehörigen. Dieser präfeudale »barbarische« Kollektivismus konnte im mittelalterlichen Patriarchat weiterbestehen, weil sich die Machthaber des Feudalismus noch nicht auf zentrale Organisation und Herrschaftsausübung verstanden. Dementsprechend war das Leben noch sehr stark von Sozialität und Kollektivität geprägt. Sinn für Familienintimität konnte nicht aufkommen.

Moralische Abwertung, äußerliche Unterscheidung und körperliche Züchtigung

Seit dem Ende des 15. Jahrhunderts arbeiteten verschiedene Kräfte gemeinsam an der Überwindung der dezentralen Strukturen des Mittelalters, um diese schließlich im 17. Jahrhundert durch die staatliche Zentralgewalt des am römischen Cäsarismus orientierten Absolutismus zu ersetzen. Die Kirche, selbst zentralistisch und gemäß einer autoritären Hierarchie organisiert, hatte schon seit Beginn des Mittelalters das römische Recht gepredigt. Sie unterstützte jetzt gemeinsam mit weltgeistlichen Juristen und Moralisten die königlichen, kaiserlichen und großfürstlichen Machthaber, die wiederum mit dem inzwischen reich gewordenen

Bürgertum zusammenarbeiteten, um sich auf Kosten des Volkes Reichtum und Macht zu teilen. Die protestantischen Reformatoren, die anfänglich im Sinne des Volkes gegen geistliche und weltliche Machthaber kämpften, stellten sich schließlich ganz in den Dienst der Fürsten und der Bourgeoisie und verhalfen vor allem letzterer zu einer ihrem Klasseninteresse gemäßen Ideologie, Ethik und Moral.

Während der Adel durch Erbschleicherei, Raub, Usurpation und schließlich durch Waffengewalt zur Herrscherklasse geworden war, mußte sich das Bürgertum seinen Aufstieg auf kleinlichere Weise mittels unlustbereitender Arbeit erkämpfen. Auch war das Ziel seiner Emanzipation nie der aristokratische Müßiggang, sondern die Anhäufung und Vermehrung des Vermögens, was immer neue Arbeit bedeutete.

Mit der Ausweitung des Handels galt es für die Kaufleute und ihre Söhne, Kenntnisse in Fremdsprachen, Mathematik und Geographie zu erwerben. Ebenso wichtig aber wurde die Erziehung der eigenen Klasse zu einer bestimmten moralischen Einstellung, die die Geschäfte des Bürgertums verlangten. Arbeitswilligkeit und -fähigkeit unter Konkurrenz- und Leistungsprinzip sind weder angeboren noch aufgrund logischer Einsicht erwerbbar, sondern müssen auf Kosten ursprünglicher Bedürfnisse anerzogen werden. Die Verankerung einer ganz bestimmten Mentalität in der Psyche der Individuen mittels Triebverzicht wurde nun zur zweiten pädagogisch-ökonomischen Notwendigkeit für das Bürgertum. Neu hinzu kam auch die psychologische Erkenntnis, daß man, um einen bestimmten Menschentyp zu produzieren, früh mit der Beeinflussung beginnen muß, schon beim kleinen Kind.

Die Einstellung zur Kindheit änderte sich damit entscheidend. Die Vorstellung sowohl von der kindlichen Unzulänglichkeit wegen seiner körperlichen und besonders geistigen Unterlegenheit als auch die von der kindlichen Unschuld als Widerschein göttlicher Reinheit entstand in Europa Ende des 15. Jahrhunderts.

Äußerlich machte sich das neue Verhältnis zur Kindheit im Bedürfnis nach sichtbarer Unterscheidung bemerkbar. Man zog den Kindern – erst nur den Knaben – andere Kleider an. Der Stil der im 17. Jahrhundert aufgekommenen Kinderkleidung der Oberschichten war seither bis ins 20. Jahrhundert von drei Tendenzen geprägt: von der zur Archaisierung, der zur Volkstümelei und der zur Verweiblichung des Knaben. Die Archaisierung entspricht dem neu aufkommenden evolutionär-pädagogischen Bewußtsein, das zur Annahme des Unentwickelten, d. h. der Rückständigkeit beim Kind führt. Die stilistische Volkstümelei bringt die Kinder schon äußerlich in die Nähe der Unterschichten, d. h. in den Untertanenstatus. Die Verweiblichung des Knaben in einer patriarchalischen Gesellschaft bedeutet Erniedrigung in den tieferen weiblichen Status.

Nicht nur die Kleidung spezialisierte sich seither in junge und alte, sondern auch die alltäglichen Lebensgewohnheiten. Aus den Spielen, die bisher der ganzen Gesellschaft gemeinsam waren, kristallisierten sich in den Oberschichten Spiele für kleine Kinder und solche für Erwachsene heraus. Bewegungsspiele und Geschicklichkeitsspiele wie Ballspielen, Verstecken oder das Reifenspiel sinken nicht nur zu Kinderspielen, sondern gleichzeitig zu Spielen für Angehörige der Unterschichten, vor allem für Bauern, ab.

Nicht nur werden die Kinder der Oberschichten langsam kindlich, sondern ebenso die Erwachsenen der Oberschichten erwachsen im heutigen Sinn, indem sie ihre Affekte und direkten Bedürfnisse beherrschen.

Die Vorstellung von der kindlichen Unschuld – auf kleine Kinder (bis zum 10. Lebensjahr) bezogen – setzt sich später durch als auf Schulkinder, die vorher nicht als Kinder gegolten hatten. Die Erzieher und Moralisten allerdings, die im 17. Jahrhundert an Einfluß gewannen, plädierten schon um diese Zeit für die Erziehung der Kleinkinder zu schicklichem Betragen und für Maßnahmen zur Erhaltung ihrer göttlichen Unschuld. So wurde z. B. die Gewohnheit, Kinder im Bett zusammen mit Gleichaltrigen und Erwachsenen schlafen zu lassen, von der Erzieherelite schon damals abgelehnt, hielt sich aber trotzdem auch in den Oberschichten bis ins 18. Jahrhundert.

Für die Schulen hatte die neu aufgekommene Einstellung zur Kindheit seit dem ausgehenden 15. Jahrhundert zu entscheidenden Änderungen geführt. Zu den Domschulen und Ordensinternaten waren zwei neue Schultypen gekommen: Das Handelsbürgertum hatte einen eigenen Schultyp, die muttersprachliche Schreib- und Leseschule, geschaffen, in der Lesen und Schreiben, bürgerliches Rechnen, Geometrie, Fremdsprachen und Geographie gelehrt wurden, aber auch noch Latein, das seine internationale Bedeutung als lebende Sprache noch nicht eingebüßt hatte. In

Deutschland gewann dazu die Akademie als Standesschule des Adels an Bedeutung. Man besuchte sie nach dem Kolleg als Vorbereitung auf den Offiziersberuf. Sowohl die Abgrenzung der Jünglingszeit gegen die übrigen Altersklassen hat hier ihren Anfang als auch der paramilitärische Zug der schulischen Erziehung, der sich dann im 18. Jahrhundert besonders in Deutschland auf das ganze höhere Schulwesen ausbreitete.

In den traditionell kirchlichen wie den bürgerlich-weltlichen Schulen Europas entwickelten sich seit dem 16. Jahrhundert die Differenzierung der Altersklassen, die Disziplin und die Sexualunterdrückung. Die Pädagogik begann jetzt, die Auffassungsgabe der jüngeren Schüler geringer einzuschätzen als die der älteren und dementsprechend die Unterrichtsprogramme zu differenzieren. Gleichzeitig entwickelte sich die Spezialisierung der Lehrer und die hierarchische Organisation der ganzen Schule. Der Lehrer und der Rektor wurden vom gewählten, gleichaltrigen Kollegen zum Sachverwalter der disziplinarischen Autorität.

An Stelle der früheren Geldstrafen der Korporation trat nun die sozial erniedrigende Prügelstrafe, die in der Schule ohne Rücksicht auf die Standesunterschiede angewandt wurde. Zur körperlichen Züchtigung und dem zur gleichen Zeit eingeführten Karzer traten als weitere disziplinarische Neueinführungen das Prinzip der Denunziationspflicht und die Perfektionierung der Schulstatuten, die auf ein System ständiger Überwachung und Einsperrung abzielten. Frauenbesuche in den Internaten wurden verboten, und man sorgte sich mehr und mehr um einen ›sittlichen‹ Lebenswandel der Schüler; d. h. die Schulmeister verboten Bordell- und Schenkenbesuche und erfanden den von erotischen und sexuellen Stellen gereinigten Klassiker. Ein von Ariès zitierter Text des Lehrplans für das Straßburger Gymnasium von 1539, der sich auf die Geschichte eines Kollegs in Lüttich bezieht, macht die im 16. Jahrhundert angestrebten Änderungen deutlich. Kritisiert wird die alte Lehrfreiheit, das gleichzeitige Unterrichten von jungen und älteren Schülern und die frühere Gleichgültigkeit gegen die Sittlichkeit bzw. Unsittlichkeit der Kinder:

»Ursprünglich ›versuchte jeder Lehrer, Schüler zu gewinnen, lehrte nicht das, was am besten war, sondern richtete sich weniger nach der Vernunft, als nach dem Geschmack der Schüler‹. Diese Lehrer ›lasen Autoren, die dem Alter ihrer Schüler nicht entsprachen, und dies selbst dann, wenn diese Lektüre ihren Sitten oder ihrem Urteil schaden konnte‹. [...]

›Um diesen Mißständen abzuhelfen, hatte man einen Rektor ernannt und die Unterrichtsstunden, die Übungen und sämtliche Studien seiner Kontrolle unterstellt‹.« (Ariès, 1976, S. 278)

Die seit dem 16. Jahrhundert angestrebte Disziplinierung der Schüler sowie ihre Ausgliederung aus der übrigen Gesellschaft und ihre sexuelle Abkapselung konnte allerdings erst in der Mitte des 18. Jahrhunderts bzw. zu Beginn des 19. Jahrhunderts vollständig gelingen. So waren z. B. bis ins 18. Jahrhundert Schüler und Studenten aller Altersstufen bewaffnet. Erst nachdem sich die Erzieher 200 Jahre mit immer neuen Verboten ausgestattet hatten, war man schließlich im 18. Jahrhundert so weit, daß an den Schulen nur noch die Lehrer bewaffnet waren, und zwar mit Stock, Rute oder Peitsche. Bis ins 17., in England sogar bis ins 18. Jahrhundert, gehörten Schüleraufstände, Schulbesetzungen und Streiks zum Schulalltag. Sie waren im herkömmlichen Sinne des Wortes unpolitischer Natur und richteten sich – meist als Racheakte gezüchtigter Schüler – gegen Lehrerautoritäten oder gegen rivalisierende Schülerkollegen. So berichtet Ph. Ariès vom Aufstand französischer Schüler der protestantischen Akademien der Stadt Dijon im Jahre 1649:

»[...] in die [Akademien] verbarrikadieren sich 1649 die Logikschüler im Kolleg, verwehren den Lehrern den Zutritt, feuern Pistolenschüsse ab, besudeln die Katheder der ersten und der dritten Klasse, werfen die Bänke der zweiten zum Fenster hinaus, zerreißen die Bücher und verlassen die Schule schließlich durch die Fenster der vierten Klasse, um draußen weiter zu randalieren.« (Ariès, 1976, S. 444)

Die höchst modern klingende Schilderung eines antiautoritären Schüleraufstandes ist für die damalige Zeit noch nichts Schulspezifisches. In der ganzen Gesellschaft, in allen Ständen und Altersstufen ging es impulsiv und gewalttätig zu. Ganze Dörfer und Berufsverbände prügelten einander genauso wie die Schüler in den Schulpausen oder widersetzten sich ihren Vorgesetzten, z. B. in Gesellenaufständen oder Bauernrevolten. Unter Mißachtung dieser Tatsache interpretieren viele Historiker die Schüler- und Studentenunruhen des 16. und 17. Jahrhunderts als Ausdruck eines angeblich klassischen Generationenkonflikts.

Den Pädagogen mißlang es bis zum 18. Jahrhundert nicht nur, das Selbstbewußtsein der widerstandsbereiten Schüler zu brechen, sondern auch der Versuch, ihre Selbständigkeit und partielle

Unabhängigkeit zu untergraben, scheiterte zwei Jahrhunderte lang an der traditionellen Scholarenfreiheit. Ebensowenig gelang die Erziehung zur Sittlichkeit. Trotz gereinigter Klassiker galten die Schüler auch am Ende des 17. Jahrhunderts noch als gefürchtete Schürzenjäger und trieben sich in Wirtshäusern und Bordellen herum.

Etwas später als in den Bildungsinstitutionen wurde das neue bürgerlich-pädagogische Bewußtsein für die Entwicklung der Familie wirksam. Die Autorität des Hausvaters hatte sich seit dem frühen Mittelalter so verstärkt, daß sie schließlich im Absolutismus als Abbild göttlicher und monarchischer Gewalt begriffen wurde. Zur Entrechtung der Frau trat seit dem 16. Jahrhundert die Entrechtung und Deklassierung der Kinder und Jugendlichen in den Oberschichten, gleichzeitig aber auch ein bis dahin unbekanntes emotionales Verhältnis zu den »unschuldigen Kleinen«, die noch nichts von der Schlechtigkeit der Welt wissen und noch für nichts verantwortlich zu machen sind. Das Bewußtsein der elterlichen Fürsorge, Liebe und erziehenden Pflicht den Kindern gegenüber etablierte sich um diese Zeit, und die individuelle Beschäftigung mit dem Kind begann zum wichtigsten Bestandteil des Alltags zu werden. Das Bürgertum ging jetzt dazu über, die Kinder zum Zweck der überwachenden Erziehung bei sich zu behalten, anstatt sie, wie es in vorigen Jahrhunderten in allen Ständen üblich war, zur Lehrzeit außer Haus zu geben; in den Unterschichten und im Hochadel hielt man dagegen an der traditionellen Lehrzeit fest.

Der im Bürgertum zuerst aufkommende Familiensinn, der nicht nur die Elternliebe, sondern auch die Gattenliebe beinhaltete, wurde vor allem vom Protestantismus propagiert. Mit der religiösen Aufwertung der Laien ging die Heiligung der ehelichen und familiären Freuden einher, ebenso die Verherrlichung der familiären Autoritätsverhältnisse, denen die Kinder seit dieser Zeit (in den Oberschichten) fast doppelt so lange wie vorher unterworfen werden. So entstand die Vorstellung von der Familie als Keimzelle von Gesellschaft und Staat. Gleichzeitig wurde unter dem Druck von Tausch-, Konkurrenz- und Leistungsprinzip das ursprünglich mönchisch-geistliche Ideal des entsagenden, affektbeherrschten Menschen zum wichtigen Bestandteil bürgerlicher Standesmoral.

Das Ideal der Intimität der Familie aber, die sich gegen die Welt abgrenzt, konnte sich vor dem 18. Jahrhundert noch kaum durchsetzen. Die Beziehungen zu Arbeitskollegen, Nachbarn, Verwandten und Freunden waren immer noch zu bestimmend, als daß man seine Zuneigung auf die Mitglieder des engsten Familienkreises hätte beschränken können oder wollen.

Die Familie des 17. Jahrhunderts unterwarf und erzog die Kinder zwar schon im modernen moralisch-vorbereitenden Sinn, kapselte sie aber noch nicht gegen die Einflüsse der Gesellschaft ab.

Separation, Einsperrung und moralisch vorbereitende Erziehung

Die ökonomischen und gesellschaftlichen Umwälzungen des 18. Jahrhunderts brachten für das inzwischen emanzipierte Bürgertum glänzende, aber harte Zeiten. Noch nie in der menschlichen Geschichte war für eine Herrscherklasse das Herrschen so beschwerlich gewesen wie für das Bürgertum, besonders nachdem es die französische Revolution hinter sich hatte und das Proletariat seinen Teil am gesellschaftlichen Reichtum zu fordern begann. Seinem eigenen Gleichheitsgrundsatz gemäß mußte es sich seine Führungspositionen immer wieder neu erkämpfen, d. h. immer neue Geschäfte in Wirtschaft und Politik machen. Immer mußte der Bürger darauf gefaßt sein, hereingelegt zu werden, und stets war er gezwungen, den Überblick über seine Geschäfte zu behalten. Dazu bedurfte es immer stärkerer Diszipliniertheit und Selbstkontrolle. Das der Unsicherheit des freien Marktes entspringende Schutzbedürfnis des Bürgers wurde zum Schutzbedürfnis vor sich selbst. Er versuchte, bei sich selbst alle Unregelmäßigkeiten und Eventualitäten auszuschalten, denen er auf dem Markt ausgesetzt war. Als vollkommener Herr über seine Affekte, nur noch der planenden Vernunft gehorchend, fühlte er sich sicher und seinen Aufgaben gewachsen.

Zwei psychologische Erkenntnisse setzten sich jetzt im bürgerlichen Bewußtsein endgültig durch: Erstens, daß vollkommene Affektbeherrschung und Selbstkontrolle nur durch Triebverzicht möglich werden, und zweitens, daß beides schon beim Kleinkind eingeübt werden muß, wenn es später sicher funktionieren soll.

Was die erste Entdeckung betrifft, so trachtete das Bürgertum seit der zweiten Hälfte des 18. Jahrhunderts mit doppelter Energie auf die Abschaffung allen körperlichen Genusses durch Verbote und Tabus. Mit der Unterstützung beider Konfessionen und der des Staates bekämpfte es im 18. und 19. Jahrhundert vor- und außerehelichen Geschlechtsverkehr, uneheliche Mütter und Kinder, »gefallene Mädchen«, Prostitution, Homosexualität und die sogenannten Perversionen. Das Sexuelle wurde zum Bösen an sich.

Die Durchsetzung der zweiten Erkenntnis hatte die Entstehung der wissenschaftlichen Pädagogik zur Folge. Ein großer Teil des geistigen Interesses dieser Zeit befaßte sich nun mit den Produktionsbedingungen des idealen Menschentyps der modernen Welt, mit der Frage der Pädagogik.

Von den beiden am Ende des 15. Jahrhunderts erfundenen kindlichen Eigenschaften, die eine moralisch-vorbereitende Erziehung notwendig erscheinen ließen, der kindlichen Unzulänglichkeit und der kindlichen Unschuld, hatte sich im allgemeinen Bewußtsein bisher vor allem die erste durchgesetzt. Die Tendenz zur Demütigung der Kinder und Jugendlichen als zeitweiliger Deklassierung mit dem Ziel der Verlängerung der Kindheit als Vorbereitung für das Erwachsenenleben war die Folge gewesen.

Im 18. Jahrhundert trat die Vorstellung von der kindlichen Unschuld in den Vordergrund, wobei sich der Akzent vom sozialmoralischen mehr und mehr auf den sexual-moralischen Aspekt der »Unschuld« verschob. Das Böse, vor dem die Kinder bewahrt werden sollten, war schließlich das Sexuelle, das – inzwischen ausschließlich den verheirateten Erwachsenen zwecks Fortpflanzung vorbehalten – zum sozialen Problem erklärt wurde. Im Gegensatz zu den vorangegangenen Jahrhunderten hielt man die Sexualität jetzt für exogen und glaubte, durch perfekte Abschirmung der Kinder von der Erwachsenenwelt die Pubertät beliebig lang hinauszögern zu können. Es galt, die Kinder und Jugendlichen so lange wie möglich in Unwissenheit über die biologischen Vorgänge bei der menschlichen Zeugung zu halten, die Masturbation der Pubertierenden zu verhindern bzw. aufzuspüren und zu bekämpfen und schließlich die Keuschheit der Jugendlichen bis zur Ehe zu erhalten. Besonders in bezug auf die Masturbationsbekämpfung nahm das »sexuelle Schutzbedürfnis« des Bürgertums (Adorno) immer groteskere und krankhaftere Formen an. Die gesamte progressive Literatur des 18. Jahrhunderts – vertreten durch Männer wie den pädagogischen Philosophen J. J. Rousseau und die Pädagogen J. H. Campe, J. B. Basedow, K. G. Bauer und C. G. Salzmann – behandelte das Thema der »sexuellen Aufklärung« als Aufklärung über die Schädlichkeit der Masturbation und über die Unsittlichkeit jeglicher sexueller Betätigung mit Ausnahme des ehelichen Fortpflanzungsaktes. Die Befürworter dieser Art von Aufklärung empfahlen, Ekel und Widerwillen vor Geschlechtsteilen und Sexualität zu erzeugen, um so Scham und Schuldgefühl zu entwickeln.

Im 19. Jahrhundert war es dann durch die Abschaffung sogar des Vokabulars der Sexualität fast unmöglich geworden, darüber zu sprechen. Aufgeklärt wurde nicht mehr. Die Folterungen zur Verhinderung der Masturbation durch chirurgische Eingriffe (Infibualation u. ä.), Hydrotherapie und erektionsverhindernde Apparate, die im 18. Jahrhundert entwickelt worden waren, erfreuten sich dafür noch größerer Verbreitung und technischer Perfektionierung. Daß die Störung der kindlichen und pubertären Sexualität für die Charakterbildung nicht nur die Entstehung bestimmter, dem Bürgertum wertvoll erscheinender Eigenschaften zur Folge hat, sondern auch generell zu Autoritätsgläubigkeit, Feigheit und leichter Beeinflußbarkeit führt, hat die wissenschaftliche Psychoanalyse erst 150 Jahre später herausgefunden; die eigentlichen Entdecker der Funktionen von Ich, Es und Über-Ich sind jedoch die bürgerlichen Pädagogen des 18. Jahrhunderts.

Man muß sich den Zusammenhang zwischen der Entwicklung der Sexualmoral und der Entwicklung der Pädagogik vor Augen halten, um den Prozeß der Verbannung der Kinder und Jugendlichen in eine halbkoloniale Subkultur zu begreifen. Die Ersetzung des Lehrverhältnisses durch den praxisfernen Schulbesuch im modernen Sinn – zunächst für die Kinder der Oberschichten – war keineswegs nur die notwendige Folge der Industrialisierung und des damit einhergehenden erhöhten Bedarfs an Bildung, sondern entsprach vielmehr hauptsächlich der zur Notwendigkeit gewordenen ideologischen Konditionierung der Individuen. Ein Bourgeois ist nur dann ein guter Bourgeois, wenn er nicht nur ideologisch unterwiesen, sondern auch ideologisch zugerichtet ist, d. h., wenn ihm die Ideologie der eigenen Klasse zur zweiten Natur geworden ist. Andernfalls steht er in Gefahr, sozial abzusteigen oder bewußt zum Klassenverräter zu werden. Der Preis, den ein Bürger in Form von Lustverzicht für Macht und Reichtum zu bezahlen hat, ist zu hoch, als daß seine Kinder von allein dazu bereit wären. Man muß sie dazu erziehen.

Gegen Ende des 18. Jahrhunderts galt die vollständige Abkapselung der Schuljugend von der Erwachsenenwelt nach dem Vorbild des *Emile* als ideale Erziehung. Die Entwicklung der Schule von einer Stätte der Unterweisung zu einer Institution, die das ganze Leben des Schülers ordnet und bestimmt, war zu dieser Zeit abgeschlossen. In der perfekten Verplanung und Kontrolle des Schüleralltags der Internate für Kinder der Oberschichten fand sie einen ihrer Höhepunkte. Der ehemals demokratische Charakter der Schule war im Laufe einer 200jährigen Entwicklung feudalabsolutistischen Abhängigkeitsstrukturen gewichen.

Die Maßnahmen zur »Erhaltung der Unschuld« konnten in den Internaten am besten getroffen werden. Aus dem »Antimasturbationssyndrom« leitete sich die neue Auffassung über die günstige Auswirkung einer asketischen Erziehung auf die spätere Entwicklung ab. Einfache Nahrung, harte Betten, kurzer Schlaf, kaltes Duschen und abhärtender Sport wurden zu unerläßlichen Bestandteilen einer »guten Erziehung« und prägten das Leben in den Internaten. Ein ausgeklügeltes Überwachungssystem sorgte für die Sittlichkeit der Schüler in den Schlafsälen, auf Toiletten und sonstigen schwer kontrollierbaren Orten und Situationen.

Was die Entwicklung der schulischen Disziplin anbelangt, treffen im 18. Jahrhundert zwei Strömungen aufeinander: eine aufgeklärt-liberale, die eine Milderung der Disziplin anstrebte, und eine auf deren Verschärfung ausgerichtete Tendenz, die dem nationalstaatlichen Militarismus entsprang. In Deutschland setzte sich hauptsächlich letztere durch. Während die Schule bisher nur von klösterlichen und kirchlichen Organisationsmodellen geprägt war, zwang man die Schüler jetzt auch noch unter militärische Disziplin, die ihren Ausdruck nicht nur im paramilitärischen Sportunterricht, im Gebrauch der Trillerpfeife, im Exerzieren und Antreten in Reih und Glied fand, sondern auch in der Verpflichtung der Schüler auf bestimmte soldatische Tugenden wie Härte und Männlichkeit.

Bezüglich der Maßregelung individueller Vergehen änderte sich in Deutschland wenig. Es wurde nicht viel weniger geprügelt und eingekarzert als im 17. Jahrhundert, allerdings mit dem Unterschied, daß von seiten der Schüler kein Widerstand mehr kam. Die bewaffnete Opposition der Schuljugend gegen die Lehrerautoritäten, die im 17. Jahrhundert an der Tagesordnung gewesen war, verkümmerte zum infantil-antiautoritären Schulstreich. In dieser Form hat sie sich allerdings bis heute gehalten und wurde in den sechziger Jahren des 20. Jahrhunderts zur Oppositionsbasis der antiautoritären Schülerrevolte. Soweit die schulische Selbsterziehung der herrschenden Klassen.

Am Ende des 18. Jahrhunderts sah sich die Bourgeoisie schließlich gezwungen, auch das entstehende Proletariat im Sinne der eigenen Standestugenden zu erziehen. Die ursprüngliche Akkumulation hatte zwar genug Arbeitskräfte für die Manufakturen freigesetzt, aber die von ihrem Land vertriebenen, ehemals leibeigenen Bauern waren nicht nur unqualifiziert, sondern hatten vor allem keine Lust, ungewohnte, entfremdete Arbeit zu leisten, sie bettelten lieber. – In Industrieschulen und Arbeitshäusern, den Vorformen der Volksschule, begann man also, die Kinder der Armen zu Triebverzicht, Arbeitswilligkeit und freiwilliger Unterordnung zu erziehen wie schon vorher die Bürgerkinder. Der Schonraum der infantilen Subkultur allerdings blieb den Oberschichtenkindern vorbehalten, während der Nachwuchs des Proletariats brutalster physischer Ausbeutung unterworfen wurde.

Ebenso wie die Schulinstitution gewann die Institution der Familie gegen Mitte und am Ende des 18. Jahrhunderts an gesellschaftlichem Einfluß. Mit der Trennung von Berufs- und Privatleben im Zuge der Industrialisierung und der fortschreitenden Funktionalisierung der menschlichen Beziehungen zu Warenbeziehungen entstand das Bedürfnis nach einem Gegengewicht, nach menschlichen Beziehungen, die eine Alternative zur gesellschaftlichen Organisation darstellen. Es entstanden drei aufeinander aufbauende neue Beziehungsmodelle: die bürgerliche sentimentale Liebe, die bürgerliche Ehe und die bürgerliche Familie (Siehe dazu: Marie O. Métral, *Die Ehe*, Frankfurt 1981).

Der Familiensinn setzte sich jetzt endgültig durch. Die auf Eltern und Kinder reduzierte Kernfamilie, die sich im bisher unbekannten Bereich der Privatsphäre von der versachlichten Gesellschaft abkehrte, sollte eine Oase des Glücks und der Geborgenheit sein. Hauptinteresse und Lebensziel des Elternpaars wurde seit dieser Zeit die Sorge um Gesundheit, Erziehung und sozialen Aufstieg der Kinder. Dank des Rückgangs der Kindersterblichkeit und der Benutzung von Antikonzeptiva konnte man es sich leisten, den Nachwuchs zu reduzieren, und es lohnte sich, jedes

Kind von klein auf emotional zu besetzen und sorgfältig zu erziehen.

Das Bedürfnis nach privater Isolation wird in der Einrichtung der Patrizierhäuser der damaligen Zeit besonders deutlich, innerhalb derer sich das Bürgertum jetzt von allen Personen, die nicht zum »engsten Familienkreis« gehörten, abzukapseln begann.

Das Leben entmischte sich in verschiedene voneinander getrennte Bereiche. Während früher Arbeiten, Wohnen, Schlafen, Spielen, Essen und der Empfang von Besuchern in denselben Zimmern stattgefunden hatte, richtete man jetzt spezialisierte Räume ein: Wohnzimmer, Schlafzimmer, Eßzimmer, Empfangszimmer, Gästezimmer, Musikzimmer, Dienstbotenzimmer und schließlich Kinderzimmer. In den intimsten Bereich der Familie, ins Wohnzimmer, Kinderzimmer oder gar Schlafzimmer, das – beim Adel noch Ort der Repräsentation – beim Bürgertum zum Tabu geworden war, gelangte kaum mehr ein Besucher. Der neue Familiensinn aber, war nicht nur eine Reaktion auf die Versachlichung der menschlichen Beziehungen, sondern stand auch in direktem Zusammenhang mit dem Entstehen eines spezifisch bürgerlichen Klassenbewußtseins.

Ausdruck davon war vor allem die Schaffung räumlicher und physischer Distanz von den Angehörigen der unteren Schichten, deren Nähe erst seit der Zeit, als das Bewußtsein über die Gleichheit der Menschen aufkam, als bedrohlich empfunden wurde. Besonders bedacht war man darauf, daß die eigenen Kinder möglichst wenig Kontakt mit dem Personal und dessen Kindern hatten. Vor dem 18. Jahrhundert hatten nämlich nicht nur die bürgerlichen und adligen Erwachsenen eng und oft vertraut mit der Dienerschaft zusammengelebt, sondern besonders auch die Kinder, die nicht selten mit Dienstboten oder Dienstbotenkindern im selben Bett schliefen.

Was die Erziehung betrifft, so erwies sich die isolierte Kleinfamilie neben der Schule als idealer Ort der Beeinflussung. Die in Kinderstube und Schule verbannten Kinder wurden so von den Eltern und besonders der väterlichen Autorität abhängiger als je zuvor. Die moderne Erziehung bezog sich vor allem auf die Erhaltung der Unschuld und das Erlernen »guter Manieren«.

Bürgerliche Kinder dürfen seit dieser Zeit weder im Bett der Eltern noch mit sonst jemandem zusammen schlafen und sich kaum mehr aussuchen, mit wem sie zusammen sein wollen. Ständige Beaufsichtigung durch die Eltern oder spezialisiertes Personal schützen ihre Unschuld und behüten sie vor sonstigem Schaden. Ins Kinderzimmer verbannt und mit Kinderspielzeug versehen, leben sie seither lange Jahre in einer künstlichen, lebensfernen Welt, die »kindgemäß« sein soll. Man bedient sich Kindern gegenüber einer speziellen ›Blödensprache‹ (zu vergleichen mit dem Pidgin-Englisch oder dem Gastarbeiter-Deutsch) und spricht in ihrer Gegenwart nicht über ernste Probleme, von Politik oder gar von Geld. Letzteres ist Ausdruck einer feudal gearteten, ökonomischen Abhängigkeit der Oberschicht-Kinder und -Jugendlichen vom Vater, die als Folge der Verlängerung der Ausbildung seit dem 18. Jahrhundert in nie gekanntem Maße besteht. Damit einher geht der Ausschluß aus dem öffentlichen Leben. Während die Kinder noch bis ins 17. Jahrhundert bei Zerstreuungen, Festen und kulturellen Ereignissen jeglicher Art dabei waren, wurden ihnen jetzt alle Vergnügungen der Erwachsenen verboten.

Parallel zu der familiären Infantilisierung der Kinder durch ständige Überwachung und Entzug der Erfahrungsmöglichkeiten im 18. Jahrhundert stiegen aber auch die Anforderungen, die seither schon vor dem Schulalter an sie gestellt werden. Selbst kleine Kinder müssen Eßmanieren lernen, bestimmte Körperfunktionen wie Rülpsen, Furzen und Gähnen unterdrücken, nur ›anständige‹ Wörter gebrauchen und immer leise sein. Ökonomische Abhängigkeit, Einsperrung, entmündigende Infantilisierung, Sexualunterdrückung und Konditionierung zur Affektbeherrschung bestimmen seither die Kindheit in der bürgerlichen Kleinfamilie.

Das geschlossene Dreiecksverhältnis Vater – Mutter – Kind erwies sich seither neben der Schule als die beste Bedingung zur Ideologisierung des Bewußtseins im Sinne der Einübung von Autoritätsstrukturen und der Konditionierung zu entfremdeter Arbeit. Während das Bürgertum bezüglich der Regierungsformen, über die es seine Macht ausübte, flexibel war und ist, behielt es seine beiden wichtigsten sozialisierenden Institutionen, Schule und Familie, an deren Entwicklung es zusammen mit seinen geistlichen und weltlichen Ideologen seit dem 16. Jahrhundert gearbeitet hatte, bis heute bei.

Zu der seit Beginn der Neuzeit eingeführten zweiten Phase der Kindheit vom mittelalterlichen Mündigkeitsalter zwischen dem sechsten und achten Lebensjahr bis zur Pubertät trat im 18. Jahrhundert die bisher unbekannte Periode der Jugendzeit als eine vom Erwachsenenleben unterschiedene Lebensweise. Mit der zunehmenden Bedeutung der universitären Bildung verzögerte sich der Berufsantritt der Oberschichtenkinder (auch hier bis ins beginnende 20. Jahrhundert nur der männlichen) bis zum 25. Lebensjahr oder sogar darüber hinaus; entsprechend verlängerte ökonomische und psychische Abhängigkeit von der väterlichen Autorität, Infantilisierung und Sexualunterdrückung waren die Folge. Da die Sexualität nach der Pubertät nicht mehr geleugnet werden kann, propagierte man, wie für die Kindheit die Unschuld, für die Jugend die Keuschheit bis zur Ehe.

Zu Beginn des 19. Jahrhunderts hatte das Bürgertum nicht nur das infantile Kind und den infantilen Jugendlichen hervorgebracht, sondern auch den erwachsenen bürgerlichen Idealmenschen mit all den Tugenden und Eigenschaften, die noch heute gepriesen werden. Der bürgerliche Erwachsene zeichnet sich aus durch Qualitäten wie Vernunft, Ordnungssinn, Zuverlässigkeit, Pünktlichkeit, Sparsamkeit, Bescheidenheit, Fleiß und Pflichtbewußtsein. Alle Eigenschaften dieser Art beruhen auf seiner Beherrschung, die er sich durch Triebverzicht erworben hat. Er ist Herr über Affekte jeglicher Art, indem er sie nicht oder nur in angemessener, d. h. abgeschwächter Form zeigt, ob es sich um Liebe, Haß, Freude, Leid, Wut, Aggressivität, sinnliche Begierde oder physischen Schmerz handelt. Mit dieser Selbstkontrolle hält sich der perfekte Bürger auch an alle moralischen Normen, Gesetze, Ideologien und schließlich an alle Vorschriften jeglicher Autorität, auch wenn deren Befolgen ihm keinen Vorteil bringt. So beschäftigt er sich z. B. mit Arbeit und ist sparsam, auch wenn er steinreich ist, weil Müßiggang und Luxus als lasterhaft gelten. So perfekt, wie es gedacht war, funktionierte das bürgerliche Selbstkontrollsystem natürlich nie. Die Praxis der Doppelmoral auf sexuellem oder sonstigem Gebiet, die heimlich tut, was sie öffentlich verurteilt, gab und gibt es im Bürgertum ebenso wie den Klassenverräter, der die Prinzipien seiner Klasse nicht so gut verinnerlicht hat, als daß er sie nicht verwerfen könnte.

Trotzdem wurde der moralische Selbstzwang unerläßlich zur Aufrechterhaltung der sozialen Ordnung in der bürgerlichen Welt, während in allen vorbürgerlichen Gesellschaften der status quo der Machtverhältnisse und der entsprechenden Sozialordnung durch Kontrolle von außen erhalten wurde. Während zu vorbürgerlichen Zeiten ideologische Beeinflussung auf äußerer Indoktrination beruhte, hatte man seit dem 18. Jahrhundert Mittel und Wege gefunden, den Menschen bestimmte Verhaltensmuster so in die Psyche einzupflanzen, daß sie selbsttätig von innen wirkten. So schuf das Bürgertum mit seiner neuen Wissenschaft, der Pädagogik, und den zur pädagogischen Beeinflussung am besten geeigneten Institutionen, Schule und Familie, einen Menschentyp, in den der Polizist schon eingebaut ist.

Diesen erwachsenen Menschentyp gab es ebenso wie das moderne Kind und den modernen Jugendlichen zunächst nur im Bürgertum, im Kleinbürgertum und beim Adel, der mit dem Schwinden seiner Macht die erfolgreichen Prinzipien der neuen Herrscherklasse übernahm.

Im Proletariat dagegen dominierte bis zur Mitte des 19. Jahrhunderts der vorbürgerliche Menschentyp, der zwar mit ca. acht Jahren erwachsen ist, dem aber die moderne Form des Erwachsenseins, die auf affektuöser und moralischer Selbstkontrolle beruht, ebenso fremd ist wie die vom Infantilismus geprägte moderne Kindheit. Noch bis ins beginnende 20. Jahrhundert wehrte sich das Proletariat gegen die (Standes-) Tugenden des bürgerlichen Erwachsenen.

Marx und Engels zufolge waren beim Proletariat des 19. Jahrhunderts sowohl die Sexualmoral als auch das Patriarchat nur schwach entwickelt. Ehe und Familie müssen ähnlich bedeutungslos wie im Mittelalter gewesen sein. Und W. Reich behauptet noch im 20. Jahrhundert den »genitalen Charakter«, d. h. den sexualbejahenden und dementsprechend unideologisierten Menschen im Proletariat gefunden zu haben.

Die Verbürgerlichung des Proletariats gelang erst, als zum ideologischen Einfluß der Volksschule der der Kleinfamilie hinzukam. Die monogame Ehe und das moderne Kleinfamilienmodell wurden von Staat und Kirche dermaßen propagiert und moralisch wie gesetzlich institutionalisiert, daß es schließlich Mitte des 19. Jahrhunderts kaum mehr möglich war, sich diesen Lebensformen zu entziehen. Und auch die Proletarier begannen ihre Kinder zu infantilisieren und zu erziehen, um sie zu Erwachsenen im bürgerlichen Sinn zu machen.

Aufteilung der menschlichen Eigenschaften

Die Menschheitsgeschichte erfuhr ihre erste einschneidende Änderung beim Übergang vom Matriarchat der Gentilgesellschaft zum Patriarchat der Sklaverei bzw. des Feudalismus. Neben den ökonomischen und sozialen Veränderungen, die diese Revolution mit sich brachte, kam es auf psychischer Ebene zu einer Aufteilung der menschlichen Eigenschaften in männliche und weibliche. Den unterworfenen Frauen wurden bestimmte Eigenschaften und Verhaltensweisen zugeteilt, die fortan für die Männer tabu waren, und umgekehrt. Dadurch, daß sie einen großen Teil ihres gesellschaftlichen Einflusses verloren, konnten die Frauen alle die Wesenszüge behalten, auf die die Männer als Gestalter der Geschichte der Klassengesellschaft weitgehend verzichten mußten, wie Narzißmus, Schönheit, Sinnlichkeit und Zärtlichkeit. Dafür brachte ihnen ihre Kolonisierung die negativen weiblichen Züge wie intellektuelle Minderwertigkeit, Irrationalität, charakterliche Instabilität, Ängstlichkeit, Neid und Eifersucht, die ihnen seither zugeschrieben werden und durch die sie z. T. tatsächlich entstellt sind.

In der Geschichte der zivilisierten Länder brachte die bürgerliche Machtübernahme – die Revolution, die sich zwischen dem 16. und 18. Jahrhundert vollzog – die zweite Aufteilung der menschlichen Eigenschaften und Verhaltensweisen in kindlich-jugendliche und erwachsene. Die ersten Eigenschaften, die den Kindern seit dem 15. Jahrhundert zugeschrieben wurden, waren Unschuld und Schwäche. Nachdem dann die Kinder während des 200jährigen Prozesses ihrer Entrechung und Aussperrung mit Infantilismus geschlagen waren, entdeckte die Kinderpsychologie seit dem 18. Jahrhundert noch einmal die kindlichen Eigenschaften. Unschuldig und glücklich waren sie zwar immer noch nicht geworden. Man mußte es weiter behaupten und behauptet es immer noch trotz Freud. Aber schwach waren sie tatsächlich in vielerlei Hinsicht geworden. Der Entzug der Erfahrungsmöglichkeiten hatte sie unselbständig und auf vielen Gebieten uninformiert oder gar dumm gemacht; durch den Entzug gesellschaftlicher Verantwortung wurden sie unzuverlässig bis zur Charakterlosigkeit.

Aus der Geschlechterdifferenzierung und der Altersklassendifferenzierung sind zwei strukturell ähnliche, gesellschaftliche Mythen entstanden, der Mythos von der Frau und der von der Kindheit. In beiden Fällen hat die Gesellschaft einem natürlichen physischen Unterschied künstlich eine psychische Differenz hinzugefügt, die sie mittels besonderer Kleidung, Ausbildung und Behandlung besorgte, um das jeweilige Produkt schließlich als naturgegeben hinzustellen. Auch das Verhalten der jeweiligen Unterdrücker, der Männer und der Erwachsenen, weist unübersehbare Parallelen auf. Frauen und Kinder werden sexuell unterdrückt und zwecks Unterscheidung in spezielle Kleider gesteckt. Über beide wurde die Prügelstrafe des Familienvaters verhängt. Spezifische Formen der Kontaktaufnahme wurden entwickelt, der Babytalk gegenüber Kindern, die »Anmachtouren« (Pfeifen, Schmatzen u. ä.) gegenüber Frauen – in beiden Fällen dem menschlichen Verhalten zu Tieren angenähert und mit rascher körperlicher Annäherung verbunden.

Die emotionale Einstellung der Männer zu den Frauen wie der Erwachsenen zu den Kindern ist in hohem Maße ambivalent: wegen der beiden zugeschriebenen Asexualität und Naturverbundenheit werden sie verehrt, aufgrund der für beide festgestellten intellektuellen Minderwertigkeit verachtet. In wenigen Punkten genießen sowohl Kinder als auch Frauen trotz ihrer generellen Entrechtung bestimmte Privilegien. Sie müssen nicht in den Krieg (im 16. Jahrhundert waren 12jährige Soldaten keine Seltenheit) und werden in gefährlichen Situationen besonders geschützt oder zuerst gerettet.

Außerdem muß der Ausschluß aus der Produktion in der Industriegesellschaft auch als Verschonung von entfremdeter Arbeit betrachtet werden, d. h. die Entrechtung bringt auch Priviliegien mit sich. So haben vor allem Kinder und Jugendliche in ihrem, wie ein Schonraum wirkenden Ghetto die Möglichkeit, so zu sein, wie die zivilisierten Erwachsenen nicht mehr sein dürfen: spontan, hedonistisch, phantasievoll und begeisterungsfähig.

Spezialisierung der Charaktere

Kinder – Jugendliche

negativ: Unselbständigkeit, Unzuverlässigkeit, Unreife, intellektuelle Minderwertigkeit, charakterliche Unfestigkeit, situationsgebundenes Denken, Faulheit.
positiv: Glücksfähigkeit, Hedonismus, Spieltrieb, Spontaneität,

Phantasie, Begeisterungsfähigkeit, Schönheit, Sinnlichkeit; Jugendliche: Leidenschaftlichkeit, Radikalität.

Erwachsene

negativ: nichts.
positiv: Reife, planende Vernunft, Zuverlässigkeit, Stetigkeit, Charakterfestigkeit, Abgeklärtheit, Askesefähigkeit, Verantwortungsbewußtsein, Selbständigkeit.

Frauen

negativ: Irrationalität, intellektuelle Minderwertigkeit, charakterliche Instabilität, intuitives situationsgebundenes Denken, Unzuverlässigkeit, Ängstlichkeit, Hinterlist – Tücke – Intrigantentum, Neid, Eifersucht, Schwatzhaftigkeit.
positiv: Spontaneität, Phantasie, Schönheit, Sinnlichkeit, Zärtlichkeit, Narzißmus, Liebesfähigkeit, Aufopferungsbereitschaft, Anlehnungsbedürfnis, Einfühlungsvermögen.

Männer

negativ: nichts.
positiv: Aktivität, Stärke, Mut, Charakterfestigkeit, Rationalität, Zuverlässigkeit, Durchhaltevermögen, Härte, Intelligenz, Selbstbeherrschung, abstraktes Denken, Verschwiegenheit.

Wenn man vom bürgerlichen Standpunkt her assoziierend die sogenannten weiblichen, männlichen, kindlich-jugendlichen und erwachsenen Eigenschaften auflistet, wie in obigem Schema, fällt folgendes auf: Die weiblichen Eigenschaften überschneiden sich zum großen Teil mit den kindlich-jugendlichen, die männlichen mit den erwachsenen.

Frauen und Kindern werden zwei Kategorien von Eigenschaften zugeschrieben, ausgesprochen negative wie Dummheit, Charakterschwäche, Irrationalität u. a. und positive, denen aber meist etwas Zweifelhaftes und Unberechenbares anhaftet, wie Spontaneität, Verspieltheit und Begeisterungsfähigkeit für Kinder und Jugendliche; Narzißmus und Sinnlichkeit für Frauen. Darin zeigt sich sowohl die Ambivalenz der emotionalen Einstellung bei den jeweiligen Unterdrückern als auch die Idealisierung, die damit verbunden ist.

Männern und Erwachsenen werden dagegen fast nur Wesenszüge zugeteilt, die im bürgerlich-moralischen Sinn eindeutig positiv sind, wie Reife, Weitblick, Charakterfestigkeit und Verantwortungsbewußtsein. Die männliche und die erwachsene Machtübernahme brachten ihren Vertretern eine gradlinigere psychische Verstümmelung als den jeweils Unterworfenen.

Die bedingt für positiv erachteten kindlichen und jugendlichen Eigenschaften sind genau die, die es ihnen abzuerziehen gilt, um Erwachsene im modernen Sinn aus ihnen zu machen.

Was Spontaneität, Phantasie, Begeisterungsfähigkeit und Hedonismus betrifft, so sind es darüber hinaus die Verhaltensweisen und Eigenschaften des vorbürgerlich-unzivilisierten Menschentyps, der den Sinn des Lebens im Wohlergehen statt in der Pflichterfüllung sieht, der die Autorität noch nicht verinnerlicht hat und insofern unter kapitalistischen Verhältnissen schwer zu regieren ist, wie die Geschichte der Arbeiterbewegung zeigt. – Alle proletarischen Erhebungen wurden von einem unzivilisierten Proletariat bzw. einer ebensolchen Bauernschaft getragen: die Pariser Kommune, die russische Revolution, der spanische Bürgerkrieg, die chinesische und die kubanische Revolution und andere Aufstände der Dritten Welt.

Die Machthaber der Neuzeit wurden sich der Gefahr, die von der unzivilisierten Mentalität ausgeht, spätestens im 18. Jahrhundert bewußt. Sie erzogen erst ihre eigenen Kinder und dann die ganze Gesellschaft im Sinne der zivilisatorischen Tugenden. Da der Prozeß der Verbürgerlichung aber in jedem Individuum reproduziert werden muß, verkörpern die Heranwachsenden eine nie auszurottende Bedrohung der bestehenden Gesellschaftsordnung, der im Falle der Kinder eine physische Grenze gesetzt ist.

Umso gefährlicher sind die körperlich ausgewachsenen Jugendlichen auf Schulen und Universitäten, bei denen der Sozialisations- oder Verbürgerlichungsprozeß noch nicht durch Eheschließung und Familiengründung seinen krönenden Abschluß gefunden hat. Ihnen wird ein Charakteristikum zugeschrieben, das sie von den Kindern unterscheidet, und zwar ihre sogenannte »Leidenschaftlichkeit«, sowohl in der Liebe als auch im Engagement für »Ideale« (von Kriegsbegeisterung bis zu sozialer Revolution). Die Fähigkeit zum Engagement, die Radikalität bei der Durchsetzung von individuellen und allgemeinen Interessen werden dabei miteinander in Zusammenhang gebracht, wie es im Begriff der »Leidenschaftlichkeit« zum Ausdruck kommt. Daraus leitet sich die Behauptung ab, daß Jugend immer revolutionär sei und Revolution eine Sache der Jugend. Ein Liebhaber, ein Held und ein Revolutionär sind in der bürgerlichen Vorstellung immer jung. Und sie sind es auch in der Literatur. Den jugendlichen Liebhabern und Helden der bürgerlichen Literatur entsprechen die jungen Revolutionäre des sozialistischen Realismus bis zum chinesischen Tigerberg-Eroberer.

Um den Preis der verlorengegangenen Bürgerrechte, der ihr auferlegten ökonomischen Abhängigkeit, der sexuellen Unterdrückung und allgemeinen Infantilisierung hat die bürgerliche Jugend in ihrem Ausbildungsghetto einige einmalige Privilegien bekommen: die Verschonung vom entfremdeten Produktionsprozeß bringt Zeit zum Nachdenken, d. h. die Möglichkeit der Sensibilisierung für soziales Unrecht. Aus der Vorläufigkeit des jugendlichen Status folgt, daß junge Menschen von den Erwachsenen noch nicht ernst genommen werden. Unter einer Art Narrenfreiheit wird unangepaßtes und ungehorsames Verhalten, solange es in der Sphäre der Harmlosigkeit bleibt, toleriert oder leicht verziehen. Die Möglichkeit der Wissensaneignung schließlich liefert den »gefährlichen Schichten des Bürgertums« »die geistigen Waffen« (Bernfeld, o. J. [1968], S. 109) zur Rebellion. Insofern setzt der bürgerliche Sozialisationsprozeß tatsächlich revolutionäres Potential frei, das auch durch die Vorkehrmaßnahmen altersklassenmäßiger Entrechtung und psychischer Verstümmelung durch Infantilisierung der Jugendlichen nicht immer gebunden werden kann.

Nur sind die Privilegien, die die bürgerliche Jugend tendenziell revolutionär machen, zeitlich ebenso begrenzt wie die Deklassierung. Beim Eintritt des bürgerlichen Jugendlichen ins Erwachsenenleben mit Berufsantritt und (oder) Eheschließung geschieht zweierlei: erstens fallen die ökonomischen und psychischen Bedingungen, die die jugendlichen Eigenschaften bedingen, weg; sowohl die, die den Infantilismus ausmachen, wie auch die, welche die jugendliche Radikalität provozieren. Zweitens tut die ideologische Überhöhung der Altersklassendifferenzierung ihre psychologische Wirkung. Wer sich als Erwachsener jugendlich benimmt, macht sich lächerlich, ob er als leidenschaftlicher Liebhaber oder als Revolutionär auftritt.

Die Psychologie der Altersklassendifferenzierung besteht in einem doppelten Integrationsmechanismus. Die gefährlichen Eigenschaften des unzivilisierten Individuums werden den Kindern und Jugendlichen für die Zeit vor Abschluß ihrer individuellen Zivilisation nur unter der Bedingung ihrer gleichzeitigen Verbindung mit Schwäche und Infantilismus zugebilligt. Den Erwachsenen aber werden sie ganz verboten. Was in der Jugend begrenzt toleriert, manchmal sogar gelobt wird, ist später umso strenger verboten.

Nicht zufällig ist der dem Politiker Clémenceau zugeschriebene Ausspruch zum geflügelten Wort geworden: Es tut mir jeder leid, der mit 20 kein Anarchist ist, mit 30 kein Sozialdemokrat und mit 40 noch kein Konservativer.

2. »Jung« und »alt«, »unzivilisiert« und »zivilisiert« im bürgerlichen Zeitalter

Der unversöhnliche Gegensatz zwischen jung und alt, zivilisiert und unzivilisiert wurde seit dem 18. Jahrhundert immanenter Bestandteil der bürgerlichen Gesellschaft. Er prägt seither Praxis und Theorie in Handeln und Denken, in Lebensweise und Philosophie und lebt sogar praktisch und theoretisch im Sozialismus fort, der die Abschaffung der bürgerlichen Verhältnisse zum Ziel hat: als Gegensatz zwischen Anarchismus (bzw. Linksradikalismus) und Kommunismus (bzw. Marxismus-Leninismus). Ich will den genannten Antagonismus zunächst an der Herausbildung einer antibürgerlichen Lebensweise im Bürgertum selbst darstellen.

Seit dem 18. Jahrhundert wehrten sich sowohl die Jugendlichen als auch die Künstler und Literaten in periodisch wiederkehrenden Emanzipationsbewegungen gegen die dem psychischen Habitus des Bürgers entsprechende Lebenshaltung.

Idealisierung der Jugend

Das vom Bürgertum ideologisch produzierte Phänomen Jugend begann im Laufe des 18. Jahrhunderts als scheinbar biologisch bedingtes soziales Problem hervorzutreten.

Im Mittelalter, das die kindliche Sexualität tolerierte und keine Erziehung im vorbereitenden Sinne kannte, bedeutete das Erlangen der Geschlechtsreife noch keinen Einschnitt in der Persönlichkeitsentwicklung der Jugendlichen. Die psychischen und psychosomatischen Sensationen, unter denen bis heute jeder Pubertierende leidet, sind ein bürgerliches Kulturprodukt, das zum Naturphänomen erklärt wurde ebenso wie die Charakteristika der verschiedenen Altersklassen.

Die Pubertätskrise ist die Folge mehrerer einander gegenseitig bedingender psychischer und sozialer Einflüsse der bürgerlichen Verhältnisse.

Die Unterdrückung der kindlichen Sexualität führt zu schweren

Schuldgefühlen und Über-Ich-Konflikten zum Zeitpunkt der Entwicklung der sekundären Geschlechtsmerkmale und der sichtbar werdenden Funktionstüchtigkeit der genitalen Sexualität, die dem jungen Menschen seine Existenz als Sexualwesen unvermeidlich bewußt machen. Die psychische »Krise« des bürgerlichen Jugendlichen verläuft je nach sozialer Lage und individuellen Sozialisationsbedingungen verschieden stark und lang. Eine treffende Definition des Pubertätskonflikts und seiner Folgen findet sich bei S. Bernfeld:

»Die Diskrepanz zwischen dem Drängen des Körpers und dem Widerwillen, der Ahnungslosigkeit, der Angst des Ich erzeugt dann jene widerspruchsvollen genialischen oder idiotischen Wirbelstürme der Seele, die wir Pubertät nennen.« (Bernfeld [1925], 1973, S. 88)

Der Konflikt zwischen Es und Über-Ich führt zumindest zeitweise zur Emanzipation des Ich. Die Berechtigung der sexualmoralischen Normen wird angezweifelt, die Vaterautorität in Frage gestellt, und oft verwirft der Jugendliche noch einmal alle gesellschaftlichen Richtlinien, die er noch nicht ganz verinnerlicht hat. Gleichzeitig führt die Fixierung auf die Eltern in der besitzergreifenden, übergefühlvollen und isolierten Kleinfamilie bei der Übertragung der Objektlibido auf neue Liebesobjekte zu Ablösungsschwierigkeiten nie gekannten Ausmaßes, die Aggressionen gegen das Elternhaus hervorrufen. Der Ödipuskomplex ist zwar ein Phänomen aller patriarchalischen Gesellschaften, tritt aber in verstärkter und neurosenproduzierender Gestalt erst seit dem 19. Jahrhundert hervor.

Die Diskrepanz zwischen der tatsächlichen Unselbständigkeit des jungen Bourgeois und Kleinbourgeois durch Infantilisierung und Separation einerseits und den gleichzeitig ins Enorme gestiegenen Anforderungen des Berufslebens unter kapitalistischen Bedingungen der freien Konkurrenz und des Leistungsprinzips andererseits verunsichert den Jugendlichen nicht nur, sondern läßt ihn auch an den Werten der Erwachsenengesellschaft zweifeln.

Die pädagogische Propagierung schließlich der nie eingelösten bürgerlichen Humanitäts- und Gleichheitsideale bei gleichzeitiger Abkapselung gegen die vom Gegenteil zeugende soziale Realität wird zu einer weiteren Entstehungsbedingung des sog. jugendlichen Idealismus.

So wehrt sich der Jugendliche gegen Ende des Sozialisationsprozesses noch einmal verzweifelt gegen seine individuelle Zivilisation, und zwar mit den vorzivilisatorischen Mitteln, die seine Stärke ausmachen: Antiautoritäre, spontane und hedonistische Impulse drängen ihn zur Revolte. Doch mit Infantilität, Charakterinstabilität und Weltfremdheit geschlagen, unterliegt er meist kläglich, kriecht zu Kreuze und wird erwachsen. Dabei bleibt ihm nicht viel Zeit zum Aufstand, wenn er nicht bereit ist, sich durch Mißachtung der altersgemäßen Verhaltensschemata lächerlich zu machen. Außerdem muß seine Revolte nicht immer progressiv sein, sondern kann sich – von Angst überschattet – auch gegen ihn selbst und andere Unterdrückte richten.

Die zweite Phase der Unterwerfung der Kinder und Jugendlichen seit der Mitte des 18. Jahrhunderts ging nicht nur mit einer zum Teil liberalisierten, d. h. mehr und mehr indirekten Erziehung einher, sondern auch (besonders in Deutschland) mit einer ideellen Überhöhung der Kinder und Jugendlichen, als Kehrseite ihrer endgültigen gesellschaftlichen Entrechtung. Die offene und direkte Mißachtung von Kindheit und Jugend und ihrer neu entdeckten Spezialeigenschaften im 17. Jahrhundert, als die Oberschichten mit ihren »steifen« Umgangsformen, unbequemen Kleidern und Haartrachten die Knebelung der menschlichen Affekte und die Abwertung des körperlichen Genusses propagierten, zeugt – einem weitverbreiteten historischen Irrtum zuwider – keineswegs von dem Erfolg dieser zivilisatorischen Absichten, sondern dokumentiert eher das Scheitern solcher Bemühungen.

Die theoretische Liberalisierung der Pädagogik im 18. Jahrhundert dagegen, die moralische Aufwertung der Jugend und ihrer Eigenschaften, die Rehabilitierung der Sinnlichkeit und der menschlichen »Leidenschaften« bezeichnen nicht nur einen vorläufigen Höhepunkt des psychischen Zivilisationsprozesses in den Oberschichten, sondern auch einen Methodenwechsel der Machtausübung. Die Gewalt beginnt ihren Ort und ihre Gestalt zu ändern. Die zivilisierte Gewalt ist nicht mehr nur über den Menschen, sondern auch in den Menschen, und sie ist verkleidet. So wie schließlich im Namen des Gleichheitsgrundsatzes das Proletariat ausgebeutet wird, werden unter der Maske der Idealisierung Jugendliche und Frauen unterdrückt und im Namen der Natur ein Teil der Natur, die Sexualität.

Die veränderte Einstellung zur Jugend machte in Deutschland schon vor Rousseau im Jahre 1747 eine jugendliche Selbstorganisation möglich. Junge Literaten definierten und priesen die jugendspezifischen Eigenschaften in ihrer Zeitschrift *Der Jüngling* unter der Parole: »Jugend hat doch Tugend«. Anmut und Natürlichkeit des Jünglings und vor allem sein grundsätzlicher Hedonismus werden beschrieben:

»Ich lebe in der Welt, als ob sie eine aufgeräumte Gesellschaft guter Freunde wäre, die sich zusammengefunden hätte, um guter Dinge zu seyn.« (*Der Jüngling*, 1747; zit. n. Hornstein, 1966, S. 151)

Zur jugendlichen Spontaneität heißt es:

»Eben die Stärke der Leidenschaften, wenn sie noch unverderbt sind, die Hitze, welche die Seele in meinen Jahren in sich fühlt, und die Geschwindigkeit, zu empfinden, erleichtern uns die Mühe, unser Herz in Ordnung zu bringen und [...] edel zu denken und zu handeln.«

Die Jugend verspricht also, ihre Leidenschaften zu beherrschen, um »unverderbt« zu bleiben, d. h. Sexualität als solche zu unterdrücken und auf das von den Erwachsenen gesetzte Ziel der Tugend abzulenken. Noch deutlicher wird die Sublimationsbereitschaft der Jünglinge in folgender ambivalenter Formulierung:

»Ich kann mir keinen tugendhafteren Geist vorstellen, als der ist, welcher alle edlen und großen Handlungen mit eben der Hitze verrichtet, als andere Ausschweifungen begehen« (*Der Jüngling*, 1747; zit. n. Hornstein, 1966, S. 152).

Und C. F. Gellert, einer der ersten öffentlichen Lobredner der Jugend im Sinne des *Jünglings*, hält »die Neigung gegen das andere Geschlecht« für »die gefährlichste Feindin seines Herzens und seines Lebens«. Hauptsächlich die »Leidenschaften« machen nach Gellert die Erziehungsbedürftigkeit des Jugendlichen aus:

»Das jugendliche Herz hat also freylich gefährliche Leidenschaften; aber sie stimmen doch untereinander, wenn sie gut gebildet und regiert werden, dienstfertig zu seinem Glücke überein.« (Gellert 1771; zit. n. Hornstein, 1966, S. 159)

Während Gellerts optimistischer Glaube an den Sieg der Vernunft auch über die »Leidenschaften« noch der Frühaufklärung entspricht, wird die Pubertät bei J. J. Rousseau zum unvermeidlichen Drama zwischen Zögling und Erzieher:

»Wie das dumpfe Brausen des Meeres lange dem Unwetter vorausgeht, so kündigt sich diese stürmische Umwandlung an durch leise Anzeichen der erwachenden Leidenschaften; eine geheimnisvolle Gärung zeigt die herannahende Gefahr an. Wechselnde Gemütsstimmung, häufiges Aufbegehren und ständige Erregung des Geistes machen das Kind beinahe unlenkbar. Es wird taub gegenüber der Stimme, der es bisher willig folgte, es ist wie ein Löwe im Fieber, es kennt seine Führer nicht und will sich nicht weiter leiten lassen. [...] Das alles kann langsam eintreten und euch noch Zeit lassen. Wird aber seine Lebhaftigkeit zu ungeduldig, wandelt sich seine Aufregung in leidenschaftliches Aufbrausen, wird er im gleichen Augenblick zornig und zärtlich, vergießt er ohne Ursache Tränen, schlägt sein Puls schneller und flammt sein Auge auf bei Dingen, die ihm gefährlich werden können, bekommt er fiebriges Zittern, wenn sich eine Mädchenhand auf die seine legt, wird er verwirrt und schüchtern in der Nähe eines weiblichen Wesens; dann weiser Odysseus, sei auf deiner Hut! Die Schläuche, die du sorgfältig verschlossen hieltest, sind geöffnet, die Winde sind bereits entfesselt. Verlaß nicht einen Augenblick das Steuer, oder alles ist verloren.« (Rousseau, 1762; zit. n. Hornstein, 1966, S. 167)

Nicht umsonst vergleicht Rousseau den Erzieher mit dem nicht nur weisen, sondern bekanntlich auch listigen Odysseus. Der wichtigste Abschnitt der Erziehung setzt mit der Pubertät ein, die es durch verstärkte Bewahrung der »Unschuld« und fortgesetzte Separation künstlich zu verlängern gilt. Die List besteht darin, den revoltierenden Jugendlichen von der Gesellschaft, der seine Opposition gilt, fernzuhalten, so daß ihm nichts anderes übrigbleibt, als seine Aggressionen und Zweifel gegen sich selbst zu richten, wo sie als »inneres Ringen« zwar noch eine Zeitlang weiterbestehen, aber notwendig untergehen müssen.

Eine weitere erzieherische List erdachte Rousseau für den Zeitpunkt, zu dem die vollständige Unterdrückung der Sexualität nicht mehr möglich ist: Der Erzieher macht seinen Zögling verliebt; nicht etwa real, sondern das Liebesobjekt, das er ihm anbietet, ist ein Idealbild, das es nicht gibt. So wird die Liebe gegen die Sexualität ausgespielt als bürgerliche Liebe, die grundsätzlich unerfüllbar ist. – Wie schon gesagt, empfahl aber auch Rousseau die beschriebenen antimasturbatorischen Folterungen, deren direkte, physische Machtausübung seiner indirekten Erziehung nicht widerspricht, sondern nur ihre Maske lüftet. – Die Rehabilitierung der Sinnlichkeit und der menschlichen Leidenschaften geschieht also nur um den Preis ihrer Integration, die die Pädagogik an jedem bürgerlichen Jugendlichen zu leisten hat.

Die erste Generation der jugendlichen Emanzipationsbewegung demonstrierte vor allem ihre Anpassungsbereitschaft an die bürgerlich-moralischen Normen; durch das Sublimationsversprechen in den politischen status quo durch die inhaltliche Harmlosigkeit ihrer anakreontischen Literaturprodukte. Auf der ersten Nummer ihrer Zeitschrift steht: »Unsre Wissenschaft ist Freude, und unsre Kunst Gefälligkeit.« (*Der Jüngling*, 1747; zit. n. Hornstein, 1966, S. 153)

Die zweite, die Sturm-und-Drang-Generation, ging einen Schritt weiter. Mit ihrer In-tyrannos-Dichtung griff sie Vaterautorität und absolutistischen Staat gleichzeitig an. Was die Moral angeht, so propagierten die Sturm-und-Drang-Dichter mit dem wiederentdeckten Romeo-und-Julia-Motiv (z. B. in *Kabale und Liebe*) das Ideal der bürgerlichen Liebe, die sich über Standesschranken hinwegsetzt, und stellten adliger sexualmoralischer Verderbtheit und sozialmoralischer Skrupellosigkeit und Unmenschlichkeit bürgerliche Tugend und Gerechtigkeit gegenüber. Aber auch die bürgerliche Moral fand im Sturm und Drang ihre erste Kritik. Das häufig vertretene Kindsmörderinnenmotiv (z. B. bei G. A. Bürger) weist auf die Unmenschlichkeit auch der bürgerlichen Sittenmaßstäbe hin, und im *Werther*, der seinerzeit zur Schundliteratur erklärten Lieblingslektüre mehrerer Generationen von Jugendlichen, scheitert der Held an der grundsätzlichen Unerfüllbarkeit der bürgerlichen Liebe. Lenzens *Hofmeister* schließlich verstümmelt sich selbst, weil er seine Leidenschaft nicht zügeln konnte. Diese noch defensive, aber tatsächliche Rehabilitierung der menschlichen Leidenschaften bezeichnet den Anfangspunkt einer Entwicklung jugendlich geprägter Emanzipationsbewegungen, die vom Sturm und Drang über die jungen Romantiker, die jungen Naturalisten und Expressionisten und den linken Flügel des deutschen Wandervogels bis zur internationalen Schüler-, Studenten- und Hippiebewegung reicht.

Wenn auch die Opposition des Sturm und Drang letztlich politisch einflußlos und individualistisch blieb, brachte sie doch die Abgrenzung der bürgerlichen von einer dazu alternativen Lebensweise und Lebenshaltung mit sich. Der Verachtung des »Philisters«, des überzivilisierten Bürgers, entstand um diese Zeit. Die dichtenden Jünglinge separierten sich freiwillig in Freundschaftsbünden von der Erwachsenenwelt und distanzierten sich durch legere Kleidung und offen getragenes, oft lang wallendes Haar schon äußerlich von der bürgerlichen Erwachsenengesellschaft. Sie begeisterten sich für die Schönheit der Natur und die Ursprünglichkeit des Landlebens und versuchten in jeder Beziehung natürlich zu leben. (Die Brüder Stolberg fielen sogar zusammen mit dem jungen Goethe durch Nacktbaden auf.) Sie tendierten zur Nichtseßhaftigkeit, wenn auch nicht alle ein Vagabundenleben führten wie Ch. Kaufmann vom Hainebund. Was sie aber am meisten vom Bürger unterschied, war ihre »Arbeitsscheu«. Sie arbeiteten bzw. studierten nicht oder unregelmäßig und kümmerten sich wenig um ihre zukünftige Existenz, ganz im Gegensatz zum typischen Bürger, der auch dann arbeitet, wenn er genug Geld hat, und der sein Leben verplant.

Seit dieser Zeit demonstrierten in Deutschland die studentischen Orden auf andere Art eine jugendspezifische Lebensweise. Während sie politisch erst in den neunziger Jahren durch Sympathie mit der französischen Revolution aufzufallen begannen, waren sie durch ihre Streiche, ihren Grobianismus und das Übertreten der zeitgenössischen Scham- und Peinlichkeitsgrenze schon vorher zum »Bürgerschreck« geworden. Auch sie leisteten Kritik an der bürgerlichen Lebensweise, indem sie ihrem Vergnügen lebten, die Autorität der Professoren mißachteten und sich überall und ständig prügelten wie im Mittelalter. Während die Sturm-und-Drang-Jünglinge dichteten, lebten die primitiveren Studenten ihre »jugendliche Phantasie« im »Studentenulk« aus.

Die Idealisierung des Jünglings in der deutschen Literatur des 18. Jahrhunderts wird begleitet vom Postulat der Notwendigkeit des Erwachsenwerdens. Die literarische Revolution des Sturm und Drang wird von der »reifen« Klassik abgelöst, die wieder erwachsene Helden auf die Bühne bringt und ihre altersspezifischen Eigenschaften preist. Gleichzeitig findet der bürgerliche Evolutionismus seinen Ausdruck in der neuen Literaturgattung des Entwicklungsromans, der die einzelnen Lebensabschnitte voneinander abgrenzt.

Eine Gegenströmung dazu ist die Romantik, die die Jugendlichkeit wieder in den Vordergrund stellt. Noch deutlicher als im Sturm und Drang kommen in dieser Bewegung die wichtigsten Charakteristika aller Jugendlichenbewegungen zum Ausdruck, die Philisterverachtung, die Rebellion gegen die herrschende Sexualmoral und die Rehabilitierung des Müßiggangs.

In Frankreich politisierte sich die Romantik um 1829 als eine Art Jugendbewegung gegen die immer offensichtlicher reaktionär werdende Bourgeoisie. Bei A. Hauser heißt es dazu:

»Alles dreht sich bei der Jeune-France, wie die Rebellen sich nun nennen, um ihren Haß gegen das Philistertum, um ihre Verachtung des bürgerlichen geregelten und entseelten Lebens, um ihren Kampf gegen alles Hergebrachte und Konventionelle, alles Lehrbare und Erlernbare, alles Reife und Beruhigte. Das System der geistigen Lebenswerte bereicherte sich um eine neue Kategorie: um die Idee der Jugend als schöpferischer und dem Alter an und für sich überlegener Macht.« (Hauser, 1967, S. 716)

Künstlerboheme

Die Emanzipationsbestrebungen der Jugend als Jugend und die Herausbildung eines eigenen jugendspezifischen Lebensstils alternativ zum Leben der Philister, Spießbürger oder Biedermeier trafen Anfang des 19. Jahrhunderts in der literarischen Epoche der Romantik mit der Entstehung der Künstlerboheme zusammen. Die ursprüngliche Bedeutung des Begriffs »Boheme« deckt sich mit dem zur gleichen Zeit in den Vordergrund tretenden Begriff »Vagabund«, der zunächst nur auf Zigeuner, Räuber und sonstiges nicht seßhaftes, nicht integrierbares und unzivilisiertes Gesindel angewandt wurde. Mit dem Lautwerden der Zivilisationskritik in der zweiten Hälfte des 18. Jahrhunderts ging nicht nur die Idealisierung von Kindheit und Jugend einher, sondern auch die des »bon sauvage«, des guten Wilden, des unverdorbenen, natürlichen Zigeuners und schließlich des ehrenhaften Räubers. Zeitlich parallel verlief die Entwicklung des Künstlers zum gesellschaftlichen Außenseiter, der schließlich zu Beginn des 19. Jahrhunderts mit den genannten idealisierten Unzivilisierten identifiziert und auf den gleichen Begriff des »Boheme« gebracht wurde.

Ökonomisch ist die sich seit dem 18. Jahrhundert vergrößernde Entfernung des Künstlers vom Bürger in der Entstehung eines Kunst- und Literaturmarktes, der Ökonomisierung des Kunstwerks zur Ware und schließlich der veränderten Abhängigkeitssituation des »freien« Künstlers begründet, die sowohl seine ideelle Emanzipation vom Geschmack der Herrschenden als auch seine tatsächliche, tendenzielle, ökonomische Proletarisierung zur Folge hatte.

Ökonomische und soziale Entrechtung gingen im Fall des Künstlers ebenso wie im Fall des Jugendlichen mit seiner Idealisierung und seiner Selbstemanzipation einher. Was die Idealisierung angeht, so wurden schließlich sowohl der Jüngling als auch der Künstler zum Sendboten bzw. Sprachrohr Gottes. Bei F. Klopstock fließt »die ewig junge Seele des Jünglings« »von Göttergedanken über« (Klopstock, zit. n. Hornstein [1889], 1966, S. 163); eine »Schöpfungsästhetik« entrückte das »Schaffen« des Künstlers dem bürgerlichen Arbeitsbegriff und erhob seine Arbeit zur bloßen Ausführung der göttlichen »Eingebung«. Mit der Idealisierung des Künstlers ging aber auch sein »schlechter Ruf« und demzufolge seine zunächst unfreiwillige Ghettoisierung ähnlich wie die der Kinder und Jugendlichen einher. Die partielle Toleranz gegenüber künstlerischer Unzivilisiertheit, d. h. seiner Leidenschaftlichkeit, seinem Hedonismus, Spontaneismus und seiner ungebrochenen Phantasie, verschaffte dem Künstler jene Narrenfreiheit, die der Jugendliche auf Zeit genießt, für sein ganzes Leben.

Den psychologischen Hintergrund der weitgehend unmöglichen Integrierbarkeit des Künstlers im Sinne der bürgerlichen Gesellschaft und der Entstehung der Schöpfungsästhetik bildet seine Tätigkeit. Die Kunstproduktion wird nicht so leicht wie alle anderen Tätigkeiten zur entfremdeten Arbeit, und man kann sie dem bürgerlichen Arbeitsbegriff und der bürgerlichen Arbeitsmoral nur schwer unterwerfen. Bei strikter Einhaltung der Bürgertugenden wie Pünktlichkeit, Sparsamkeit, Bienenfleiß und sexueller Enthaltsamkeit kann niemand Kunst produzieren. Freud erklärt die künstlerische Motivation mit der Sublimation der Tagträume des Künstlers im Kunstwerk. Tagträume seien bei jedem pubertierenden Jugendlichen vorhanden und somit normal. Beim nichtneurotischen Erwachsenen verschwinden sie, während sie beim erwachsenen Neurotiker wie beim Künstler weiterbestehen, von letzterem aber in Kunstproduktion sublimiert werden. Der Tagtraum entsteht wie die Neurose aus dem Konflikt von Trieb und Triebversagung. In den Tagträumen also äußern sich die nicht sublimierten menschlichen Triebe, die »Leidenschaften«. Im Kunstwerk, das laut Freud in verschleierter Form immer das Ödipusdrama zum Thema hat, äußern sich die Triebe in relativ unvollständiger bzw. oberflächlicher Sublimation. Der Jugendliche, der Künstler und der Neurotiker also sublimieren gar nicht oder schlecht, der erwachsene Bourgeois dagegen so gut, daß er sein Leben kaum mehr ertragen kann:

»Das Leben, wie es uns auferlegt ist, ist zu schwer für uns, es bringt uns zuviel Schmerzen, Enttäuschungen, unlösbare Aufgaben. Um es zu ertragen, können wir Linderungsmittel nicht entbehren [...] Solcher Mittel gibt es vielleicht dreierlei: mächtige Ablenkungen, die uns unser Elend gering schätzen lassen, Ersatzbefriedigungen, die es verringern, Rauschstoffe, die uns für dasselbe unempfindlich machen. Irgend etwas dieser Art ist unerläßlich.« (Freud [1930], 1972, S. 73)

Mit den »Ablenkungen« meint Freud hier (vor allem die wissenschaftliche) Arbeit und mit den »Ersatzbefriedigungen« den Kunstgenuß. Der Bourgeois braucht also den Künstler, der ihm kurzfristigen Urlaub aus seiner disziplinierten Welt im (Kunst-) Genuß ermöglicht. Gleichzeitig muß er ihn aber in den Schranken des Hofnarren halten, denn er könnte sonst der Macht seines Brotherren gefährlich werden. Und wie der Bourgeois den unentbehrlichen Künstler benutzt und gleichzeitig kleinhält, so tut er es auch mit seinen Frauen, Kindern und Jugendlichen, indem er sie entrechtet und idealisiert.

So wie sich die Eigenschaften des zum Bohemien degradierten Künstlers seit dem ausgehenden 18. Jahrhundert mit denen des Jugendlichen decken, gleicht auch der im 19. Jahrhundert entwickelte Lebensstil der Boheme dem historisch schon etwas früher hervortretenden jugendspezifischen. Die Charakteristika der Boheme von den Romantikern bis zu den Beatniks und der Schüler-, Studenten- und Hippiebewegung sind bis heute die gleichen geblieben. Äußerlich unterscheidet sich der Bohemien durch phantasiereiche, oft bunte (Ver-)Kleidung und ungewöhnliche Haar- und Barttracht vom Bürger, der den Brauch der Verkleidung seit dem 18. Jahrhundert abgeschafft und (bis auf den Fasching) nur seinen Kindern vorbehalten hat. Weltanschauung und Lebensweise des Bohemien sind von Individualismus, Antiautoritarismus, Spontaneismus, Punktualismus und Nonkonformismus geprägt. Sein allgemeines Genußpostulat äußert sich u. a. als sexuelle Libertinage. Organisiert bzw. nicht organisiert ist die Boheme in informellen Gruppen, die sowohl der Separation in Künstlerateliers als auch der Öffentlichkeit in Cafés und Kneipen bedürfen. Das Verhältnis der Boheme zu Geld und Erwerb ist von Konsumverzicht und bisweilen auch von Verschwendung gekennzeichnet. Von seinen Gegnern wird dem Bohemien immer wieder vorgeworfen, naiv, kindlich oder kindisch zu sein. Sogar A. Hausers Charakteristik der französischen Romantiker klingt, obwohl er der Boheme positiv gegenübersteht, wie der über ein unartiges Kind geäußerte Verdruß:

»Unarten und Unverschämtheiten der Boheme, ihre oft kindische Ambition, den ahnungslosen Bürger in Verlegenheit zu bringen und zu entrüsten, ihr krampfhaftes Streben, sich von den normalen, durchschnittlichen Menschen zu unterscheiden, die Sonderbarkeit ihrer Kleidung, ihrer Haartracht, ihre Bärte, die rote Weste Gautiers und die ebenso auffallende, wenn auch nicht immer so grellfarbige Maskerade seiner Freunde, ihre ungenierte und paradoxe Ausdrucksweise, ihre überspitzten, aggressiv formulierten Ideen, ihre Invektiven und Unanständigkeiten« (Hauser, 1967, S. 716).

Ebenso gleichbleibend wie die genannten äußerlichen und lebenseinstellungsmäßigen Charakteristika der Boheme seit dem 19. Jahrhundert bis heute sind auch ihre politischen Sympathien und Ambitionen. Während der antizivilisatorische Affekt die Boheme der älteren Romantik noch teilweise rückwärtsgewandten Ideologien zugänglich machte, entstand aber auch bald ihr Hang zum utopischen Sozialismus. So waren um 1830 Saint-Simonisten und Fourierschüler in den romantischen Zirkeln Deutschlands und Frankreichs stark vertreten. Noch mehr aber ist der Bohemien durch seine eigene Deklassierung zum Engagement für den Sozialismus prädestiniert. Er sympathisiert mit allen Entrechteten, allen Randgruppen und mit dem Lumpenproletariat. Dies und ein ebenso der eigenen gesellschaftlichen Außenseiterposition entsprechender Individualismus und aggressiver Spontaneismus dieser Randgruppe führen die Boheme allerdings weniger zur marxistisch organisierten Arbeiterbewegung, sondern vielmehr zu den verschiedenen Strömungen des Linksradikalismus und des Anarchismus. In der jungdeutschen Generation um den Kreis der »Freien«, dem nicht nur M. Stirner, sondern auch K. Marx angehörte, bestand der Gegensatz der zwei Richtungen im Sozialismus noch nicht. Nicht viel später aber standen sich die antiautoritären Sozialisten um M. Bakunin und die Vertreter des autoritären Kommunismus um K. Marx und F. Lassalle in der ersten Internationale als unversöhnliche Gegner gegenüber. Seit dieser Zeit überschneiden sich anarchistische und linke bohemische Intelligenz großenteils. Nur im deutschen Naturalismus war die Boheme eine Zeitlang marxistisch orientiert, um in den neunziger Jahren mit der Wiederentdeckung Stirners durch Mackay wieder unter anarchistischen Einfluß zu geraten. Auch im beginnenden zwanzigsten Jahrhundert des Expressionismus war die Boheme mehr vom Libertärsozialismus als vom Marxismus geprägt.

In der Münchner Räterepublik von 1919 trafen sich die Jugendbewegung, die Boheme und der Anarchismus. So wurde z. B. E. Toller, vom linken Flügel des Wandervogels kommend, zum Bohemien und Libertärsozialisten. Und wie er waren auch G. Landauer und E. Mühsam expressionistische Schriftsteller. Jugendbewegtes und expressionistisches Pathos schwingen in Landauers bohemischer und anarchistischer Kritik mit, wenn er den Marxisten denselben Spießervorwurf macht wie der Bourgeoisie:

»O ihr Marxisten, ich weiß, wie tief verhaßt [...] und all eurem trockenen Stubenwesen unangenehm solche Feuernaturen wie Proudhon [...] Bakunin oder Garibaldi euch sind, wie alles, was nach freier Luft und Wildheit und Initiative aussieht, euch geradezu peinlich ist [...] Aschenhafte, schlafmützige Philister sind über dir, Volk; wo sind die Kolumbusnaturen, die lieber [...] aufs Ungewisse hin aufs hohe Meer gehen als auf die Entwicklung zu warten? Wo sind die Jungen, die Munteren, die Sieghaften, Roten, die über diese Grauen zu lachen beginnen?« (Landauer; zit. n. Kreuzer, S. 145/146)

Nach dem Ersten Weltkrieg lebten Jugendbewegung, Boheme und Anarchismus vor allem in der Dadabewegung und im Surrealismus weiter.

Obwohl in der Zeit nach dem Ersten Weltkrieg – in der UdSSR durch Leninismus und Stalinismus, in Italien, Spanien und Deutschland durch den Faschismus – sowohl progressive jugendliche Emanzipationsbestrebungen als auch das bohemische Gegenmilieu und der theoretische und praktische Anarchismus unterdrückt und bis zur Bedeutungslosigkeit zerstört wurden, lebten alle drei nach dem Zweiten Weltkrieg wieder auf; zunächst im französischen Existentialismus und der amerikanischen Beat-Generation und schließlich in der internationalen Hippie- und Studentenbewegung.

Wandervogel-Jugendbewegung

Im Laufe des 19. Jahrhunderts waren in Deutschland Ghettoisierung und Unterwerfung der Jugend vollständig gelungen. An den Universitäten füllten – nach Liquidierung aller revolutionären

Tendenzen durch den preußischen Staat – die Söhne von Adel und Großbourgeoisie die verbliebenen Freiräume mit der Saufkultur der Korporationen. Die Gymnasiasten führten als Opfer der inzwischen gänzlich autoritär verkommenen deutschen Pädagogik, die alle aus der Aufklärung stammenden emanzipatorischen Inhalte eingebüßt hatte, in der isolierten Kleinfamilie oder im Internat ein geknechtetes Dasein, aus dem nur das Erwachsenwerden einen Ausweg bot. Die Schülertragödien der damaligen Zeit gingen um die Jahrhundertwende in die Literatur ein. C. F. Meyer, R. Musil, F. Wedekind, H. Hesse und F. Werfel schilderten jugendliche Selbstmörder. Der literarische Reflex jugendlichen Elends fällt mit den ersten Anfängen sowohl der Jugendbewegung als auch der Reformpädagogik zusammen.

1898 gründete H. Lietz das erste Landerziehungsheim nach englischem Vorbild. Abseits vom Trubel der Städte, wie Rousseau es empfohlen hatte, sollte der Lehrer dem Schüler älterer Freund und Berater sein. Auf dem linken Flügel der Reformpädagogik ging der Lietz-Schüler G. Wyneken als Vertreter der »Entschiedenen Schulreform« so weit, vollständige Gleichberechtigung von Lehrern und Schülern zu fordern. 1906 gründete er sein Landschulheim, die »freie Schulgemeinde Wickersdorf«, und machte dort die Vollversammlung der ganzen Schule zur obersten Entscheidungsinstanz in allen Fragen, die die Schule betrafen. Er glaubte an einen Selbstwert des Jugendalters, den es als »Jugendkultur« für die ganze Gesellschaft fruchtbar zu machen gelte. Sein metaphysischer Jugend-Begriff war dabei keineswegs auf das biologische Jugendalter beschränkt, denn er hielt auch sich selbst, den nicht mehr ganz jungen Pädagogen, für einen Träger der »Jugendkultur«.

Die Wandervogel-Jugendbewegung, mit der Wyneken sympathisierte und Kontakt aufnahm, entstand da, wo sich auch die offizielle deutsche Pädagogik schon ein wenig liberalisiert hatte: in Berlin. An einem Steglitzer Gymnasium wurde im Jahre 1901 der sog. Urwandervogel als Freizeitwanderverein für Gymnasiasten gegründet. Und bald entstanden in den Großstädten des ganzen Landes ähnliche Gruppen, die zusammen bald eine kleinbürgerliche Massenbewegung ausmachten. Der Wandervogel verstand sich als unpolitische, kulturerneuernde Bewegung mit dem Ziel der Befreiung der deutschen Jugend von Engstirnigkeit und Zwang in Schule und Elternhaus. Dem positivistischen Paukunterricht der Gymnasien wurde ein dem Neuhumanismus verwandtes Ideal allseitiger Bildung entgegengesetzt und dem spießbürgerlichen Dasein im Elternhaus ein einfaches, naturverbundenes, d. h. jugendgemäßes Leben. Der Exodus in die Wälder galt den deutschen Gymnasiasten als Alternative zum Jugendleben der Korporationen in Suff, Luxus und Chauvinismus. Während die »jungen Herren« der Jahrhundertwende ihre Väter nachahmten, entwickelten die Wandervögel ein jugendspezifisches Selbstbewußtsein, das abermals mit der Wiederentdeckung der speziell jugendlichen Eigenschaften – Natürlichkeit, Fröhlichkeit, Begeisterungsfähigkeit und Spontaneität – einherging. Neu war das eskapistische Moment der Bewegung und ihre Autonomiebestrebungen, die sich daraus entwickelten. Ein Teil der Wandervogelgruppen propagierte eine von der Erwachsenenwelt getrennte jugendliche Kultur, ähnlich wie es auch Wyneken vorschwebte. Das Natürlichkeitsideal dieser romantischen Jugendrevolte war an Rousseau orientiert und erklärte sexuelle Keuschheit zur Tugend. Mit der Aufnahme von Mädchen im Jahre 1910 verstärkte sich dieser puritanische Zug der protestantisch geprägten Bewegung, indem der freiwillige Verzicht nicht nur auf Sexualität, sondern auch auf Alkohol und Nikotin zum unverzichtbaren Bestandteil der Wandervogel-Ideologie wurde.

Äußerlich unterschieden sich alle Jugendbewegten von der übrigen Bevölkerung durch eine folkloristische Gegenmode. Markenzeichen der Jungen wurde die kurze Hose als Zeichen der Ablehnung des Erwachsenenstatus. Über die äußere Erscheinung hinaus gehörten zur Gegenkultur der bürgerlichen Jugendbewegung die Pflege von Volkslied, Volkstanz, Laienspiel und Kunsthandwerk, eine verquast-romantische, rückwärts gewandte Ideologie mit antitechnischer Einstellung und das Prinzip des freiwilligen Konsumverzichts. Die Organisationsformen des Wandervogels orientierten sich an historischen Vorbildern wie wandernden Handwerksburschen und Schülern des Mittelalters, an germanischem und ritterlichem Heldenleben und sogar an Horden und Clans der Urgesellschaften. Die meisten Wandergruppen hatten etwa fünf bis zehn gleichberechtigte Mitglieder und einen meist etwas älteren Führer von charismatischer Qualität.

Der Wandervogel blieb trotz gegenteiliger Beteuerungen seiner Anhänger nicht unpolitisch, sondern spaltete sich schon vor dem Ersten Weltkrieg in einen rechten und einen linken Flügel.

Die zahlenmäßig weit schwächere Wandervogellinke gruppierte sich als »schulrevolutionäre Bewegung« um G. Wyneken und den linken Freudianer S. Bernfeld. In ihrem Organ, dem *Anfang*, einer der ersten Schülerzeitschriften Deutschlands, kritisierten antiautoritär eingestellte Schüler väterliche und schulische Tyrannei, forderten die Koedukation und verurteilten bürgerliche Sexualmoral, Unterdrückung der Frau und die Kleinfamilie. Der *Anfang*, für den auch Wynekens Schüler W. Benjamin schrieb, löste heftige Empörung bei konservativen Eltern, Lehrern und Politikern aus und sorgte für die ersten Schülerzeitungs-Skandale in deutschen Landen.

Als 1913 in Leipzig das nationalistische Fest zur Hundertjahrfeier der Leipziger Völkerschlacht gefeiert wurde, organisierten mehrere linksliberal ausgerichtete Wandervogelgruppen zusammen mit der »schulrevolutionären Bewegung« ein Gegenfest als Alternative zum sogenannten Hurrapatriotismus. Etwa 3000 Jugendliche, die »Freideutschen«, trafen sich auf dem Hohen Meißner in Hessen, um drei Tage lang zu tanzen und zu singen. Die Stimmung muß der von Woodstock geglichen haben. Zum Selbstverständnis wurde eine gemeinsame Resolution verabschiedet:

»Die Freideutsche Jugend will ihr Leben vor eigener Verantwortung, nach eigener Bestimmung, in innerer Wahrhaftigkeit selber gestalten. Für diese innere Freiheit tritt sie unter allen Umständen geschlossen ein.« (Zit. n. Pross, 1964, S. 165)

Inhaltlich war die Tagung von Wyneken und anderen Kriegsgegnern geprägt, die vor imperialitischem Nationalismus warnten. Trotzdem zog ein Jahr später der größte Teil der jugendbewegten jungen Männer begeistert in den Krieg. Und unter denen, die vor Langemarck singend starben, sollen auffallend viele Wandervögel gewesen sein. Der *Anfang* aber stellte sein Erscheinen ein, weil die »Schulrevolutionäre« nicht gezwungen sein wollten, für den Krieg zu schreiben.

In der Wiener Sektion der schulrevolutionären Bewegung, die von S. Bernfeld und dem jüdischen Bildungsbürgertum geprägt war, entwickelte sich um 1915 eine Sexualrevolte, die der von 1968 geglichen haben muß. Kaum der Pubertät entwachsene junge Frauen und Männer liefen Sturm gegen Ehe und Familie und propagierten die Freie Liebe, auch als Promiskuität.

Die linke bürgerliche Jugendbewegung neigte mit ihrer Autonomieforderung, ihrem kulturrevolutionären Anspruch, der Betonung der jugendspezifischen Eigenschaften und der Hinwendung zu einfacher Handarbeit mehr zum Libertärsozialismus als zum Kommunismus. Nach dem Krieg bekannten sich diese Wandervögel zur Republik und identifizierten sich mit der proletarischen Revolution. Autoren wie die Anarchisten P. Kropotkin, G. Landauer, E. Toller und der libertäre Pazifist H. Hesse gewannen an Einfluß und inspirierten nicht nur die »Schulrevolutionäre«, sondern auch eine vom Wandervogel geprägte Alternativbewegung, die mehrere Landkommuneprojekte hervorbrachte, wie z. B. den Barkenhof in Worpswede, dem Ort der gleichnamigen Künstlerkolonie. Und auch an den Kämpfen um die Münchner Räterepublik waren eine Reihe ehemaliger Jugendbewegter beteiligt, z. B. E. Toller und G. Landauer. Überall, wo sich der linke Flügel der Wandervogel-Bewegung mit linksradikalen und anarcho-syndikalistischen Strömungen der Arbeiterbewegung mischte, erklärte man den jugendlichen Lebensstil zum sozialistischen Lebensstil, um so dem Integrationsmechanismus der Altersklassendifferenzierung zu entgehen. Dies entspricht der libertärsozialistisch-kulturrevolutionären Erkenntnis, daß ohne die Revolutionierung der Lebensweise auch veränderte ökonomische Bedingungen keine befreite Gesellschaft hervorbringen werden. So konnte die bürgerliche Ideologie vom Naturphänomen Jugend wenigstens von einem kleinen Teil der Wandervögel überwunden werden. Denn das Persönlichkeitsideal dieser jugendbewegten Bohemiens und Anarchisten entsprach dem menschlichen Individuum jenseits der Aufteilung seiner Eigenschaften in männliche und weibliche, in alte und junge.

Auch in der Arbeiterjugendbewegung, mit der die linke Minderheit der bürgerlichen Jugendbewegung seit Kriegsbeginn sympathisierte, erhob sich die Autonomieforderung als antimilitaristische Antwort auf die inkonsequente Haltung der SPD zum Krieg. K. Liebknecht gründete im Jahre 1918 eine parteiunabhängige proletarische Jugendorganisation, die FSJ (Freie Sozialistische Jugend). Diese Gruppe bewahrte ihre Selbständigkeit bis zum Beginn der zwanziger Jahre und entwickelte, angeregt von dem linken Kommunisten W. Münzenberg, dem Gründer der Jugendinternationale, die Theorie vom »Jugendavantgardismus«. Die Forderung der jugendlichen Arbeiter, Vorhut und Avantgarde des Proletariats zu sein, entsprach einer Mischung aus bürgerlicher

Jugendideologie, linksradikalem Spontaneismus und der realen Erfahrung jugendlicher Überrepräsentation in der antimilitaristischen Bewegung. Die FSJ schloß sich nach langem Zögern schließlich doch der KPD an, und der Autonomiegedanke der proletarischen Jugendbewegung lebte fortan nur auf ihrem zahlenmäßig unbedeutenden anarchistischen Flügel weiter. Ein anderes Phänomen der gegenseitigen Beeinflussung bürgerlicher und proletarischer Jugendbewegung aber ist die kulturelle und äußerliche Prägung vor allem der SPD-Jugendorganisation vom Wandervogel, die bis in die Mitte der zwanziger Jahre unübersehbar war. Kritiker der Sozialdemokratie meinen, die Wandervogel-Kultur habe einen entpolitisierenden und infantilisierenden Einfluß auf die SPD-Jugend gehabt, und dies sei den stets auf Mäßigung bedachten Funktionären nur recht gewesen.

An der Entwicklung der Wandervogel-Rechten aber kann man sehen, wohin eine bürgerlich-autoritäre Erziehung führt, wenn sie perfekter gelingt als im klassischen Fall, bei dem der jugendliche Stürmer und Dränger eine Zeitlang zum Kritiker von väterlicher und staatlicher Autorität wird. Die Revolte des Generationskonflikts kann sich aber auch, wie bei der des Faschisten, gegen den Aufbegehrenden selbst und gegen andere Unterdrückte richten. In diesem Fall unterwirft sich der Jugendliche freiwillig und sogar enthusiastisch den ihm auferlegten Beschränkungen. So war es bei der Mehrheit der Wandervögel, die sich nicht nur freiwillig ins jugendliche Ghetto verbannen ließen, sondern auch das Keuschheitsgebot akzeptierten, ohne es zu hinterfragen, und gar nicht den Versuch machten, selbständig politisch zu denken. Gemäß der bürgerlichen Vorstellung von der jugendlichen Unreife galt ihnen politisches Engagement als nicht jugendgemäß.

Dennoch erlangte schon vor dem Ersten Weltkrieg ein konservativer Tendenzroman präfaschistischer Prägung starken Einfluß in der Jugendbewegung. Helmut Haringa, der junge deutschtümelnde Held von H. Poperts Roman, bekriegt vor allem drei Hauptfeinde: den Alkoholismus, den vorehelichen Geschlechtsverkehr und die Verunreinigung der germanischen Rasse. Der Ausbruch des Krieges gab den völkischen Wandervögeln Auftrieb, und im Jahre 1916 kam es zu einer starken antisemitischen Welle.

Nach dem Krieg politisierte und radikalisierte sich auch der konservative Teil der bürgerlichen Jugendbewegung mit dem Eintritt in ihre sogenannte bündische Phase. Zahllose deutsch-national und völkisch ausgerichtete Bünde entstanden. Ein großer Teil davon nahm nur Jungen auf oder organisierte die Geschlechter in getrennten Sektionen. Alle aber zeichneten sich durch autoritär-hierarchischen Aufbau und weitgehend paramilitärische Organisationsformen aus.

Während sich die Wandervogellinke schon in den zwanziger Jahren in der Arbeiterbewegung aufgelöst hatte, bestand die – in den meisten Gruppen rechtslastige – »bündische Jugendbewegung« noch bis in die dreißiger Jahre hinein. So profitierte schließlich auch der deutsche Faschismus von der Jugendideologie und konnte sein Drittes Reich bedenkenlos als »Jugendreich« anpreisen.

Als die Nazis an der Macht waren, gelang ihnen allerdings die Integration der »Bünde« nicht so leicht, wie sie es sich erhofft hatten. Obwohl ein Großteil der bürgerlichen Jugendführer den neuen Machthabern loyal gegenüberstanden, beharrten viele »Bünde« auf ihrer formalen Unabhängigkeit. Denn der Autonomiegedanke war das einzige, was sich vom Hohen Meißner erhalten hatte. So mußte der Reichsjugendführer Baldur von Schirach alle Bünde verbieten, und der Ärger mit den »bündischen Umtrieben« verfolgte die HJ-Funktionäre noch bis zum Ende der Naziherrschaft.

Der »bündische Widerstand« im Dritten Reich muß als Teil des konservativen Widerstandes begriffen werden, obwohl er sich in einigen Fällen politisierte und der Linken zuwandte. So war z. B. die antiautoritär geprägte Opposition der »Edelweißpiraten« aus einer Mischung bürgerlicher und proletarischer Traditionen der Jugendbewegung entstanden und pflegte den Fahrtenstil und Wandervogellieder.

Vorzivilisatorisches und Zivilisiertes in der sozialistischen Theorie

Wenn ich in diesem Kapitel den Libertärsozialismus vom Kommunismus unterscheide, geschieht das idealtypisch, insofern ich unter Kommunismus alle Richtungen des Marxismus und Marxismus-Leninismus zusammenfasse, beim Anarchismus bzw. Libertärsozialismus die Unterschiede zwischen Individualanarchismus und sozietärem Anarchismus unberücksichtigt lasse und auch den Linksradikalismus nicht vom Anarchismus abgrenze, wie es in anderen Fällen unbedingt notwendig wäre. Ich halte die genannten groben Unterscheidungen im gegebenen Zusammenhang für angebracht, weil Marx, Engels und Lenin in ihrer Kritik aller sozialistischen Strömungen links vom Kommunismus wenig differenzieren und immer wieder die gleichen Punkte mit den gleichen Argumenten kritisieren.

Ein Blick auf die bürgerliche Philosophie des 18. und frühen 19. Jahrhunderts zeigt, daß alle bürgerlichen Grundmaximen zum Zeitpunkt ihrer endgültigen Durchsetzung durch die jeweils entsprechenden Gegenpositionen in Frage gestellt wurden. So wurde das bürgerliche Prinzip des Zentralismus ergänzt vom Dezentralismus bei W. Godwin und Ch. Fourier; der Staatsgedanke von antietatistischen und antiinstitutionalistischen Positionen bei Godwin; der Evolutionismus vom utopischen Hier und Jetzt bei Saint-Simon und Fourier; pädagogisches Denken von libertären Gegenmodellen, nahe den modernen antiautoritär-pädagogischen Standpunkten, bei Fourier; die generelle und sexualbezogene Moralisierung durch Amoralismus und sexuellen Libertinismus bei de Sade; die Beziehungsmodelle der Liebe und der Familie von der Propagierung der Freien Liebe und der Abschaffung der Familie bei Godwin. Die Reihe ließe sich fortsetzen.

Die genannten geistigen und moralischen Errungenschaften der bürgerlichen Gesellschaft, die ihre Entsprechung in den Standestugenden und dem psychischen Habitus des Bürgers haben, hatten im ausgehenden 18. Jahrhundert schon einen Teil ihrer Funktion zur Befreiung von feudaler Herrschaft verloren und erwiesen sich immer deutlicher als die Mittel zur Errichtung einer neuen, nicht minder ungerechten Herrschaft des Menschen über den Menschen, wenn vielleicht auch als Vorbedingungen für deren Untergang. Marx verweist im *Kommunistischen Manifest* darauf, wenn er die Bourgeoisie, die »zuviel Zivilisation« besitzt, mit dem Hexenmeister vergleicht, der mit den selbst heraufbeschworenen Gewalten nicht mehr fertig wird (Marx [1872], 1975, S. 40).

Die Theorie des utopischen Frühsozialismus und die Praxis der maschinenstürmerischen Arbeiterbewegung waren die Antwort darauf. Sie entsprachen einander in der (vom marxistischen Standpunkt aus) kindlich-naiven, direkten Vorgehensweise, die der Psyche des vorbürgerlichen Individuums entspricht; in der Arbeiterbewegung im Zerstörungsakt der Maschine als des offensichtlichen Übels, bei den Philosophen im Versuch der sofortigen Errichtung der Idealgesellschaft.

Der wissenschaftliche Sozialismus Marxens und dessen Weiterentwicklung zur Theorie des Marxismus-Leninismus unterscheidet sich davon durch die Taktik der Aneignung der Waffen des Gegners zu dessen Überwindung. Vor allem darin unterscheidet er sich vom Libertärsozialismus bzw. Anarchismus, der in der Tradition der frühen Arbeiterbewegung und des Frühsozialismus die Waffen des Gegners ablehnt und die Utopie sofort, d. h. schon in der eigenen Organisation errichten will. So fordert Bakunin nicht nur die »Abschaffung der bürgerlichen Kultur« (Bakunin [1873], 1972, S. 259), sondern hält sogar gänzliche Kulturlosigkeit für unschädlicher als bürgerliche Kultiviertheit:

»[...] daß nämlich die Unwissenheit der bürgerlichen Kultur vorzuziehen ist, wenn es um die Bewahrung der Freiheit, der Kraft und der Hingabebereitschaft eines Volkes geht.« (Bakunin [1873], 1972, S. 35)

Die befreite Gesellschaft kann weder nach den Prinzipien noch mit den Mitteln der bürgerlichen Gesellschaft errichtet werden. Im Zirkular der Juraföderation vom 12. 11. 1871 heißt es dazu:

»Die künftige Gesellschaft soll nichts anderes sein, als die allgemeine Durchführung der Organisation, die die Internationale sich gegeben haben wird. Wir müssen also Sorge tragen, diese Organisation soviel als möglich unserem Ideal zu nähern. [...] Die Internationale, Embryo der künftigen, menschlichen Gesellschaft, ist gehalten, schon von jetzt an das treue Bild unserer Grundsätze von Freiheit und Föderation zu sein und jedes der Autorität, der Diktatur zustrebende Prinzip aus ihrer Mitte hinauszuwerfen.« (Zit. n. Bakunin, 1972, Vorwort, S. XXXII)

Im *Kommunistischen Manifest* dagegen steht:

»In allen diesen Kämpfen sieht sie [die Bourgeoisie] sich genötigt, an das Proletariat zu appellieren, seine Hilfe in Anspruch zu nehmen und es so in die politische Bewegung hineinzureißen. Sie selbst führt also dem Proletariat ihre eigenen Bildungselemente, d. h. Waffen gegen sich selbst zu.« (Marx [1872], 1975, S. 45)

In der englischen Ausgabe von 1888 findet sich die gleiche Formulierung mit einem Zusatz: »[...] ihre eigenen politischen und allgemeinen Bildungselemente« (Marx [1888], 1975, S. 84).

Marx selbst führt nicht aus, was die politischen und die allgemeinen Bildungselemente sind. Es gilt, eine Interpretation darüber zu wagen, wie politisches und allgemeines bürgerliches Denken in die Theorie des Marxismus eingegangen sind.

Die politischen Bildungselemente:

Als politische Bildungselemente der Bourgeoisie müssen die Prinzipien ihrer politischen Machtausübung begriffen werden, als da sind:

1. der Zentralismus,
2. der Staatsgedanke,
3. der Parlamentarismus.

Alle drei werden von anarchistischer Seite abgelehnt, und zwar mit der Begründung, daß ihre Anwendung die Reproduktion bürgerlicher Gesellschaftsstrukturen zur notwendigen Folge hat.

Was den Zentralismus angeht, so glaubte Marx, daß die moderne Gesellschaft nicht ohne dieses Organisationsprinzip auskommt und daß die Diktatur des Proletariats nur zentral durchgeführt werden kann. Darüber allerdings, wie die Gesellschaft im kommunistischen Endzustand organisiert sein soll, streiten sich die Marxinterpreten.

Alle anarchistischen Theoretiker dagegen sind sich einig in der Einschätzung, daß das föderale gesellschaftliche Organisationsprinzip von unten nach oben das ursprüngliche und dem Menschen als sozialem Wesen angemessene ist und daß Zentralisierung, ob in der eigenen revolutionären Organisation als Kaderpartei oder der nachrevolutionären Gesellschaft als (Volks-)Staat, immer mit Machtkonzentration einhergeht, d. h. von der befreiten Gesellschaft weg statt zu ihr hin führt.

Obwohl die politischen Analysen des Marxismus die parlamentarische Demokratie als Scheindemokratie entlarven, empfehlen Marx und alle autoritären Kommunisten nach ihm die taktische Beteiligung der Arbeiterpartei an parlamentarischen Wahlen als günstige Voraussetzung für die Vorbereitung der Revolution.

In der politischen Tradition des Anarchismus aber seit der Ersten Internationale wird die Beteiligung an bürgerlichen Wahlen abgelehnt; nicht nur aufgrund der Geringschätzung von Kompromissen, sondern auch, weil nicht die politische, sondern die ökonomische Machtübernahme des Proletariats als Voraussetzung für einen gesellschaftlichen Umsturz angesehen wird.

Im Gegensatz zum Kommunismus besagt also der libertäre Sozialismus, daß es selbstkorrumpierend und sinnlos ist, sich auf Politik im bürgerlichen Sinne einzulassen. Die proletarische Anwendung der politischen Waffen der Bourgeoisie wird kategorisch abgelehnt.

Schon die Gegenüberstellung dieser verschiedenen Auffassungen vom Weg zur befreiten Gesellschaft bei weitgehend gleicher Zielsetzung macht die Mentalitätsunterschiede im Denken deutlich, die zu zwei unterschiedlichen Strömungen im Sozialismus geführt haben. Norbert Elias beschreibt, wie im Prozeß der Zivilisation die gesellschaftliche Zentralisierung mit der Monopolisierung der Gewalt zur »psychischen Selbstzwangapparatur« des modernen Menschen wird:

»Die eigentümliche Stabilität der psychischen Selbstzwangapparatur, die als ein entscheidender Zug im Habitus jedes ›zivilisierten‹ Menschen hervortritt, steht mit der Ausbildung von Monopolinstituten der körperlichen Gewalttat und mit der wachsenden Stabilität der gesellschaftlichen Zentralorgane in engstem Zusammenhang. Erst mit der Ausbildung solcher stabiler Monopolinstitute stellt sich jene gesellschaftliche Prägeapparatur her, die den Einzelnen von klein auf an ein beständiges und genau geregeltes An-sich-Halten gewöhnt.« (Elias [1936], 1977, S. 320)

Hierbei wird klar, daß der gesellschaftlichen »Kontroll- und Überwachungsapparatur« die psychische entspricht, d. h., daß das gesellschaftliche Organisationsprinzip der Zentralisation den selbstbeherrschten, an sich haltenden und langplanenden Menschentyp hervorbringt, dessen Reaktionen zum großen Teil von der verinnerlichten Selbstzwangapparatur des eigenen Über-Ich bestimmt sind.

Gesellschaftlicher Dezentralisation dagegen entspricht der psychisch ungebundene, spontane Menschentyp, der seine Affekte wenig beherrscht und dessen Handeln mehr an der momentanen Situation als an langplanender Voraussicht orientiert und insofern direkter ist. So führt eine Theorie, die aufgrund ihres Bekenntnisses zum dezentralen gesellschaftlichen Organisationsprinzip eher dem vorzivilisatorischen als dem bürgerlichen Menschen und eher dem Jugendlichen als dem individuell zivilisierten Erwachsenen entspricht, nicht nur zu den anarchistischen Grundprinzipien des Föderalismus, der Ablehnung des Staates und der Ablehnung einer Kaderpartei, sondern auch zur Geringschätzung der Taktiken der bürgerlichen Politik zugunsten der direkten Strategie, die sich auf die ökonomische Übernahme der Gesellschaft konzentriert.

Allgemeine Bildungselemente der Bourgeoisie:

Wichtige Charakteristika der bürgerlichen Mentalität bzw. des bürgerlichen Denkens, die in den Kommunismus eingegangen sind und die Marx wohl u. a. meint, wenn er von »allgemeinen Bildungselementen der Bourgeoisie« spricht, sind:

1. der Evolutionsgedanke;
2. die Verwissenschaftlichung des Denkens und Handelns;
3. das Postulat der Notwendigkeit der Affektbeherrschung, der Disziplin und Selbstdisziplin.

Im Gegensatz zu den politischen werden diese allgemeinen Bildungselemente der Bourgeoisie von anarchistischer Seite nicht grundsätzlich, sondern jeweils nur in einer bestimmten ideologischen Ausprägung abgelehnt.

Zu 1. Der ideologische Gehalt des bürgerlichen Evolutionsdenkens, dem die bürgerliche Pädagogik entspricht, ist die Theorie von der Reife; die Vorstellung von der grundsätzlichen Unbrauchbarkeit all dessen, was nicht über einen langen und leidensreichen Zeitraum »reif«, erwachsen und diszipliniert geworden ist.

In die marxistische Philosophie ist dieser Reifegedanke als Lehre von der Kontinuität der gesellschaftlichen Entwicklung eingegangen. Die Menschheit muß die historischen Stadien der »Herrschaft des Menschen über den Menschen« im Feudalismus und im Kapitalismus erleiden, bis die Entwicklung endlich reif für den Sozialismus ist. Thomas Münzer und noch Gracchus Babeuf mußten scheitern, weil sie zu früh für die Rechte auch der Plebejer eintraten, zu einer Zeit, in der erst die bürgerliche Revolution die proletarische vorbereiten mußte. Besonders deutlich schon von der Formulierung her wird die biologistische Tendenz der Theorie von der Reife in folgendem Passus aus den *Grundrissen der Kritik der politischen Ökonomie*:

»[...] neue höhere Produktionsverhältnisse treten nie an die Stelle, bevor die materiellen Existenzbedingungen derselben im Schoß der alten Gesellschaft selbst ausgebrütet worden sind.« (Zit. n. Puder, 1976, S. 171)

In der Lehre der Bolschewiki und ihrer Nachfahren, im Marxismus-Leninismus, ist das Biologische an der Reifetheorie noch viel stärker ausgebildet als bei Marx selbst. So schreibt Lenin z. B. in seiner Polemik gegen den Libertärsozialismus:

»Dahin steuert der Kommunismus, dahin muß und wird er gelangen, aber erst nach einer langen Reihe von Jahren. Der Versuch, heute dieses Ergebnis des vollkommen entwickelten, vollkommen gefestigten und herausgebildeten, vollkommen entfalteten und reifen Kommunismus praktisch vorwegzunehmen, wäre gleichbedeutend damit, einem vierjährigen Kind höhere Mathematik beibringen zu wollen.« (Lenin [1920], 1976, S. 40)

Gegen die marxistische Lehre von der Kontinuität der Geschichte steht auf libertärsozialistischer Seite das Mißtrauen gegenüber dem historischen Materialismus in seiner ökonomischen Beschränktheit und ein historischer Subjektivismus, demzufolge soziale Alternativen zu jeder Zeit möglich gewesen wären und möglich sind. Bakunin kritisiert die Marxsche Überbewertung der ökonomischen Verhältnisse folgendermaßen:

»Der politische Zustand jedes Landes, sagt Marx, ist immer das Produkt und der treue Ausdruck seiner ökonomischen Lage; zur Änderung des ersten braucht nur letztere geändert werden [...] Er zieht die anderen Elemente der Geschichte nicht in Rechnung, so die augenscheinliche Rückwirkung der politischen, juridischen und religiösen Einrichtungen auf die ökonomische Lage.« (Bakunin [1873], 1972, Vorwort, S. XLVIII f.)

Marx und Engels erwarteten die erste proletarische Revolution in den hochzivilisierten Ländern, wo die Produktivkräfte am weitesten fortgeschritten waren, in England und in Deutschland, während Bakunin ganz im Gegenteil in weniger entwickelten Ländern mit den ersten proletarischen und internationalistischen Erhebungen rechnete. Die Geschichte hat ihm in diesem Punkt recht gegeben.

Das ausschließlich revolutionäre Subjekt im Marxismus ist das zivilisierte Industrieproletariat, das der Kapitalismus als seinen eigenen Totengräber hervorbringt. Die Bourgeoisie selbst hat es mit ihren eigenen Prinzipien der Disziplin erzogen, d. h. reif gemacht. Marx, Engels und noch mehr Lenin schreiben ihm die erwachsenen Eigenschaften des Weitblicks, der Reife, der Mäßigung und Diszipliniertheit zu. Schon Engels spricht von der disziplinierenden Funktion der Fabrikglocke, und Lenin singt das Lob der kapitalistischen Fabrik als einer das Proletariat disziplinierenden Institution in höchsten Tönen:

»Gerade die Fabrik [...] ist die höchste Form der kapitalistischen Kooperation, die das Proletariat vereinigte und disziplinierte, die es lehrte, sich zu organisieren, und es an die Spitze aller übrigen Schichten der werktätigen und ausgebeuteten Bevölkerung stellte.«

»Disziplin und Organisation [...] eignet sich das Proletariat dank der ›Schule‹, die es in der Fabrik durchmacht, besonders leicht an.« (Lenin [1903], 1973, S. 395)

Das Lumpenproletariat aber, »diese passive Verfaulung der untersten Schichten« (Marx [1872], 1975, S. 46), trägt alle schlechten Eigenschaften von Kindheit und Jugend wie Unreife, Unzuverlässigkeit, Charakterlosigkeit, mangelnde Diszipliniertheit und Arbeitsscheu. Überdies repräsentiert es den »Auswurf, Abfall, Abhub aller Klassen« (Marx [1869], 1971, S. 71), d. h. alle die, die nicht unter bürgerliche Moral und bürgerlichen Lebensstil integrierbar sind wie auch die Künstlerboheme:

»Neben zerrütteten Roués mit zweideutigen Subsistenzmitteln und von zweideutiger Herkunft, neben verkommenen und abenteuernden Ablegern der Bourgeoisie, Vagabunden, entlassene Soldaten, entlassene Zuchthaussträflinge, entlaufene Galeerensklaven, Gauner, Gaukler, Lazzaroni, Taschendiebe, Taschenspieler, Spieler, Maquerreaus, Bordellhalter, Lastträger, Literaten, Orgeldreher, Lumpensammler, Scherenschleifer, Kesselflicker, Bettler, kurz die ganze unbestimmte Masse, die die Franzosen la bohème nennen« (Marx [1869], 1971, S. 71).

Die extreme Gegenposition vertritt der Begründer des Individualanarchismus, Stirner, der vom Industrieproletariat, das seinen Unterhalt auf im bürgerlichen Sinne anständige Weise verdient, gar nichts erwartet. Für ihn gehören nur die gänzlich unintegrierbaren Individuen aller Klassen zum »gefährlichen Proletariat«.

»Man könnte Alle, welche dem Bürger verdächtig, feindlich und gefährlich erscheinen, unter dem Namen ›Vagabunden‹ zusammenfassen; ihm mißfällt jede vagabundierende Lebensart. Denn es gibt auch geistige Vagabunden [...] Sie bilden die Klasse der Unsteten, Ruhelosen, Veränderlichen, d. h. der Proletarier, und heißen, wenn sie ihr unseßhaftes Wesen laut werden lassen, ›unruhige Köpfe‹.« (Stirner [1844], 1969, S. 84)

Bakunins Proletariatsbegriff ist weiter gefaßt als bei Stirner. Er umfaßt das Industrieproletariat, das Lumpenproletariat und die deklassierte Intelligenz. Bakunin schätzt allerdings das unzivilisierte Lumpenproletariat höher ein als das Industrieproletariat, das er besonders in Deutschland für verbürgerlicht hält, weil es die »Lebenshaltung« (Bakunin [1873], 1972, S. 7) der Bourgeoisie angenommen hat. Parallel zur marxistischen Einschätzung, aber mit umgekehrter Wertung, schreiben Stirner und Bakunin dem Lumpenproletariat die jugend- und bohemespezifischen Eigenschaften zu. So charakterisiert Bakunin den Einfluß des italienischen Lumpenproletariats auf die Arbeiterbewegung folgendermaßen:

»[...] gerade aufgrund dieses bedeutenden Übergewichts des Lumpenproletariats in Italien hat die Propaganda und die Organisation der Internationalen Arbeiterassoziation in diesem Land ein äußerst leidenschaftliches und unverfälscht volkstümliches Gepräge angenommen« (Bakunin [1873], 1972, S. 7).

Unabhängig davon, was jeweils als Proletariat angesehen wird, unterscheiden sich die beiden sozialistischen Lehren durch die unterschiedliche Einschätzung der proletarischen Fähigkeiten und Handlungskompetenzen.

Während der Gedanke der Erziehung des Proletariats bei Marx und Engels erst ansatzweise vorhanden ist und dem Proletariat Bewußtseinsentwicklung aus sich selbst heraus zumindest nicht abgesprochen wird, ist Lenins Revolutionskonzept ein durch und durch pädagogisches, und dem Proletariat wird nur die Entwicklung tradeunionistischen Bewußtseins zugetraut. Das Klassenbewußtsein gilt es mit der Theorie von außen, d. h. durch Revolutionäre, die der Bourgeoisie entstammen, hineinzutragen. Schon Marx und Engels sprechen von der »Bildung des Proletariats zur Klasse« (Marx [1872], 1975, S. 50) und von der »politische[n] Aktion, [...] welche die Arbeiter für die Revolution erzieht« (Marx 1871; zit. n. Adamo, 1976, S. 98). Lenins Werk aber strotzt förmlich von pädagogischen Gedanken und Termini: So erscheinen Partei und Gewerkschaften als »Schule des Kommunismus« (Lenin, 1920 und 1921; zit. n. Adamo, 1976), macht die Arbeiterbewegung eine »Vorschule zum Sieg über die Bourgeoisie« durch (Lenin [1920], 1976, S. 97), und die Jugend hat sich »in acht zu nehmen vor jenen falschen Freunden [...], die sie von der ernsten revolutionären Erziehung ablenken« (Lenin, 1904; zit. n. Adamo, 1976). Es besteht kein Zweifel darüber, daß Lenins pädagogisches

Konzept ein von der Methode her bürgerliches ist und nur die Inhalte ausgetauscht sind, wenn man Statements wie folgendes betrachtet:

»Die aktivste und breiteste Teilnahme der Massen an einer Demonstration wird nicht nur keinen Abbruch erleiden, sondern im Gegenteil, viel dadurch gewinnen, daß ein ›Dutzend‹ bewährter Revolutionäre, beruflich nicht schlechter geschult als unsere Polizei, die ganze konspirative Arbeit zentralisieren werden.« (Lenin [1902], 1970, S. 168)

Der Schluß liegt nahe, daß spätestens seit Lenin die (bürgerliche) Pädagogik Einzug in den Kommunismus gehalten hat. Der Unterschätzung der Fähigkeiten des Kindes mit der Herausbildung der vorbereitenden Pädagogik entspricht im Marxismus-Leninismus die Geringschätzung der Fähigkeiten des Proletariats.

Auf libertärsozialistischer Seite dagegen, von Stirner und Bakunin bis heute, wird nicht nur die bürgerliche Pädagogik abgelehnt, sondern jeglicher Pädagogik mißtraut. Nicht zufällig gingen viele antiautoritäre Schulversuche auf die Initiative von Anarchisten zurück, wie z. B. Tolstois Schule von Jasnaja Poljana und Francisco Ferrers freie Schulen. – Stirner kritisiert als einer der ersten den zivilisatorischen Charakter der Pädagogik, indem er sagt:

»[...] nicht vom Zivilisieren darf die Pädagogik ausgehen, sondern von der Ausbildung freier Personen, souveräner Charaktere« (Stirner [1844], 1969, S. 21).

Und zur Entrechtung von Kindheit und Jugend heißt es:

»Mündig sind die Jungen dann, wenn sie zwitschern wie die Alten; man hetzt sie durch die Schule, damit sie die alte Leier lernen, und haben sie diese inne, so erklärt man sie für mündig.« (Stirner [1844], 1969, S. 60)

Bakunin, der im Gegensatz zu Lenin die Initiative zur Revolution vom Volk allein erwartet, polemisiert gegen die »Volkserzieher« jeglicher Couleur:

»Einige behaupten, daß man damit beginnen sollte, das Volk zu unterrichten und daß, sobald es gebildet wäre und seine Rechte und Pflichten verstünde, man es dann zum Aufstand antreiben könnte. Aber da stellt sich sogleich die Frage: Was wollt ihr denn dem Volk beibringen? Ist es nicht das, was ihr selbst nicht wißt, was ihr gar nicht wissen könnt und was ihr zuerst von ihm lernen müßt?« (Bakunin [1873], 1972, S. 264)

Im Rahmen seiner Kritik der politischen Konzeption des bourgeoisen Sozialisten G. Mazzini sieht Bakunin die Ablösung der Kirche als ideologiereproduzierender Institution durch die Schule voraus:

»Zwar würde die Kirche nicht mehr Kirche, sondern Schule heißen in dieser neuen Organisation, die wie alle alten politischen Organisationen von Gottes Gnaden sein würde, sich aber diesmal, wenigstens der Form nach, als notwendige Konzession an den modernen Geist [...] auf den (fiktiven) Willen des Volkes stützen würde.« (Bakunin [1882], 1971, S. 82 f.)

Gegen das kommunistische Volkserziehungskonzept steht im Libertärsozialismus nicht nur das Vertrauen in die menschliche Vernunft auch bei affektbedingtem, spontanem Handeln, sondern ebenso das Prinzip des Rückgriffs auf schon vorhandene kommunistische Elemente in der gegebenen Gesellschaft, besonders in den Lebens- und Organisationsformen des einfachen Volkes. Auf Rußland bezogen z. B. befürworteten die Anarchisten seit Bakunin die Berufung auf die noch vorhandene Form des Kollektiveigentums in der Institution des bäuerlichen »Mir«, des Landes, das nur Gott und dem Zaren gehörte und das die russischen Bauern nach der Revolution sofort zu kollektivieren begannen, bis sie von den Bolschewiki daran gehindert wurden. Bakunin und alle Anarchisten nach ihm glauben an ein naturwüchsiges revolutionäres Volksbewußtsein auch ohne Erziehung:

»[...] daß die Volksmassen in ihren im Laufe der Geschichte mehr oder weniger entwickelten Instinkten, in ihren täglichen Bedürfnissen und ihrem bewußten oder unbewußten Streben alle Elemente einer zukünftigen harmonischen Organisation bergen.« (Bakunin [1873], 1972, S. 178)

Noch deutlicher als in den bisher ausgeführten Punkten tritt das bürgerliche Evolutionsdenken, das mit der Altersklassendifferenzierung die zweite Aufteilung der menschlichen Eigenschaften mit sich brachte, in der kommunistischen Anarchismuskritik hervor. Die Frühsozialisten und Anarchisten werden vorzugsweise mit den im ideologischen Sinne kindlichen und jugendlichen Eigenschaften bedacht. Marx und Engels bescheinigen den Frühsozialisten, in »unschuldigen und kindlichen Phantasien« (Marx, 1846; zit. n. Adamo, 1976, S. 53) zu »träumen« (Marx [1848], 1975, S. 74); Stirner, mit der »naivsten, klassischsten Einfalt« (Marx, 1846; zit. n. Adamo, 1976, S. 60) Geschichte zu machen;

Bakunin mit seiner »Kinderfabel« (Marx, 1871; zit. n. Adamo, 1976, S. 103) nur da, wo die Arbeiterbewegung »noch wenig entwickelt« ist, Anklang zu finden; und der Aufstand von Bologna im Jahre 1874 ist ein »kindischer Versuch der Anarchisten, eine ›soziale Revolution‹ durchzuführen« (Engels, 1877; zit. n. Adamo, 1976, S. 169). Außerdem scheint es laut Engels hauptsächlich »sehr jungen und unerfahrenen Revolutionären« (Engels; zit. n. Lenin [1920], 1976, S. 64) falsch zu sein, Kompromisse zu schließen. Auch von »anarchistischen Possenreißer[n]« und vom Anarchismus als einer »hanswurstigen Karikatur« (Engels, 1882; zit. n. Adamo, 1976, S. 167) ist die Rede. Marx geht bisweilen noch einen Schritt weiter. Die Anarchisten sind nicht nur Kinder, sondern auch Barbaren, wie z. B. Bakunin. Der nämlich

»[...] hält seine Denunziationen der okzidentalen Bourgeoisie in dem Ton, worin die moskowitischen Optimisten die westliche Zivilisation zur Beschönigung ihrer eigenen Barbarei anzugreifen pflegen« (Marx, 1870; zit. n. Adamo, 1976, S. 89).

Für Lenin, der den Linksradikalismus bezeichnenderweise »die Kinderkrankheit im Kommunismus« nennt, ist »unsere Bewegung [...] tatsächlich im Kindesalter« (Lenin [1902], 1970, S. 75) und muß »schneller mannbar« werden, den Anhängern des »extremen Revolutionarismus« (Lenin [1920], 1976, S. 16) fehlt »Ausdauer, Organisiertheit, Disziplin und Standhaftigkeit«, Kompromisse abzulehnen ist eine »Kinderei« (Ebd., S. 23), das Konzept der Gegengewerkschaften der »deutschen Linken« (Ebd., S. 39) ist »lächerlicher, kindischer Unsinn«, vertreten hauptsächlich von »sehr jungen Kommunisten« und »die linken Kommunisten gehen wie Kinder in die ihnen gestellte Falle« (Ebd., S. 78). Aber all dies wird unter Umständen verziehen, denn: »es ist das natürliche Vorrecht der Jugend, eine Zeitlang solche Dummheiten zu reden« (Ebd., S. 68).

Zu 2. Der Marxismus wurde schon zu Marxens Lebzeiten zum »wissenschaftlichen Sozialismus« der »historisch-materialistischen Methode«. Nach Lenin entwickelte er sich mehr und mehr zu einer umfangreichen Spezialwissenschaft, von deren korrekter Anwendung verschiedenste Fraktionen unterschiedlichster Auffassung sind. Brecht sagt dazu in den *Flüchtlingsgesprächen*, daß eine halbwegs vollständige Kenntnis des Marxismus 25 000 Goldmark kostet und zehn Jahre in Anspruch nimmt. So ist auch der »Seminarmarxist« eine Gestalt, die unter Libertärsozialisten selten zu finden ist. Seit der Ersten Internationale werfen die Marxisten den Anarchisten Theorielosigkeit und Unwissenschaftlichkeit vor, die Anarchisten den Marxisten wiederum Überwissenschaftlichkeit und Verselbständigung der Theorie von der Praxis.

Marx bescheinigt schon dem Autodidakten Proudhon mangelndes theoretisches Wissen, wenn er darauf hinweist, »wie wenig er in das Geheimnis der wissenschaftlichen Dialektik eingedrungen« ist und »wie durchaus mangelhaft und teilweise selbst schülerhaft seine Bekanntschaft mit der ›politischen Ökonomie‹« ist (Marx, 1865; zit. n. Adamo, 1976, S. 84). Von Bakunin heißt es dann nur noch lakonisch: »Er – ein Mensch ohne alles theoretische Wissen –« (Marx, 1871; zit. n. Adamo, 1976, S. 103).

Welch vorrangige Bedeutung der Theorie bei Marx und Engels zugeschrieben wird, ist in folgender Passage aus der Vorrede zum deutschen Bauernkrieg, die Lenin später in *Was Tun?* zitiert, besonders deutlich:

> »Die deutschen Arbeiter haben vor denen des übrigen Europas zwei wesentliche Vorteile voraus. Erstens, daß sie dem theoretischsten Volk Europas angehören und daß sie sich den theoretischen Sinn bewahrt haben [...] Ohne Voraussetzung der deutschen Philosophie, namentlich Hegels, wäre der deutsche wissenschaftliche Sozialismus – der einzige wissenschaftliche Sozialismus, der je existiert hat – nie zustande gekommen.« (Engels [1870], 1972, S. 22)

Ebenso betont Lenin immer wieder, daß es »ohne revolutionäre Theorie [...] auch keine revolutionäre Bewegung geben« kann (Lenin [1902], 1970, S. 55) und daß »die Erarbeitung einer einheitlichen und konsequenten sozialistischen Weltanschauung« unerläßlich ist (Lenin, 1903; zit. n. Adamo, 1976, S. 185).

Der Anarchismus, dessen Theoretiker sich bis heute fast alle durch ostentativ schlichten Stil und einfach nachvollziehbare Gedankenführung auszeichnen, wurde nie zur Methode. Im Gegensatz zu Engels hält Bakunin den »theoretischen Sinn« der Deutschen für ihr Unglück, wenn er »die abstrakte Methode, die sie wählten, als sie zur Revolution schritten« (Bakunin [1873], 1972, S. 174), für falsch erklärt:

> »Wer aber von der abstrakten Idee ausgeht, wird nie zum Leben gelangen, denn kein Weg führt von der Metaphysik zum Leben [...] niemand

wird den ›Salto mortale‹ oder den ›qualitativen Sprung‹, wie ihn Hegel nannte, vollbringen können, der von der logischen zur natürlichen Welt führt. Wer sich auf die Abstraktion stürzt, findet bei ihr den Tod.« (Ebd., S. 74)

Bakunins Mißtrauen in die Wissenschaft ist kein purer Antiintellektualismus, sondern in der anarchistischen Ablehnung jeglicher Autorität begründet. Ebenso wie er dem autoritären Sozialismus das Übel der Bürokratisierung prophezeit, betrifft seine visionäre Kritik auch die Expertenherrschaft, die Technokratie, von deren Bedeutung für das 20. Jahrhundert sich im 19. Jahrhundert noch niemand einen Begriff machen konnte. Umso bedeutender sind Bakunins Kassandrarufe über die Wissenschaftler als solche und ihre Funktion im »Volksstaat«:

»Gib ihm [dem Wissenschaftler] die Macht, er wird sofort ein unerträglicher Tyrann, denn der wissenschaftliche Hochmut ist von allen am schlimmsten [...] Ließe man die Wissenschaftler ohne Kontrolle, würden sie an der Menschheit experimentieren, wie sie es heute an Katzen und Hunden tun – im Namen der Wissenschaft!« (Ebd., S. 176)

»Die Ausdrücke ›wissenschaftlicher Sozialist‹ und ›wissenschaftlicher Sozialismus‹, die unaufhörlich in den Schriften der Lassalle-Anhänger und Marxisten wiederkehren, beweisen durch sich selbst, daß der sogenannte Volksstaat nichts anderes sein wird als die despotische Regierung der proletarischen Massen durch eine neue und sehr beschränkte Aristokratie von wahren und vorgegebenen Wissenschaftlern« (Ebd., S. 234).

Zu 3. Die bürgerlich-zivilisatorische Mentalität der Affektbeherrschung und das daraus abgeleitete Denken findet sich in Marxismus und Marxismus-Leninismus zunächst als eine vergleichsweise asketische Lebenseinstellung und als ein ebensolches Verhältnis zur Revolution, die es in mühseliger Kleinarbeit von langer Hand vorzubereiten und zu planen gilt.

Für Lenin ist die Diktatur des Proletariats »der aufopferungsvollste und schonungsloseste Krieg« (Lenin [1920], 1976, S. 4), wird die Parteidisziplin durch »Ergebenheit«, »Selbstaufopferung« und »Heroismus« (Ebd., S. 6) der Avantgarde aufrechterhalten, und die Revolutionäre haben »kaltblütig und nüchtern zu überlegen« (Lenin; zit. n. Adamo, 1976, S. 285). Über die Theoriefindung der russischen Arbeiter heißt es:

»Den Marxismus [...] hat sich Rußland wahrhaft in Leiden errungen, durch ein halbes Jahrhundert unerhörter Qualen und Opfer, beispiellosen revolutionären Heldentums, unglaublicher Energie und hingebungsvollen Suchens.« (Lenin [1920], 1976, S. 7)

Dazu kommt die unbedingte Hochschätzung der Disziplin, einer der wichtigsten bürgerlichen Zivilisationstugenden, die schon von Marx und Engels besonders in ihrer spezifisch deutschen Ausprägung häufig gepriesen wird. Lenin, der sein Leben lang die »eiserne« Parteidisziplin durchzusetzen versuchte, scheiterte dabei immer wieder an der russischen Schlamperei, was seine Hochachtung vor den deutschen Spezialeigenschaften noch vergrößerte:

»Jawohl, lerne beim Deutschen! [...] Es ist so gekommen, daß jetzt gerade der Deutsche nicht nur den bestialischen Imperialismus, sondern auch das Prinzip der Disziplin, der Organisation, des harmonischen Zusammenwirkens auf dem Boden der modernen maschinellen Industrie, der strengsten Rechnungsführung und Kontrolle verkörpert. Und das ist gerade das, woran es uns mangelt.« (Lenin [1918], 1972, S. 151)

Auf anarchistischer Seite steht dagegen die Lust am Leben und an der Revolution, die für Bakunin ein »Fest« ist. Die Stelle der kommunistischen Disziplin nimmt im Anarchismus die »Leidenschaft« bzw. die »Spontaneität« ein, die dem erwachsenen zivilisierten Bürger am strengsten verbotene Eigenschaft, die deshalb zum Charakteristikum der Jugend werden mußte. Stirner, der den Kommunisten bürgerlichen Asketismus und Moralismus vorwirft, kritisiert die kommunistische Verzichthaltung folgendermaßen:

»Eine Appellation an die aufopfernde Gesinnung und die selbstverleugnende Liebe der Menschen sollte endlich ihren verführerischen Schein verloren haben, nachdem sie hinter einer Wirksamkeit von Jahrtausenden nichts zurückgelassen hat als die heutige Misere.« (Stirner [1844], 1969, S. 185)

Er propagiert dagegen den uneingeschränkten Hedonismus. Sein »Verkehr mit der Welt« beschränkt sich auf das »Genießen« (Ebd., S. 192). Während Stirners unbedingtes Genußpostulat auch zu asozialen Konsequenzen führt, ist der Wille zum persönlichen Glück auf sozialer Grundlage allen Autoren und Richtungen des Libertärsozialismus gemeinsam. In diesem Zusammenhang spielt auch die Propagierung der freien Liebe bei einem großen Teil der anarchistischen Theoretiker seit Godwin eine große Rolle. Bakunin, der ein Bohemeleben führte und der sich, als er die Jugend im biologischen und ideologischen Sinne hinter sich hatte, meistens mit jüngeren Leuten umgab, versteht die »Revolution im Sinne der Entfesselung dessen, was man heute die bösen Leidenschaften nennt«. Den Unterschied zwischen der kommunistischen und der anarchistischen Vorstellung von der Revolution definiert er folgendermaßen:

»Die politischen Revolutionäre [...] empfehlen nach dem ersten Sieg die Beruhigung der Leidenschaften, Ordnung, Vertrauen und Unterwerfung unter die auf revolutionärem Weg errichteten Gewalten [...] Wir im Gegenteil werden alle Leidenschaften nähren, erwecken, entfesseln.« (Bakunin [1873], 1972, Vorwort, S. XXXIV)

Der Begriff »Leidenschaft«, der schon bei Stirner häufig auftaucht, ist nicht nur ein Lieblingsbegriff Bakunins. Auch Kropotkin betont, daß »die Stärke des Anarchismus gerade darin besteht, daß er alle menschlichen Fähigkeiten und alle Leidenschaften umfaßt« (Kropotkin [1921], 1972, S. 97). Später wurde der Begriff der »Spontaneität«, der sich mit dem der »Leidenschaft« z. T. deckt, zum Etikett des Anarchismus und auch des Linkskommunismus; z. B. bei Rosa Luxemburg in ihrer Auseinandersetzung mit Lenin, dessen vernichtendes Urteil über die Spontaneität in der Arbeiterbewegung lautet:

»Darum besteht unsere Aufgabe [...] darin, die Arbeiterbewegung von dem spontanen Streben des Trade-Unionismus, sich unter die Fittiche der Bourgeoisie zu begeben, abzubringen und sie unter die Fittiche der revolutionären Sozialdemokratie zu bringen.« (Lenin [1902], 1970, S. 73)

(Daß die Erziehungsbedürftigkeit des revolutionären Subjekts seine Selbsttätigkeit auch nach genossener Erziehung ausschließt, wird hier besonders deutlich.)

Während Marx, Engels und Lenin den deutschen Volkscharakter einmütig wegen seiner positiven Eigenschaften des theoretischen Sinns, der Diszipliniertheit und Zuverlässigkeit preisen, haßt Bakunin den Deutschen als Inbegriff des überzivilisierten, unnatürlichen Menschen mit der verinnerlichten Autorität:

»Er ist dazu geschaffen, zu gleicher Zeit Sklave und Herrscher zu sein. [...] Der Deutsche akzeptiert mit Freuden die härteste, lästigste und drükkendste Disziplin; er ist sogar bereit, sie zu lieben.« (Bakunin [1873], 1972, S. 250)

Ein weiterer Aspekt der Mentalität der Affektbeherrschung in der kommunistischen Denkweise ist die bürgerliche Arbeitsmoral, die sich trotz der marxistischen Entideologisierung des bürgerlichen Arbeitsbegriffs wieder eingeschlichen hat, um im Stalinismus und Revisionismus fröhliche Urstände zu feiern. Daß die Arbeit für den Menschen als Gattungswesen nicht nur physisches, sondern auch psychisches Lebenskonstituens ist und es daher lediglich gilt, ihr den entfremdeten und ausbeuterischen Charakter zu nehmen, den sie in der Klassengesellschaft hat, wurde von Marxisten nie bezweifelt. Im *Manifest* wird »gleicher Arbeitszwang für alle« (Marx [1872], 1975, S. 60) als eine der ersten Maßregeln des siegreichen Proletariats propagiert. Und in der *Kritik der politischen Ökonomie* weist Marx darauf hin, daß »die allgemeine Arbeitsamkeit durch die strenge Disziplin des Kapitals [...] entwickelt ist als allgemeiner Besitz des neuen Geschlechts« (Marx, 1858, S. 231). Lenins Bemühungen um die Hebung der Arbeitsmoral des russischen, unzivilisierten und somit vergleichsweise arbeitsscheuen Proletariats brachten ihn sogar soweit, mit dem Taylorismus zu liebäugeln. Die 1921 von Trotzki und Lenin organisierte erste »allrussische Konferenz für Initiativen der wissenschaftlichen Arbeitsorganisation und Betriebsführung« sollte Antwort auf folgende Frage geben:

»Welche Stimuli muß man anwenden, welche Interessen muß man in dem russischen Arbeiter wecken, um aus ihm in der sozialistischen Gesellschaft die maximale Arbeitsleistung bei der größten Arbeitsfreude herauszuholen.« (Zit. n. Ebbinghaus, 1975, S. 10)

Die »Wissenschaftliche Arbeitsorganisationsbewegung«, die schon in der NEP-Ära (NEP = neue ökonomische Politik, Leninsches Industrialisierungskonzept für die UdSSR von 1921) eine große Rolle gespielt hatte, entwickelte unter Stalin schließlich mit der Einführung des Stoßtrupps, des sozialistischen Wettbewerbs und des Stachanovismus ein auf die Spitze getriebenes Akkordprämiensystem zur Auspressung der menschlichen Arbeitskraft, das der Revisionismus allenfalls noch verbessert hat. Heutzutage herrscht in allen sich sozialistisch nennenden Ländern eine ungebrochene und nicht hinterfragte bürgerliche Arbeitsmoral. Ganz im Gegensatz dazu bergen Theorie und Praxis des Libertärsozialismus nicht nur eine hedonistische, sondern auch eine arbeitsverachtende Tradition in sich.

Stirner, der dem Kommunismus immer wieder vorwirft, in jeder Beziehung das Erbe der Bourgeoisie anzutreten, macht sich über die kommunistische Arbeitsmoral lustig:

»Da die Kommunisten erst die freie Tätigkeit für das Wesen des Menschen erklären, bedürfen sie, wie alle werkeltägige Gesinnung, eines Sonntags, wie alles materielle Streben, eines Gottes, einer Erhebung und Erbauung neben ihrer geistlosen ›Arbeit‹.« (Stirner [1844], 1969, S. 93)

Alternativ zur autoritär-kommunistischen Parole vom »Recht auf Arbeit« stehen Lafargues »Recht auf Faulheit« (Zit. n. Benz, 1974) und Kropotkins »Recht auf Wohlstand« (Kropotkin [1921], 1972, S. 23). Lafargue war in der Praxis kein Anarchist, sondern er bekämpfte ganz im Gegenteil in der ersten Internationale Bakunin und bemühte sich, den wissenschaftlichen Marxismus in die stark vom Anarchismus geprägte spanische Arbeiterbewegung zu integrieren. Was aber seine in marxistischen Kreisen erfolgreich totgeschwiegenen theoretischen Schriften *Das Recht auf Faulheit* und *Die Religion des Kapitals* angeht, so kann man diese getrost – dem Marxschen Urteil folgend – dem Anarchismus zurechnen:

»Und das von Lafargue Geschriebene und von ihm selbst ›Zitierte‹ – ist in der Tat nur Reminiszenz eines Bakuninschen Rezepts. Lafargue ist in der Tat der letzte Schüler Bakunins, der ernstlich an ihn glaubt.« (Marx, 1882; zit. n. Benz, 1974, S. 20)

Lafargue lehnt die Arbeit grundsätzlich ab und schlägt vor, sie zu verbieten. Das Proletariat als Opfer des ihm von den Ausbeutern suggerierten Arbeitswahns hat seit 1848 seine Ziele pervertiert, indem es das »Recht auf Arbeit« zu einem revolutionären Prinzip erklärte. Voraussetzung zur Errichtung einer neuen Gesellschaft ist also die Befreiung des Proletariats von seiner »unnatürlichen Arbeitssucht« (Lafargue, 1883; zit. n. Benz, 1974, S. 28) und die Rekonstruktion des eigentlichen Ziels der Veränderung, des glücklichen, von der Arbeit befreiten Lebens im Genuß. Lafargues Ideen stehen durch den sie bestimmenden Hedonismus in libertärer Tradition.

»Die kapitalistische Moral, eine jämmerliche Kopie der christlichen Moral, belegt das Fleisch des Arbeiters mit einem feierlichen Bannfluch: ihr Ideal besteht darin, die Bedürfnisse des Produzenten [...] auf das geringste Minimum zu reduzieren, seine Genüsse und Leidenschaften zu erstikken und ihn zur Rolle einer Maschine zu verurteilen, aus der man ohne Rast und Dank Arbeit nach Belieben schindet.« (Ebd., S. 31)

Auch Kropotkin, der in seinen Gesellschaftsanalysen im Gegensatz zu Marx und Lenin immer wieder auf den schon vorhandenen Reichtum der Menschheit und die schon erfüllten Vorbedingungen für ein glückliches und qualitativ grundverschiedenes Leben der Menschen in einer klassenfreien Gesellschaft ohne Staat und Privateigentum hinweist, lehnt die kommunistische Forderung des Rechts auf Arbeit ab und schließt sich dem Lafargueschen Standpunkt an:

»Das Recht auf Wohlstand bedeutet die Möglichkeit, als menschliche Wesen zu leben und die Kinder so aufzuerziehen, daß aus ihnen gleichberechtigte Glieder einer besseren Gesellschaft als der unsrigen werden können, während das ›Recht auf Arbeit‹ das Recht bedeutet, ewig Lohnsklave zu bleiben, ein Arbeitstier, das geleitet und ausgebeutet wird durch den Bourgeois von morgen. Das Recht auf Wohlstand ist die soziale Revolution, das Recht auf Arbeit ist günstigen Falls ein industrielles Zuchthaus.« (Kropotkin [1921], 1972, S. 23 f.)

Den im ersten Teil dieses Kapitels beschriebenen progressiven bürgerlichen Jugendlichenbewegungen ist eine bestimmte Verlaufsform der sich zum Generationskonflikt ausweitenden Pubertätskrise gemeinsam. Der Jugendliche wehrt sich durch Verachtung der Pädagogik, Ablehnung der bürgerlichen Arbeits- und Sexualmoral und Mißtrauen in Schulwissen und Theorie gegen seinen Sozialisationsprozeß und versucht gleichzeitig, die Eigenschaften beizubehalten, deren Aberziehung die individuelle Zivilisation betreibt, indem sie Hedonismus durch Asketismus und Leidenschaftlichkeit durch Diszipliniertheit zu ersetzen trachtet.

Die Affinität jugendlicher Opposition, wenn sie sich progressiv äußert, zum Libertärsozialismus, dem unzivilisierten Sozialismus sozusagen, dem die Tendenzen jugendlicher Oppositionshaltung eigen sind, wird also zu Recht behauptet, ob von den Anarchisten selbst, von Kommunisten oder von bürgerlichen Ideologen wie Clemenceau.

Die Parallele der ebenso auf der Hand liegenden Geistesverwandtschaft progressiver bohemischer Opposition mit dem Anarchismus beruht auf den gemeinsamen Wesensmerkmalen noch unvollständig zivilisierter Randgruppen der bürgerlichen Gesellschaft.

II.
Die Geschichte der Schülerprotestbewegung und ihrer Zeitschriften

1. Die Entstehung der Schülerpresse als Institution

Die Reformpädagogik der Weimarer Republik

Sowohl die Schülerpresse als auch die Einrichtung der SMV (Schülermitverantwortung) gehen auf die Reformpädagogik der Weimarer Republik zurück. Am Anfang des 20. Jahrhunderts war das Schulsystem der Industrieländer in eine Krise geraten. Einerseits bestand ein grasser Widerspruch zwischen den wachsenden Anforderungen der Industrie und der dazu nötigen Bildung der Arbeitskräfte. Andererseits hatte die herrschende Klasse Angst, den Massen zu viel Bildung zukommen zu lassen.

Die direkt autoritäre Form der Lehrmethoden wie der ideologischen Beeinflussung, deren man sich im 19. Jahrhundert besonders in Deutschland noch fast ausschließlich bedient hatte, begann sich im beginnenden 20. Jahrhundert als ineffektiv zu erweisen, und man entdeckte die subtileren, indirekt-autoritären Methoden der Wissens- und Ideologievermittlung, die Errungenschaften der Aufklärungspädagogik, zum zweiten Mal.

Die Vertreter der Reformpädagogik in Europa und Amerika stellten jetzt die Frage, wie die Lehrmethoden des Schematismus und Formalismus zu überwinden seien und wie man dagegen Aktivität und Selbsttätigkeit des Schülers fördern könne.

Allen Strömungen der Reformpädagogik war die Ablehnung der direkt-autoritären Paukmethode im Unterricht, die die Schüler zur Passivität zwingt, gemeinsam. Sie propagierten dagegen die induktive Methode, mittels derer die Schüler zu aktivem Lernen gebracht werden sollten. Aktivität des Schülers bedeutet in jedem Falle eine Änderung der bisherigen Schülerrolle. Aus dem Schüler als Objekt sollte jetzt ein zumindest teilweise selbständig handelndes Subjekt werden. Um das zu erreichen, galt es, den Schülern wenigstens formal einige Rechte einzuräumen.

Die wichtigsten neuen Begriffe der Reformpädagogik waren: Pädagogik vom Kinde aus, Arbeitsschule, Kunsterziehung und staatsbürgerliche Erziehung.

Das Ziel der staatsbürgerlichen Erziehung, deren wichtigste Vertreter Georg Kerschensteiner und F. W. Förster waren, war die bessere Eingliederung der Jugend in die bestehende bürgerliche Gesellschaft, deren Normen und Institutionen als die richtigen vorausgesetzt wurden.

Kerschensteiner ging davon aus, daß angesichts der sich verschärfenden sozialen Gegensätze der Religionsunterricht nicht mehr ausreiche, um die sittliche Erziehung des Volkes zu gewährleisten. Die ganze Schule sollte jetzt als Sozialisationsinstanz dem Modell der Gesellschaft angenähert werden. Dazu galt es nicht nur, die Selbsttätigkeit der Schüler im Unterricht zu aktualisieren, sondern ihnen auch »Mitverantwortung« als »Selbstregierung« zu übertragen, die zur freiwilligen Unterordnung des einzelnen unter die von der Gemeinschaft anerkannten Autoritäten führen soll. An die als grundsätzlich vernünftig erachtete Arbeitsteilung in der bürgerlichen Gesellschaft sollten die Kinder in arbeitsteiliger Tätigkeit an gemeinsamen Projekten gewöhnt werden. Die »Schülerselbstregierung« als Interessenvertretung, die durch die Einrichtung verschiedener Institutionen nach bürgerlichem Vorbild wie »Verfassung«, »Gericht«, »Wahl von Abgeordneten« usw. gewährleistet sein sollte, war jedoch nur eine fiktive, denn der Schulleiter konnte in Ausnahmefällen die ganze Verfassung aufheben. Demokratie sollte von den Schülern, die für die Verantwortung tatsächlicher Demokratie und ihrer Konsequenzen noch als zu unreif erachtet wurden, im Spiel erlernt werden.

Während der linke Flügel der Reformpädagogik mit dem Konzept der demokratisierten Schule auf die Erziehung für eine demokratisierte Gesellschaft hinarbeitete, lag die staatsbürgerliche Erziehung Kerschensteiners, Försters, Lietzens und anderer nur auf der Linie einer konsequenten Entwicklung der Schulinstitution innerhalb der bürgerlichen Gesellschaft, in der die Schule die Aufgabe der Bewußtseinsbildung übernimmt.

Die Demokratisierungsbestrebungen der Reformpädagogik, auch im systemkonformen Sinn Kerschensteiners, stießen in der Weimarer Republik auf heftigen Widerstand. Die staatliche Schulpolitik nach 1918 war von der Halbherzigkeit und Inkonsequenz der deutschen Sozialdemokratie geprägt. Exemplarisch dafür ist die Schulpolitik des preußischen Kultusministers Haenisch: Unter dem Einfluß seines Beraters G. Wyneken, dem jugendbewegten Exponenten der »entschiedenen Schulreformer«, entstanden im Jahre 1918 mehrere Erlasse zu Inhalt und Organisation des Unterrichts. Diese Erlasse betrafen unter anderem die

Säuberung der Bibliotheken von kriegsverherrlichenden Schriften, die Aufhebung des Religionsunterrichts als Pflichtfach, die Abschaffung des Schulgebets und die Einrichtung eines Schülerrats, der von allen Schülern der jeweiligen höheren Schule gewählt werden sollte. Alle diese Erlasse setzte der Kultusminister auf Druck konservativ-klerikaler Kräfte wenige Wochen oder Monate nach ihrer Einrichtung wieder außer Kraft. Als Ersatz für den »Schulgemeindeerlaß« griff Haenisch auf eine Bestimmung des Jahres 1910 zurück, die das Einsetzen von Vertrauensschülern zwecks »Schülerselbstverwaltung« enthielt. Die Einsicht, daß die Erhaltung der Ideologie des bestehenden bürgerlichen Systems von einer formal demokratisierten Schule besser geleistet werden könne als von einer konventionell autoritären hatte sich noch kaum durchgesetzt.

Schülerzeitungen in der Weimarer Republik

Bei der Entstehung von jugendeigenen Zeitschriften und Schülerzeitschriften seit etwa 1910 kamen Impulse vom Wandervogel und von der Kunstunterricht- und Arbeitsschulbewegung der Reformpädagogik.

Zur »Jugendkultur«, die die Wandervögel forderten, gehörte auch die jugendeigene Presse. In ganz Deutschland entstanden Zeitschriften mit Namen wie *Thing, Der Werwolf, Speerwacht, Heio* usw., die die Wandervogelideologie unter der Jugend propagieren sollten. Der größte Teil dieser Blättchen beschränkte sich in Stimmungsbildern und Berichten über Wanderfahrten auf die Verherrlichung des Gruppenerlebnisses.

Himmelweit davon entfernt waren die Zeitschriften der »schulrevolutionären Bewegung«, über die schon berichtet wurde.

Andere, von Schülern verfaßte Zeitschriften entstanden auf Anregung fortschrittlicher Pädagogen im Kunst- und Arbeitsschulunterricht. Dort war die Schülerzeitungsidee von fortschrittlichen Kunstlehrern entwickelt worden, um Aktivität und Selbständigkeit der Schüler im Unterricht zu fördern.

In den zwanziger Jahren gewannen auch die politischen Parteien, vor allem die KPD, Einfluß auf die Schülerzeitschriften, und es kam zu ähnlichen Skandalen wie bei Wynekens *Anfang*. Auch die politische Rechte bemühte sich um die Schüler und fand ihren publizistischen Ansatzpunkt bei der »bündischen« Presse. E. Jünger z. B. schrieb nicht nur für den *Stahlhelm*, sondern auch in der rechtsradikal-jugendbewegten Zeitschrift *Die Kommenden*.

Gegen Ende der zwanziger Jahre gelang es dem NS-Lehrerbund mit seinen Schülerzeitschriften *Hilf mit* und *Jung Roland* Einfluß auf die Schüler zu nehmen. Die Naziblätter wurden von den sozialistischen Schülerzeitschriften, besonders dem Berliner *Schulkampf* und anderen Organen der sozialistischen Schülerbewegung heftig bekämpft. Die linken Schülerzeitungsredakteure aber waren an den Schulen schweren Repressionen ausgesetzt und ständig vom Schulverweis bedroht. Unterstützung fanden die sozialistischen Schülerzeitungen nur bei wenigen progressiven Schriftstellern wie K. Tucholsky, E. Gläser, E. E. Kisch und L. Renn.

SMV und Schülerpresse nach 1945

Die Entstehung und Entwicklung der Schülerpresse in der Bundesrepublik nach 1945 ist nur im Zusammenhang mit der Einführung der SMV durch Erlasse der einzelnen Kultusministerien zu verstehen. Unter dem Druck der Besatzungsmächte, die nicht nur die Entnazifizierung, sondern auch die Demokratisierung des Schulwesens verlangten, besannen sich die bundesdeutschen Pädagogen auf die konservative Richtung der Reformpädagogik der zwanziger Jahre à la Kerschensteiner. Zur Ideologie der Schulgemeinde nach dem Modell einer patriarchalischen Großfamilie oder des bürgerlichen Staates trat der amerikanische Gedanke der partnerschaftlichen Erziehung, die in der Praxis zum Teil am englischen Präfektenwesen orientiert ist. Exemplarisch für die pädagogische Theorie der SMV in den fünfziger Jahren ist das Buch von W. Scheibe über die Schülermitverantwortung. Die Institution Schule als Schulgemeinde soll ähnlich wie bei Kerschensteiner dem Modell der Gesamtgesellschaft angepaßt werden. Den Schülern Mitverantwortung zu übertragen ist Gebot des pädagogischen Auftrags und soll keinesfalls die Interessenvertretung der Schüler zum Ziel haben.

Die SMV wird definiert als: »die Eigentätigkeit des Schülers und seine Selbständigkeit, die Mitarbeit am Ganzen einer nicht mehr nur als Unterrichtsanstalt, sondern als eigener Sozialform gesehenen Schule« (Scheibe, 1966, S. 18). Die SMV soll politische Erziehung sein als: »vorzügliches Übungsfeld für mitmenschlich-soziale Betätigung und Vorbereitung auf das politische Leben« (Ebd., S. 21).

Was sie nicht soll, ist wesentlich klarer formuliert: »Es wäre nicht richtig, sie als eine Art gewerkschaftliche Vertretung der Schülerschaft anzusehen, die deren Rechte gegenüber der Lehrerschaft durchkämpfen solle.« (Ebd., S. 30)

Die Theorie von der grundsätzlichen Unmündigkeit und Unreife des Erzogenen dem Erzieher gegenüber wird an vielen Stellen bekräftigt: »Denn die Schulbildung ist ein Auftrag der Erwachsenengesellschaft an die Erwachsenen. Die Lehrergruppe trägt mithin stets die letzte Verantwortung für alles, was in der Schulwirklichkeit geschieht.« (Ebd., S. 78)

In diesem Sinn äußert sich auch der Philosoph K. Jaspers in einem Beitrag für eine Schülerzeitung seiner ehemaligen Schule, in dem er über die SMV sagt: »Diese Mitarbeit ist eine großartige Möglichkeit zu politisch-demokratischer Erziehung durch eine frühe alles spätere begründende Übung.« Und zur Schülerzeitung heißt es: »Übung vollzieht sich nur in dem Raum, der dafür freigegeben, nicht vom Schüler erobert worden ist.« (Zit. n. Scheibe, 1966, S. 162)

Für die Praxis der SMV wird bei Scheibe ein umfangreicher Katalog von Bereichen aufgestellt, innerhalb derer die Schüler Mitverantwortung üben können. Unter anderem werden genannt: »Klassenraum, Schulhaus, -hof, und -garten«, »Sorge für den Mitschüler«, »Schulfeste, Aufführungen, Spiele«, »Sportveranstaltungen«, »Politische Gedenkstunden«, »Wanderung und Studienfahrt«, »Fahrraddienst«, »Schülerlotsendienst« und nicht zuletzt »Die Schülerzeitung« (Scheibe, 1966, S. 90-112). Was den ersten Bereich Klassenraum, Schulhaus, Schulhof betrifft, war die Mitarbeit der Schüler unmittelbar nach dem Krieg am Wiederaufbau der zum großen Teil ausgebombten Schulen tatsächlich unerläßlich für die Organisation des Schulbetriebs. Die Schüler halfen bei der behelfsmäßigen Wiederherstellung der Unterrichtsräume und bei der Beschaffung des notwendigen Materials. Aus dieser Zeit stammt auch der sogenannte Kohlenklauerlaß: »Schüler helfen mit bei der Beschaffung und Einholung von Heizmaterial.« (Haug/Maeßen, 1969, S. 128)

Der vielgelobte mitverantwortliche Elan der Schüler in der Nachkriegszeit erlosch nach Überwindung des schulischen Provisoriums, so sehr sich die Pädagogen auch um die Tätigkeit der Schüler auf den übrigen genannten Gebieten bemühten. Weder bei Sammlungen für die Kriegsgräberfürsorge noch beim Päckchenverschicken in die damalige Ostzone oder bei weihnachtlichem Chorsingen in Krankenhäusern zeigten die Schüler die erwartete Selbsttätigkeit und Initiative.

Ende der sechziger Jahre waren sich Pädagogen und Politiker darüber einig, daß dieses Konzept der SMV als Übungsfeld für späteres verantwortliches Handeln gescheitert war. An einzelnen Schulen lösten die Schüler zum Entsetzen der Schulleitung die SMV selber auf. Als dann seit 1967 die Schülerbewegung zur Selbstorganisation schritt, reagierte die Bildungsadministration. Die Kultusministerkonferenz vom Oktober 1968 faßte einen Beschluß über eine Neuordnung der SMV, dem Erlasse der einzelnen Bundesländer folgten. Es sollte ein Kompromiß zwischen der alten SMV-Konzeption und einigen Forderungen der Schülerbewegung gebildet werden.

Tatsächlich unterscheiden sich die neuen Erlasse von den früheren allerdings nur durch einige Akzentverschiebungen in den Formulierungen. Was z. B. vorher als Tätigkeitsbereich der SMV definiert wurde, wird jetzt oft als Recht bezeichnet, wie im neuen Erlaß des bayrischen Kultusministeriums:

»Die Schüler haben das Recht, Vorschläge und Wünsche zur Ausstattung der Schülerlesebücherei und der Oberstufenbücherei sowie zur Gestaltung von Schullandaufenthalten, Skikursen, Wanderungen, Studienfahrten, zum Besuch kultureller Veranstaltungen, zur Gestaltung des Schulgottesdienstes u. dgl. vorzubringen.« (Zit. n. Haug/Maessen, S. 134)

Daran ändern auch die dehnbaren Formulierungen des Erlasses der Kultusministerkonferenz zur Frage der Vertretung von Schülerinteressen nichts, wenn es heißt:

»Vertretung von Schülerinteressen. Dazu gehören: Teilnahme von Schülervertretern unter bestimmten Voraussetzungen an Konferenzen der Lehrer, Unterstützung einzelner Schüler auf deren Wunsch durch Schülervertreter bei der Wahrnehmung von Rechten, insbesondere bei Disziplinar- und Beschwerdefällen. Einsicht in alle Erlasse und Verfügungen der Schulaufsichtsbehörde, soweit sie für die Schüler von Bedeutung sind.« (Zit. n. Lenhardt, 1972, S. 62)

Redaktionelle Tätigkeit wurde nach 1945 ebenfalls im Zuge der Rückbesinnung auf die Reformpädagogik der zwanziger Jahre als pädagogisches Mittel zur staatsbürgerlichen Erziehung von der Schulleitung oder von einzelnen Lehrern bei den Schülern angeregt. Schulzeitungen wurden von der Schulleitung herausgegeben und enthielten Artikel von Lehrern, Schülern und ehemaligen Schülern. Die Schülerzeitungen, in denen nur Schüler schrieben, waren oft der direkten Zensur eines Vertrauenslehrers oder des Schulleiters selbst unterworfen, denn Pressefreiheit galt für Schülerzeitungen nicht.

Seit 1945 entstanden erstaunlich viele Schülerzeitungen an den bundesrepublikanischen Gymnasien. Zahlenmaterial dazu findet sich in der empirischen Arbeit zur Schülerpresse von F. Rendtel (1979).

Anfang der fünfziger Jahre begannen sich die Schülerzeitungsredaktionen der einzelnen Bundesländer zu regionalen Dachorganisationen zusammenzuschließen. Die Sprecher der Landesvorstände waren meist ehemalige Redakteure von Schülerzeitungen, die sich als Studenten verpflichtet fühlten, die jungen Redakteure anzuregen und zu unterstützen. Sie organisierten Wochenendseminare und Tagungen. Oft gehörten die Organisatoren den Jugendorganisationen der parlamentarischen Parteien an und waren bemüht, die Schülerpresse entsprechend zu beeinflussen.

1952 schlossen sich die Landesverbände zu einem überregionalen Dachverband, der Jungen Presse (JP) zusammen. Diese Dachorganisation veranstaltete Tagungen, organisierte Auslandsreisen und informierte die Redakteure der Schülerzeitungen mittels verschiedener Pressedienste. Diese Arbeit wurde zunächst von der Bundesregierung unterstützt, bis es im Jahre 1965 zu einem Skandal kam um den Pressedienst *meinungen und zeitungen* der Jungen Presse Hessen (JPH).

Für das Jahr 1964 war der JP durch den Bundesjugendplan eine Unterstützung von 22 500 DM zugeschrieben worden. Weitere Zuwendungen von 2300 DM erhielt sie aus anderen Bundesmitteln.

Die erste Ausgabe des Pressedienstes *meinungen und zeitungen* mit einer Auflage von 3000 Stück brachte Beiträge zur bevorstehenden Bundestagswahl des Jahres 1965, die sich mit den im Bundestag vertretenen Parteien und auch mit der DFU (Deutsche Friedensunion) auseinandersetzten. U. a. wurde im Zusammenhang mit der Notstandsgesetzgebung auf die Gefahr des Neofaschismus in der Bundesrepublik hingewiesen. Während CDU,

FDP und SPD gleichermaßen von links kritisiert wurden, beurteilte der Pressedienst die DFU positiv als »die einzige wirkliche Links-Partei der BRD« (Haug/Maessen, S. 143).

Das Bundesfamilienministerium kürzte daraufhin den Zuschuß für das Jahr 1965 auf 11 000 DM und verweigerte weitere Zuwendungen im Rahmen des Bundesjugendplans. In einem Brief an die JP wurde diese Maßnahme damit begründet, daß angesichts der einseitigen Darstellung der drei im Bundestag vertretenen Parteien in *meinungen und zeitungen* ein gegenseitiges Vertrauen zwischem dem Staat und den Trägern der Organisation der JP nicht mehr bestehe.

Nachdem ein SDS-Mitglied den Vorsitz übernommen hatte, begann die JPH ihrerseits auf ihren Veranstaltungen und in ihren Publikationen immer deutlicher die gesellschaftskritischen Positionen des damaligen SDS zu vermitteln. Mit Zuschüssen von der Gewerkschaft, der SPD und der evangelischen Kirche finanzierten sie Tagungen, auf denen Themen wie »Pressekonzentration und Springerpresse«, »Mitbestimmung und SMV« oder »Filmzensur« behandelt wurden. Auf der Tagung über die Filmzensur wurde Ingmar Bergmanns *Schweigen* vor Minderjährigen gezeigt.

Anfang 1969 löste sich die JPH auf, um ihre Aufgaben dem inzwischen gegründeten Allgemeinen unabhängigen Sozialistischen Schülerbund (AUSS) zu übertragen.

U. a. ist es ein Verdienst der JPH, daß das Kultusministerium 1964 – nach dem Skandal um die Eschweger Schülerzeitung *Laterne* – für Hessen als einzigem Bundesland die formale Pressefreiheit für Schülerzeitungen erließ.

2. Vor Ausbruch der Revolte: Die *Bienenkorb-Gazette*

Schülerzeitungen der Nachkriegszeit

In den Anfängen der Bundesrepublik sahen die Schülerzeitungen ihren Sinn vor allem darin, Verständnis und Kommunikation der Schüler untereinander wie zwischen Lehrern und Schülern zu verbessern, d. h. in der Aufrechterhaltung und Förderung eines möglichst reibungslosen Schulbetriebs. Die Schüler, die sich zu dieser Zeit der Schülerpresse und auch der SMV widmeten, waren fast ausnahmslos überangepaßte Strebernaturen, die zum eigenen Nutzen mit den Lehrern fraternisierten. Die Schulwirklichkeit wird in diesen Zeitungen hauptsächlich durch Berichte über den Schulsport, Schulfeste, Abiturientenabschlußfeiern und Klassenfahrten reflektiert. Kulturelles Interesse äußert sich in Theaterkritiken, Buchbesprechungen, Interviews mit Prominenten des lokalen Kulturbetriebs und literarischen Produkten der Schüler selbst. Politisches Interesse, soweit überhaupt vorhanden, macht sich vor allem an der bundesrepublikanischen Vergangenheitsbewältigung fest, die mit romantischer Überhöhung des zionistischen Staates und Kibbuzbegeisterung betrieben wird und fast immer mit phobischem Antikommunismus einhergeht. Einzige politische Forderung ist die Wiedervereinigung Deutschlands.

Das Gros der Schülerzeitungen behielt diesen Charakter bis zum Ende der sechziger Jahre bei (siehe Schmelz, 1968), während die Minderheit der Schülerzeitungen, denen meine Untersuchung gilt, zahlenmäßig der Minderheit der vor und in der Schülerbewegung engagierten Schüler entspricht. Seit dem Jahre 1964, dem Zeitpunkt der formalen Pressefreiheit für Schülerzeitungen, unterscheidet sich von dem beschriebenen Typ in Frankfurt zunächst nur eine Zeitungsreihe, die von einem kritischen Bewußtsein zeugt, das sich von dem der »schweigenden Generation« abhebt, die *Bienenkorb-Gazette*.

»Sex-Skandal« an Frankfurter Gymnasien

Die Frankfurter *Bienenkorb-Gazette* ist eine Koproduktion der Schüler des Liebiggymnasiums und der Schülerinnen der Bettinaschule, die 1964 den *Bienenkorb* der Liebigschule und die *Gazette* der Bettinaschule unter einer gemeinsamen Redaktion zusammengelegt hatten.

Sowohl die Liebigschule, von der im Jahre 1877 die Bettinaschule für Mädchen abgetrennt wurde, als auch die Bettinaschule haben eine liberale politische und pädagogische Tradition. Zur Zeit des Bestehens der *Bienenkorb-Gazette* waren die Direktoren beider Schulen SPD-Mitglieder und vertraten das SPD-Schulreformkonzept. An beiden Schulen, die im genannten Zeitraum viel Zulauf bekamen, gab es kulturell fortschrittlich engagierte Lehrer, die ein kollegiales Verhältnis zu den Schülern anstrebten.

Die *Bienenkorb-Gazette* wurde dem liberalen Anspruch beider Schulen und dem Pressefreiheitserlaß des hessischen Kultusministers gemäß nicht zensiert. Zu einem Teil der Lehrer und besonders zu der Direktorin A. hatten die Redakteure ein gutes Verhältnis und genossen bis 1967 eher Privilegien als Repressionen.

Die Artikel wurden ausschließlich von den Redaktionsmitgliedern geschrieben, die mit der Herausgabe ihrer Zeitung weder ein bestimmtes publizistisches noch aufklärerisches Ziel verfolgten. Die Zeitung finanzierte sich selber durch Anzeigen, deren Vermittlung die JPH besorgte.

Die Redaktion bildete einen Freundeskreis von Schülerinnen und Schülern, die sich durch kulturelles, literarisches und politisches Interesse unter dem Einfluß der Frankfurter Schule von der »dumpfen Schülermasse« (Interview mit der ehemaligen Schülerin B., 1975) unterschieden, der sie mit elitärer Verachtung gegenüberstanden. Ebenso wie die SDS-Mitglieder der frühen sechziger Jahre stammten fast alle der wenigen politisch interessierten Schüler dieser Zeit, die in Frankfurt den Kreis um die *Bienenkorb-Gazette* bildeten, aus liberalen und liberal-demokratischen Elternhäusern der mehr oder weniger reichen Bildungsbourgeoisie, die seit Kriegsende eine liberale Erziehung praktizierte. Nur ein kleinerer Teil der politisierten Schüler kam aus zerrütteten Familien oder extrem reaktionären Elternhäusern, in denen ein ungewöhnlich hohes Maß an häuslichen Spannungen oppositionelles Bewußtsein erzeugte.

Die Schüler der Redaktionsclique trafen sich im Club Voltaire mit den Studenten vom SDS, lasen Adorno und die *Argument*-Hefte, sahen anspruchsvollere Filme und diskutierten unendlich viel. Das intellektuelle Niveau dieser fleißig lesenden Schüler schlug sich in der *Bienenkorb-Gazette* nieder, die in den frühen sechziger Jahren mehrmals mit Preisen des Kultusministeriums für die beste Schülerzeitschrift bedacht wurde. Die allerersten Anregungen für ihr kulturelles, literarisches und auch politisches Interesse erhielten diese Schüler aus dem Elternhaus und von einzelnen progressiven Lehrern, besonders in dem neu eingeführten Fach Gemeinschaftskunde. Seit 1965 vermittelten dann die Seminare der JPH die gesellschaftskritischen Positionen des SDS.

Die Politisierung einer zunächst verschwindend geringen Minderheit der Frankfurter Oberschüler (1964/65 waren es nach Schätzung ehemaliger Redakteure ca. 40-50 Leute), die zur Voraussetzung der Schülerrevolte, d. h. der politischen Radikalisierung einer vergleichsweise größeren und sehr einflußreichen Minderheit (1967 in Frankfurt schon mindestens 1000), wurde, ist an der *Bienenkorb-Gazette* besonders deutlich abzulesen.

1967 wurde das Blatt durch den ersten und bekanntesten »Sexskandal« der hessischen Schülerpresse berühmt, der am Anfang der Frankfurter Schülerrevolte stand bzw. diese auslöste.

Am 11. 2. 1967 verteilten die Schüler der Liebigschule und die Schülerinnen der Bettinaschule einen Fragebogen zur Sexualaufklärung an die Klassen 9 bis 13 beider Schulen, der vorher den Direktoren vorgelegt worden war. Die Schulleiter hatten beide ihr Einverständnis zur Durchführung der Umfrage gegeben und den Fragebogen mit nur geringen Abänderungen gebilligt.

Die Redaktion hatte erklärtermaßen nichts anderes vor, als die zur damaligen Zeit bei progressiven Pädagogen und anderen Intellektuellen aktuelle These des dringenden Bedarfs an sexueller Aufklärung durch Elternhaus und Schule statistisch zu stützen. Der zur gleichen Zeit vieldiskutierte Kinsey-Report war mittelbar das Vorbild der Fragebogen-Aktion. Zehn Tage nach der Fragebogenverteilung begann sich die konservative Presse zu empören. Anstoß der schonungslosen Kritik war vor allem die Frage: »Wünschst Du Dir Intimverkehr?« In der *FAZ* hieß es dazu am 21. 2. 1967:

»Die Gefragten sind Kinder. Sie wurden überrumpelt in einer Sache, in der Abwehrkräfte ihnen erst zuwachsen müssen. Und was wird dabei herauskommen? Wie wird sich das auf die Schülerinnen auswirken, wenn sie in Gazette-Bienenkorb etwa lesen, vielleicht die Hälfte wünsche Intimverkehr, ein Drittel halte ihn spätestens vom 14. Lebensjahr an für angemessen [...], schließlich wer weiß, wie viele hätten gern die Antibabypille? [...] Wie kann eine Direktorin, der viele Hunderte von Mädchen anvertraut sind, das gutheißen?«

Einen Tag später, am 22. 2. 1967, folgte dann *Bild* mit der Schlagzeile: *13jährige Mädchen mußten Sex-Fragebogen beantworten.*

Die zwei Schülerinnen B. und C., die an der Bettinaschule für den Fragebogen verantwortlich waren, wurden nicht nur von der konservativen Presse öffentlich diffamiert, sondern auch persönlich bedroht und beschimpft. B. sagte dazu 1975 in einem Interview, ihre Mutter sei aus Angst vor dem heraufbeschworenen Volkszorn eine Woche lang nicht mehr einkaufen gegangen, und sie selbst sei in Briefen und Anrufen als »Sie Sau«, »Sie Hure« und »Sie Nutte« beschimpft worden. Über die Belästigung seitens der Presse berichtet sie:

»Am schlimmsten waren die *Bild*-Zeitungsreporter. Als ich *Katharina Blum* gesehen habe, kam mir das so bekannt vor, daß mich das überhaupt nicht entsetzen konnte. Die Reporter von *Bild* waren wirklich so, sie saßen den ganzen Tag auf der Treppe, bis ich kam.« (Schülerin B., Interview 1975)

Obwohl die Direktoren beider Schulen weiterhin hinter der Fragebogenaktion standen und auch ein Großteil der Lehrer die Umfrage billigte, distanzierte sich der Elternbeirat, eingeschüchtert durch die Pressehetze, am 23. 3. 1967 in Form einer Resolution, in der es u. a. heißt:

»Der Elternbeirat ist der Ansicht, daß diese Befragung besser unterblieben wäre, und hätte es begrüßt, wenn die Schulleitung die gesetzlichen Möglichkeiten gehabt hätte, die Herausgabe der Fragebogen zu verhindern.« (Zit. n. Amendt, 1968, S. 135)

Am gleichen Tag stellte die CDU eine parlamentarische Anfrage an Kultusminister Schütte, dem sich die NPD anschloß. Ebenso wie die Resolution des Elternbeirats und ein Brief des Familienbundes deutscher Katholiken an den hessischen Kultusminister forderte diese Anfrage indirekt die Abschaffung des Pressefreiheitsparagraphen für Schülerzeitungen. Der Kultusminister allerdings verteidigte in seiner Antwort die Pressefreiheit:

»Hätten die Schulleiter die Durchführung der Fragebogenaktion verhindert, so wäre eine Umfrage in vermutlich schlechterer Form außerhalb der Schule vorgenommen worden.« (*Frankfurter Rundschau*, 7. 4. 1967)

Dann erschien Ende März die Nummer 1/1967 der *Bienenkorb-Gazette*, zu deren Vorbereitung die Fragebogenaktion gehört hatte. Diese Ausgabe befaßte sich hauptsächlich mit den Themen Sexualerziehung, Onanie und Freigabe der Antibabypille für Jugendliche.

Der Kultusminister reagierte auf die von beiden Seiten eskalierte regionalpolitische Affäre, indem er einerseits der CDU gegenüber das pädagogische Reformkonzept der SPD einschließlich des Pressefreiheitsparagraphen verteidigte, andererseits aber den aufflammenden Schülerprotest zu beschwichtigen, zu integrieren und zu spalten versuchte. Er lud die Redakteure der *Bienenkorb-Gazette* zu einer Arbeitstagung nach Wiesbaden ein, wo sich auch die Staatssekretärin Dr. Hamm-Brücher (FDP) zur Diskussion stellte. Schütte versuchte auf dieser Tagung den Schülern klarzumachen,

»daß die Ausführung eines durchaus berechtigten Vorhabens, nämlich der Diskussion eines schwierigen Problems, mißlungen und dadurch die Kritik durchaus diskussionsbewußter Kreise verständlich und berechtigt sei« (*Kreisblatt für Fritzlar-Homberg*, 27. 4. 1967).

Die kultusministerielle Wechseldusche von verständnisvoller Ermunterung à la »Greifen Sie ruhig weiter heiße Eisen an« und latenten Drohungen künftiger Nichtduldung wurde unterstützt von den gütigen Mahnungen der Frau Dr. Hamm-Brücher, die auf »die Grenzen des guten Geschmacks« verwies (*Kreisblatt*, 27. 4. 1967). Zumindest der CDU gegenüber ging der hessische Kultusminister als Sieger aus der Sex-Affäre hervor. Nachdem der Parteienstreit um die Schulreform auf dem Rücken der Schüler ausgetragen worden war, die nicht nur öffentlich beschimpft und diffamiert worden waren, sondern trotz des Beistands ihrer liberalen Direktoren auch noch schlechtere Noten bekommen hatten, konnte Schütte am 30. 11. 1967 den Erlaß zur Sexualerziehung herausgeben. Der Inhalt dieses Erlasses entspricht genau den Forderungen nach Sexualaufklärung, die die Schüler zur Zeit der Fragebogenaktion gestellt hatten. Trotzdem war der Integrationsversuch nur teilweise gelungen, denn nur ein Teil der oppositionellen Schüler ließ sich durch das liberale Verhalten des Kultusministers und eines Teils der Schuladministration beschwichtigen. Auf der einen Seite wandte sich die *Bienenkorb-Gazette* nach dem Skandal der liberaleren Richtung der Schülerbewegung um den Unabhängigen Schüler-Verband (USV) zu und vertrat wesentlich gemäßigtere Positionen als vorher. Trotzdem aber blieben Liebig- und Bettinaschule von der Schülerrevolte nicht verschont, und der hessische »Sex-Skandal« wurde zum Anlaß der Gründung des AUSS, des Zusammenschlusses aller radikalen Schülergruppen auf Bundesebene, der 1967 in Frankfurt zum ersten Mal zusammentrat.

Die Themen der *Bienenkorb-Gazette*: Pazifismus, Bildungsreform und Sexualaufklärung

Positionen der pazifistischen Intellektuellenbewegung um die Ostermärsche und die frühe APO

Im Jahre 1964 äußert die *Bienenkorb-Gazette* erstmals deutliche Systemkritik, und zwar zunächst als Kritik der Wiederaufrüstung und der Wiedereinführung der Wehrpflicht in der Bundesrepublik. In diesem Zusammenhang und auch anläßlich der Auschwitzprozesse wird das Thema Vergangenheitsbewältigung aufgegriffen und mit der Kritik der antikommunistischen Propaganda in der Bundesrepublik in Zusammenhang gebracht. Wie es für den Pazifismus der fünfziger und frühen sechziger Jahre typisch ist, wird eine Kollektivschuld des deutschen Volkes an seiner faschistischen Vergangenheit angenommen. Frei davon ist nur die Jugend, die nicht nur vor neuer nationalistischer und militaristischer Verhetzung bewahrt werden muß, sondern die es auch aus ihrer, der Wohlstandsgesellschaft entsprechenden, apolitischen Lethargie aufzurütteln gilt:

»Heute sind wir noch Schüler, aber morgen liegt die Gestaltung der Zukunft in unseren Händen. Wollen wir aus den Fehlern unserer Väter nichts lernen? Soll uns erst der Ausbruch eines neuen Krieges aus unserer Gleichgültigkeit aufschrecken?« (*Bienenkorb-Gazette*, 1/1964, S. 6)

Als Anzeichen einer neuen Kriegsgefahr werden die weltweite und besonders die bundesrepublikanische Aufrüstung und der aufkommende Neonationalismus gewertet. So wie die ökonomischen Bedingungen zur Entstehung des Faschismus werden auch die ökonomischen Interessen an der Aufrüstung zunächst übersehen, und man geht von einer ungebrochenen Kriegsbegeisterung der Deutschen aus, die sozusagen von Natur aus für den Faschismus prädestiniert sind.

Als Anzeichen wiederauflebenden nazistischen Bewußtseins wird vor allem der Anti-Kommunismus gewertet. Der Judenhaß der Vergangenheit wird mit der Kommunistenhetze der Gegenwart verglichen:

»An Stelle des Juden ist ein anderer ›Untermensch‹ getreten: der Kommunist oder Bolschewik.« (*Bienenkorb-Gazette*, 1/1964, S. 20)

Oder:

»Sehen wir keine Anzeichen dafür, daß wir bereits wieder im Begriff sind, uns schrittweise aus der Realität zu entfernen – wie die Nazis, das heißt wie die Deutschen, als man sie Nazis nannte! – und an ihre Stelle Mythen zu setzen (z. B. den Mythos von der nicht existierenden DDR), so, wie die Juden schließlich ein Mythos im deutschen Bewußtsein geworden waren?« (*Bienenkorb-Gazette*, 3/1964, S. 22)

Der Kritik an der bundesrepublikanischen Entwicklung entspricht ein vages Interesse an den Ostblockländern, das mit der Forderung nach Anerkennung der DDR, der positiven Wertung des »politischen Tauwetters« und der Friedenspolitik Chruschtschows einhergeht. Dazu kommt die pazifistische Moral, die zur Verweigerung des Wehrdienstes verpflichtet.

»Aber wie sieht die Moral einer Gesellschaft aus, die den Mord an einem einzelnen mit Abscheu betrachtet und die den Offizier, der zum Massenmord ausgebildet wird, anerkennt und achtet?«

Die daraus abgeleitete Forderung lautet: »In Zukunft muß jeder Abiturient den Kriegsdienst verweigern.« (*Bienenkorb-Gazette*, 1/1964, S. 4)

Schon mit dem ersten pazifistischen Artikel, der die militaristische Werbebeilage der Bundeswehr für Schülerzeitungen kritisiert, stoßen die Schüler auf Widerstand und Repression, zunächst noch nicht durch die Schuladministration, sondern seitens der Bundeswehr, die mit Anzeigenboykott reagiert. Diese erste eigene politische Erfahrung öffnet den Schülern die Augen für einen weiteren Gesichtspunkt der Systemkritik. Es geht dabei um die Kritik der indirekten Pressezensur durch Entzug der Finanzierungsmöglichkeiten, die die Bundeswehr an der *Bienenkorb-Gazette* zu praktizieren versucht:

»Doch betrachten wir diese Reaktion [den Anzeigenboykott] ein wenig genauer. Was besagt sie? Als Symptom verstanden, steht sie für eine sich anbahnende Entwicklung, die erneut in einer Katastrophe enden kann. [...] Wird mit diesen Methoden das Ziel der Gleichschaltung des Pressewesens erreicht?« (*Bienenkorb-Gazette*, 1/1964, S. 4)

Die Kritik der indirekten Pressezensur wird mit der Kritik des passiv konsumierenden Leserpublikums verbunden, womit sowohl die Leser der *Bienenkorb-Gazette* als auch die deutschen Zeitungsleser allgemein gemeint sind:

»Solange der Leser weiterhin keinen Wert auf eine unabhängige Nachrichtenpolitik legt und kritiklos jede Meinungsäußerung schluckt, leistet er dieser Entwicklung Vorschub. Ist die Gleichschaltung erst einmal erreicht, kommt jedes Aufbegehren zu spät.« (*Bienenkorb-Gazette*, 3/1964, S. 11)

1965 kommt zu den genannten Punkten der Gesellschaftskritik das Thema Vietnam hinzu. Die Solidarität mit diesem armen, ausgebeuteten und kriegsgeplagten Land führt auch zur Identifikation mit sämtlichen Ländern der Dritten Welt und einer schonungslosen Kritik der reichen Länder des Westens und – mit Abstrichen – auch des Ostens. Als Anklagepunkte werden genannt: Rassismus (besonders in Amerika), ökonomischer Egoismus, Profitgier, atomare Aufrüstung, Waffenlieferungen zur gegenseitigen Vernichtung der Entwicklungsländer und fehlende Unterstützung dieser Staaten bei der Aufhebung der Kolonialherrschaft. Gefordert wird die totale Abrüstung auf der ganzen Erde und die Verwendung des gesparten Geldes zur Linderung der Not in der Dritten Welt. Außerdem wird über die Geschichte Vietnams und über die amerikanischen Foltermethoden im Vietnamkrieg informiert.

1967 schließt sich die *Bienenkorb-Gazette* auch der Kritik an den Notstandsgesetzen an, die als Voraussetzung zur »Aufhebung des Rechtsstaats« betrachtet werden und »die völlige Wiederherstellung einer faschistischen Staatlichkeit« ermöglichen (*Bienenkorb-Gazette*, 1/1967, S. 31). Ein Auszug aus den sogenannten Schubladengesetzen wird in der *Bienenkorb-Gazette* abgedruckt.

Die gesellschaftskritische Behandlung dieser Themen wird von einer, der Frankfurter Schule entsprechenden, umfassenden Systemkritik getragen, die in der *Bienenkorb-Gazette* 1965 zum ersten Mal zusammenhängend formuliert wird. Die wichtigsten Thesen des entsprechenden Artikels besagen:

- Das Proletariat wird in Ost und West materiell ausgebeutet. Die Reichen werden immer reicher, die Armen immer ärmer.
- Die Herrschenden sichern sich ihre Herrschaft durch Manipulation des Bewußtseins über die Massenmedien.
- »Produzenten und Funktionäre« der »Bewußtseinsindustrie« sind die Intellektuellen (*Bienenkorb-Gazette*, 1/1965, S. 33).
- Die zu Funktionären der Herrschenden gewordenen Intellektuellen sind von diesen zur Vernichtung der »Linksintellektuellen« (Ebd., S. 33) beauftragt, die als einzige die scheindemokratische Manipulation und die Volksverdummungsstrategien des Systems durchschauen und von daher in der Lage sind, dagegen anzugehen.

Die wenigen politisch engagierten Schüler der frühen sechziger Jahre begreifen sich als »Linksintellektuelle« und identifizieren sich mit der pazifistischen Intellektuellenbewegung der Ostermärsche, der Deutschen Friedensunion (DFU) und der frühen APO. Diese hauptsächlich von Vertretern der älteren Generation getragene Bewegung setzte sich aus den in der Bundesrepublik überlebenden Resten der alten Arbeiterbewegung und des bürgerlichen Widerstands gegen das Naziregime zusammen.

Die kritischen Schüler der frühen sechziger Jahre übernehmen nicht nur die Thesen, sondern auch den väterlich-mahnenden Duktus dieser Bewegung und einen Moralismus, der mit der Anklage derer, die für die angeprangerten gesellschaftlichen Mißstände verantwortlich sind, Selbstvorwürfe und einen Schuldvorwurf an alle (Deutschen) verbindet.

So geht z. B. die Verurteilung der Nazi-Eltern mit der Kritik der wohlstandslethargischen Kinder einher, die Enthüllung der Pressezensur mit der Kritik der Passivität der Leser und die Entlarvung der Manipulation mit der Verurteilung derer, die sich manipulieren lassen. Das Engagement der »Linksintellektuellen« der fünfziger und frühen sechziger Jahre war theoretischer und moralischer Herkunft. Sie begriffen sich als das »Gewissen der Nation«, und ihr Engagement war eine Pflicht und Bürde, die eher mit resignativer Unlust als mit nach Veränderung drängender Begeisterung einherging.

So vollzieht sich auch die Politisierung der Schüler, angeregt von liberalen Eltern und Lehrern, zunächst intellektuell-moralisch, d. h. unabhängig von der eigenen sozialen Situation und Betroffenheit. Die Repressionen, denen die Redakteure als Jugendliche allgemein und als Schüler besonders ausgesetzt sind, werden noch weitgehend totgeschwiegen bzw. durch ein zwanghaft erwachsenes und ernsthaftes Gehabe kompensiert, das aus Stil und Inhalt der dargestellten Artikel hervorgeht. Die politisch engagierten Schüler unterscheiden sich in diesem Punkt noch wenig von den politisch desinteressierten oder konservativ ausgerichteten Strebernaturen, die vor 1967 hauptsächlich in den Schülerzeitungsredaktionen tätig waren. Bewußtsein für die eigene soziale Lage als Jugendliche aber entwickeln die Schüler nicht im politischen Bereich.

Kulturkritik und Rezeption

Progressive Kulturkritik äußert sich in der *Bienenkorb-Gazette* zum ersten Mal 1964 anläßlich der Zensur von Ingmar Bergmanns Film *Schweigen.*

Im gleichen Jahr erscheint ein Artikel zur *Manipulation des Irrationalen bei James Bond* (*Bienenkorb-Gazette*, 3/1964, S. 16). Hier wird eine ideologiekritische Analyse der antikommunistischen Propaganda in den James-Bond-Filmen geleistet, die in der Argumentationsweise an der »kritischen Theorie« orientiert ist. Die Hauptthese des Artikels besagt, daß der Antikommunismus des James Bond im Sexuellen begründet liegt. Die Parallele zu dem auf »sexueller Hysterie« (Ebd., S. 16) beruhenden Rassismus der Nazizeit motiviert den Vergleich des Unterhaltungsfilms *Goldfinger* mit dem Nazipropagandafilm *Jud Süß.* Beide Beiträge sind inhaltlich und stilistisch noch von der beschriebenen Linksintellektuellenbewegung geprägt.

Eine ganz neue Art von Kulturkritik taucht zum ersten Mal 1965 unter der Überschrift *Polemik in Beat* auf. Zusammen mit einem anderen kurzen Artikel, der das Vorurteil gegen die Beat-Musik und gegen lange Haare abzubauen versucht, ist der genannte Beitrag der einzige, der die Affinität der Schüler der *Bienenkorb-Gazette* zu einer aufkommenden Jugendlichenbewegung schon am Thema erkennen läßt.

Der Beat als Musikrichtung war Bestandteil einer 1965 noch sehr schwach entwickelten Jugendlichenkultur, die im Laufe der späten sechziger Jahre zur Hippiebewegung der »flower power« wurde. Die Beatniks in Amerika, ein Teil der französischen Existentialisten und die Gammler in Deutschland waren die Vorläufer bzw. die Wegbereiter der hedonistischen Linken, die sich in den späten sechziger Jahren – im Gegensatz zur politischen Neuen Linken – als Subkultur außerhalb oder am Rande von Schulen und Universitäten entwickelte. Diese Subkultur trägt die im 18. und 19. Jahrhundert entwickelten Züge sowohl einer Boheme- als auch einer Jugendlichenbewegung. Die Beatniks, Gammler und Hippies haben weder die äußeren Attribute ihrer Opposition, legere und phantasievolle Kleidung und ebensolche Haar- und Barttrachten, erfunden noch die Inhalte, wie Hedonismus, Arbeitsverachtung, Konsumverzicht, Freie Liebe und Philisterverachtung, sondern sie haben sie wiederentdeckt und neu bestimmt. Was die Hippies, die sich wie die Angehörigen der ihnen vorangegangenen Jugendlichenbewegungen als »Blumenkinder« gegen ihre Sozialisation wehrten, von ihren Vorgängern unterschied, ist die zunächst nicht eskapistische, sondern aggressive Art der Praxis ihrer Gegenkultur. Anstatt wie die deutschen Wandervögel den Rückzug in die Wälder anzutreten, trugen die Anhänger der »flower power« ihre gegenbürgerliche, einfache und naturverbundene Lebensweise mitten in die Metropolen hinein. Durch die Verbindung dieser hauptsächlich von Jugendlichen getragenen Kulturbewegung mit sozialkritischen Inhalten radikaldemokratisch-pazifistischer bis schließlich militant-sozialistischer Art wurde sie um 1967/68 zu einer kulturrevolutionären Bewegung mit stark ausgeprägten libertären Zügen, die – ebenso wie der linke Flügel des deutschen Wandervogels – die Beschränkung der Jugendlichenbewegung teilweise überwand.

Betrachten wir nun die *Polemik in Beat*. Der Autor dieser Satire bedient sich der Methode der ironischen Affirmation: Seine Polemik ist gegen den Beat als Jugendlichenbewegung gerichtet. Die Argumente karikieren das konservative Entsetzen über die Anfänge dieser Musikbewegung. In Form einer Polemik gegen die Beatkultur äußert der Autor überschwengliche Begeisterung dafür. Das satirische Stilmittel der ironischen Affirmation, die Form

(*Bienenkorb-Gazette*, 2/1965)

der Glosse und die teilweise surrealistische Art der Beschreibung erleichtern ein enthusiastisches Engagement für den Gegenstand seines Artikels, das sich der Schüler direkt nicht hätte erlauben können. Der Redakteur gibt sich als vom Beat geschockter Kulturmensch, der die Zerstörung der abendländischen Kultur herannahen sieht. Er gerät in einen Beat-Club, sieht Schreckliches und stirbt, noch bevor er den Artikel beenden konnte.

»Unsere Kultur liegt im Sterben – abwechselnd röchelnd und entsetzliche Schreie ausstoßend, quält sie sich in den letzten Zuckungen. Langhaarige, ungewaschene Barbaren haben den Tod übers Meer gebracht [...] mit einer schrecklichen Waffe: dem Beat.« (*Bienenkorb-Gazette*, 2/1965, S. 14)

Wenn man die Bedeutung eines Teils der Aussagen ins Gegenteil verkehrt, wird das positive Engagement des Schreibers für eine aufkommende Boheme- und Jugendlichenbewegung deutlich: wenn man für »Kultur liegt im Sterben« »Kultur wird geboren« liest und statt »Langhaarige, ungewaschene Barbaren haben den Tod übers Meer gebracht« »Langhaarige ... haben das Leben übers Meer gebracht«, wird deutlich, daß der Autor mit einer neuen Kultur ein neues Leben erwartet. Die Bezeichnung einer Musikgattung als »Waffe« entspricht dem Grundsatz der Gewaltlosigkeit der neuen Jugendlichenbewegung, der späteren »flower power«.

Weiter heißt es:

»Ich habe Entsetzliches geschaut. Kinder! Halbe Kinder, fähig, Großes zu schaffen, die Menschheit in unerreichte Höhen zu führen, gaben sich fatalistisch dem Werk der Zerstörung hin.« (Ebd.)

Wenn man die genannten schöpferischen und zerstörerischen Potenzen der Jugend nicht als gegensätzlich betrachtet, ergibt sich, daß die Jugend eine neue Kultur schafft, während sie die alte zerstört. Der Schreiber steigert sich weiter:

»Langhaarige Geschöpfe undefinierbaren Geschlechts, zum Teil ohne Füße, mit Beinen, die sich nach unten verdicken, andere auf kürzeren, hellblauen Stelzen ...« (Ebd.)

Das »undefinierbare Geschlecht« reflektiert die, wenn auch nur teilweise geleistete, so doch von Anfang an angestrebte Aufhebung der Geschlechterrollen in der hedonistischen Linken. Darüber hinaus kann man den hier zum Ausdruck kommenden Surrealismus hypothetisch als Hinweis auf die spätere Verquickung der hedonistischen Linken mit der politischen Linken der Revolte interpretieren. Ein wichtiges Konstituens für den deutschen SDS zu Revoltezeiten war nämlich der französische Situationismus, der den Surrealismus wiederentdeckte.

Der vorgeblich schockbedingte Tod des Schreibers schließlich ist als der Anfang eines neuen Lebens bzw. Lebensgefühls des Schülers zu interpretieren, der nicht in der Lage ist, seine Begeisterung weiter zu äußern, weil ihm noch unklar ist, wohin die Kulturrevolution führt.

Nichts erinnert hier mehr an den dargestellten erwachsenen Habitus, von dem die *Bienenkorb-Gazette* hauptsächlich geprägt ist. Inhaltlich dürfte dem Schreiber seine z. T. visionäre Identifikation mit der im Entstehen begriffenen Jugendlichenbewegung größtenteils unbewußt sein, während sein Stil bewußt gegen die Erwachsenen gerichtet ist. Ein anderer Artikel zum Thema Beat aus dem gleichen Jahr ist noch bemüht, das Vorurteil der Erwachsenen gegen Beatmusik und lange Haare mit ernsthaften Argumenten abzubauen. Der Autor der *Polemik in Beat* dagegen hat dies längst aufgegeben. Er »verarscht« – zur Bezeichnung einer ganz bestimmten Konfliktsituation zwischen Jugendlichen und Erwachsenen trifft das unseriöse Wort »verarschen« als einziges genau zu – die Erwachsenen und registriert ihre Schockiertheit über die aus dem Schlaf der silent generation erwachende Jugend mit Schadenfreude.

Kritik der Schulinstitution

Zweifel an der Schulinstitution erheben sich in der *Bienenkorb-Gazette* sowohl rein theoretisch als auch in der Reflexion von Erfahrungen an der Schulwirklichkeit selbst. Im ersten Fall wird die Diskussion um den Bildungsnotstand aufgenommen (Vergleiche Georg Picht, *Die deutsche Bildungskatastrophe,* 1965). Diese Diskussion, die heftige Kritik an den Bildungsinstitutionen auslöste, ermöglichte es, die Schule zu kritisieren, ohne daß schülereigene Schulkritik unbesehen dem Generationskonflikt zugerechnet und damit von vornherein für belanglos und unberechtigt erklärt werden konnte.

In diesem Zusammenhang beklagt die *Bienenkorb-Gazette* den Abiturientenmangel in der Bundesrepublik, der den Mangel an qualifizierten Fachkräften und besonders den Lehrermangel zur Folge hat. Daraus leitet sich die Forderung nach vermehrten Investitionen auf dem Bildungssektor und nach Förderung der Bildung für Kinder aus den Unterschichten ab. Das gegebene, bundesrepublikanische Bildungssystem wird als Klassenschulsystem begriffen:

»Solange unser Schulwesen noch Züge des letzten Jahrhunderts trägt – nämlich die Dreigliederung in Volks-, Mittel- und Oberschule, die eindeutig auf das Drei-Stände-Prinzip zurückgeht, solange werden immer wieder dieselben Schichten die Abiturienten stellen.« (*Bienenkorb-Gazette*, 1/1965, S. 7)

Während die Kritik der Schulinstitution in diesem Punkt allenfalls bis zur Forderung der Gesamtschule führt und sich die Argumentation der Redakteure an technokratisch-sozialdemokratischen Positionen orientiert, kommt 1966 unter dem Einfluß der »Kritischen Theorie« die Kritik des Leistungsprinzips auf. Mit dem Hinweis auf die Unmöglichkeit objektiver Leistungsmessung fordern die Schüler indirekt die Abschaffung der Noten:

»Man kann entweder ein ausgeklügeltes System entwickeln, das mit an Sicherheit grenzender Wahrscheinlichkeit Betrug usw. ausschließt, oder die Freiheit zum Lernen und ein von Zwang und Anordnung unbelastetes System schaffen.« (*Bienenkorb-Gazette*, 1/1966, S. 12)

Sowohl die Auffassung der Schule als Klassenschule als auch die Forderung nach Abschaffung der Noten erscheint 1965 in der *Bienenkorb-Gazette* extrem verfrüht. Die spätere Schülerrevolte stellte die Forderung nach Aufhebung der Leistungskontrolle erst kurz vor ihrem Niedergang, und die Kritik der Schule als Klassenschule wurde erst in der Dogmatisierungsphase zum Thema der Bewegung. Das hängt mit der Ungleichzeitigkeit der Radikalisierung der Bewegung als einer Jugendlichenbewegung einerseits und einer politischen Bewegung andererseits zusammen.

Kritik an der Schulinstitution aus eigener Erfahrung mit der Schulwirklichkeit äußert sich in der *Bienenkorb-Gazette* schon 1964 anläßlich des Anzeigenboykotts der Bundeswehr. So wird im Zusammenhang mit der Problematisierung der scheindemokratischen Institutionen SMV und Schülerpresse und besonders des Pressefreiheitsparagraphen die Ideologie von der grundsätzlichen Unreife der Jugendlichen angezweifelt:

»Der Schüler soll: [...]
sich für die Gemeinschaft einsetzen,
konstruktive Vorschläge machen,
oder – taktvoll – kritisieren.
[Das sind alles Zitate aus dem Pressefreiheitsparagraphen]
Warum soll er das?
Weil:
Die Schule eine Vorbereitung auf das Leben ist.
Nein:

Weil die Schule Teil des ›Lebens‹ ist.
Weil Gestern und Morgen das Heute nicht abschaffen.«
(*Bienenkorb-Gazette*, 3/1964, S. 2)

Auch auf den Zusammenhang zwischen der Formaldemokratie im bürgerlichen Staat und der Formaldemokratie in der Schule, die als gesellschaftliches Spiegelbild zu betrachten ist, wird schon 1964 im Zusammenhang mit der durch die Bundeswehr bedrohten Pressefreiheit hingewiesen:

»Die Schülerzeitung will versuchen, dieser Gefährdung [der bedrohten Pressefreiheit] entgegenzuwirken. Aber ist dieser Vorsatz unter den heutigen gesellschaftlichen Bedingungen, die ja in der Schule ebenso gegeben sind, überhaupt zu realisieren?« (Ebd., S. 10)

Die soziale Entrechtung des Schülers wird zunächst vorsichtig-sachlich konstatiert:

»[...] daß es für einen Schüler ungleich mehr Mut bedeutet, sich zu etwas zu bekennen, was der ›öffentlichen Meinung‹ widerspricht, als es für Lehrer oder auch Eltern bedeutet. Immerhin befindet sich der Schüler in einem ganz anderen Gewaltverhältnis [...] als es für Lehrer und Eltern der Fall ist.« (*Bienenkorb-Gazette*, 1/1965, S. 3)

Daß dieses »Gewaltverhältnis« ungerecht ist und abgeschafft werden müßte, wagen die Schüler noch nicht zu sagen. Genauso wie in den Artikeln, die die Schule rein theoretisch kritisieren, nehmen die Redakteure auch in den Kommentaren zu der Bundeswehraffäre noch den Standpunkt eines Unbeteiligten ein, obwohl sie in diesem Fall nicht nur von ihren eigenen Angelegenheiten sprechen, sondern sogar von der jüngsten eigenen Erfahrung.

Während die bisher genannten Beiträge, die die Schule als Institution kritisieren, im intellektuell-moralisierenden Stil der frühen APO geschrieben sind, benützen die Schüler seit 1965 auch in diesem Zusammenhang manchmal schon das Stilmittel der Satire in Glossenform.

Die Glosse ist eine klassische Form für Kritik unter den Bedingungen von starker Repression, weil sie unter der Maske des Nicht-Ernst-Gemeinten erlaubt, Kritik zu äußern, von der man sich jederzeit wieder distanzieren kann. Außerdem bietet sich ihre spielerische Eigenart dem unterdrückten Jugendlichen zur Ausübung der ihm zustehenden Narrenfreiheit geradezu an. Die Glosse wird zum Anknüpfungspunkt an die antiautoritäre Tradition des infantil-harmlosen Widerstands der Schüler. Ausdrucksformen dieser Tradition sind der Schulstreich, die Lehrerimitation und sonstiger am Lacherfolg orientierter Ulk, der auf der Ästhetisierung von Konflikten bei gleichzeitiger Verharmlosung beruht.

Indem die Schüler jetzt stellenweise ihre zwanghaft erwachsene Ernsthaftigkeit zugunsten eines geistreich-witzigen Stils aufgeben, zeigen sie ansatzweise jugendspezifisches Verhalten.

Während dieses Anknüpfen an die antiautoritäre Tradition des Schülerprotests noch kaum bewußt ist, rezipieren sie in den Glossen, die sich seit 1965 häufen, ganz bewußt den meist zynisch-resignativen, z. T. aber auch polemischen Stil des linken Journalismus in der Bundesrepublik – repräsentiert vor allem durch den *Spiegel* –, der seiner scharfen Kritik mittels Ironie die Spitze abzubrechen pflegte.

So heißt es z. B. in einer Glosse über die Schulordnung ironisch:

»Man hat den Eindruck, sie regele nicht die freie Begegnung von Menschen [...], sondern sie verehrt Götter und degradiert Menschen zu Schülern. [...] Das Schulgebäude wird zum Heiligtum, das man nur auf ein Zeichen des Tempeldieners betreten darf – und nicht, ohne vorher die Mütze abzunehmen.« (*Bienenkorb-Gazette,* 1/1965, S. 18)

Die soziale Entrechtung des Schülers ist hier zwar drastisch geschildert, aber durch einen scheinbar übertriebenen, historisierenden Vergleich wird die geäußerte Kritik der Realität entzogen.

In der Glossenform aufs Korn genommen werden die gummiartige Beschaffenheit des Pressefreiheitserlasses, die militaristische Tradition des auf Leistung ausgerichteten Sportunterrichts, die Erziehung zur Anbiederung an die (Lehrer-)Autoritäten und die Schiebereien in der Schule. Letzteres geschieht z. B. durch die ironische Empfehlung, rhetorische Tricks zu lernen, die es dem Schüler ermöglichen, durch Geschwätzigkeit Informiertheit vorzutäuschen.

»Zu einer Zeit, da nicht nur an jeder Schule politische Arbeitskreise und Diskutierklubs aus dem Boden schießen, sondern auch die Schulreform daraufhingehend propagiert wird, daß jeder Unterricht durch Diskussion und Debatten ›aufgelockert‹ werden soll, braucht der Schüler einen Leitfaden für seine Reaktion in dieser Situation.« (*Bienenkorb-Gazette,* 3/1966, S. 34)

Es folgen rhetorische Anleitungen unlauterer Art. Der Autor betont, daß die Fähigkeit des Bluffens für den Schüler geradezu unerläßlich ist, und entlarvt die Liberalisierungsbestrebungen der Schulreform als schließlich integrative. Daß im bestehenden Schulsystem das Interesse des Schülers am Lernen auch bei progressiven Inhalten und Methoden seinen Warencharakter behält, wird am Beispiel des Diskutierens bewiesen.

Ein anderer Artikel in Glossenform berichtet vom Schulerfolg eines Sohnes einflußreicher Eltern der Oberschicht. Vaters Geld, seine Beziehungen, Mutters Charme und beider Bestechungskünste verhelfen einem hoffnungslos dummen und faulen Schüler zum Abitur.

Deutlicher als aus den Glossen geht eine sich langsam entwikkelnde jugendspezifische Ausdrucksweise aus Inhalt und Stil eines Schülergedichts von 1967 hervor, das die Impressionen eines Zuspätkommers beschreibt:

»Ich habe einen Umweg gemacht.
Die Sonne schien, wie sie nur im Winter scheint.
Die Sonne schien so blutrot.
Ich bin zu langsam gegangen.
Ich habe zu lange in die Sonne gesehen,
um meinen Lehrer vom Sonnenschein überzeugen
zu können.«
(*Bienenkorb-Gazette*, 1/1967, S. 8)

Arbeitsverachtend, genußstrebend und traurig-romantisch gestimmt distanziert sich hier der Schüler von seinem Lehrer, der ihm als Erwachsener so fremd ist. Die letzte Strophe übt mit der Methode der ironischen Affirmation zynische Kritik an der ideologiereproduzierenden Funktion der Schule.

»Ich werde mehr an meine Lehrer denken.
Ich werde mehr an die Klassenbücher denken.
Ich werde nicht mehr nachdenken.
Ich werde nur noch vordenken.«
(Ebd.)

Schulkonflikte

Während sich allgemeine, vorsichtige Kritik an der Schulinstitution schon relativ häufig erhebt, sind die Schüler vor Ausbruch der Revolte mit der Rezeption spezifischer, realer Schulkonflikte noch viel vorsichtiger. Nur in zwei Fällen werden Konflikte zwischen Schülern und Lehrern ausführlich reflektiert.

Im ersten Fall wendet die Redaktion das Mittel der Dokumentation an: Der Aufsatz eines Untertertianers wird abgedruckt und lediglich mit dem Kommentar versehen, daß der Lehrer eine »fünf« dafür gegeben hatte. Warum, kann sich dann jeder denken, der den Aufsatz gelesen hat. Zum Thema *Wozu verwendet der Mensch das Eisen?* schreibt der Schüler eine großartige Satire mittels ironischer Affirmation. An Beispielen aus der gesamten Menschheitsgeschichte weist er nach, daß der Mensch das Eisen immer zu Kriegszwecken verwendet hat, und tut so, als ob er dieser Tatsache positiv gegenüberstünde.

»Eisen ist eine Macht. Es läßt sich nicht und wird sich nicht aus seinen Gebieten verdrängen lassen. (Das dürfte auch den überzeugtesten Pazifisten klar sein.)« (*Bienenkorb-Gazette*, 1/1966, S. 25)

Im zweiten Fall schreibt ein von der Schule verwiesener ehemaliger Redakteur einen Leserbrief. Während der Gemaßregelte die *Bienenkorb-Gazette* zu kompromißloser Inanspruchnahme des Pressefreiheitsrechts auffordert und gleichzeitig die schulische Formaldemokratie verurteilt, äußert er zu seinem Verweis selbst nur eine ironische Entschuldigung, aus der nicht einmal hervorgeht, was ihm vorgeworfen wurde.

»[...] aber wenn ich dem Rat einiger meiner Lehrer folgte, abzugehen, zum einen um (wie sag ich's zart?) ›lerntechnischer‹ Gründe, zum anderen um der ›Ruhe der Schule‹ willen, und ich dies außerdem noch durch die von Euch allen ja verfolgten ›Vorkommnisse‹ vor den großen Ferien unterstrichen sah, so hoff' ich, ist das zu verstehen.« (*Bienenkorb-Gazette*, 3/1966, S. 19)

Weder der ehemalige Redaktionskollege selbst, noch die *Bienenkorb-Gazette*-Redaktion wagt es, auf das mit Rausschmiß geahndete Schulverbrechen einzugehen.

Sexualität

Die Liberalisierung der Sexualmoral in der Nachkriegszeit, die z. B. in der Verbreitung des Kinsey-Reports zum Ausdruck kam und mit der Entwicklung und Vermarktung der Antibabypille einherging, gab den Schülern – ebenso wie die Diskussion um den Bildungsnotstand – die Möglichkeit, auch in diesem Punkt die spezifische Unterdrückung der bürgerlichen Jugend zu kritisieren.

Kritik an den bürgerlichen Sexualnormen leistet die *Bienenkorb-Gazette* zum ersten Mal 1965 durch den Abdruck eines Artikels über Alexander Neills *Summerhill* (aus der Zeitschrift *Express International*). Die Neill-Rezeption dieses Beitrags rückt die Funktion der Sexualunterdrückung zur Schaffung autoritärer Charaktere und die Forderung nach vollständig freier Sexualbetätigung für Jugendliche in den Mittelpunkt. Zum ersten Mal wird hier die Entrechtung der Jugendlichen durch Sexualrepression in Schule und Elternhaus direkt benannt.

Diesem Artikel folgt in der nächsten Nummer ein schülereigener Beitrag, der im Stil des besserwissenden Intellektuellen fehlende Resonanz auf die Neill-Rezeption seitens der Schüler beklagt. Der Schreiber gibt zwar seine inhaltliche Identifikation mit dem anstößigen Artikel zu erkennen, fällt aber in der eigenen Argumentation hinter dessen Klarheit und Radikalität zurück. Danach wird das Thema Sexualität erst in der Nummer 1/1967, dem Heft nach der Fragebogenaktion, aufgenommen. Hier stehen einander zwei Positionen gegenüber, denen die Forderung nach Sexualaufklärung in der Schule gemeinsam ist.

Die (hauptsächlich von den Mädchen vertretene) erste Position beschränkt sich auf die Forderung nach freier Sexualbetätigung der Jugendlichen ab dem 16. Lebensjahr, unter der Voraussetzung gegenseitiger Liebe.

Die zweite Position, vor allem von Jungen bezogen, schließt Promiskuität nicht aus.

So betont z. B. eine Schülerin der Bettinaschule, daß die Bejahung des vorehelichen Geschlechtsverkehrs nicht die Bejahung von »Promiskuität«, keinen »schrankenlosen Liebesgenuß« oder etwa »zügellose Orgien« und »auch keinen Ehebruch« bedeutet. Weiter wird darauf hingewiesen, daß Mädchen ständig in der Gefahr sind, von »oberflächlichen Typen ausgenutzt zu werden, die lediglich von Lustgefühlen geleitet werden« (*Bienenkorb-Gazette*, 1/1967, S. 34).

In einem Artikel, der die linksradikale zweite Position, die sich auf W. Reich bezieht, repräsentiert, heißt es dagegen:

»Alle Phänomene des Pubertätskonflikts sind Ausdruck eines Widerspruchs zwischen Sexualreife und dem Mangel an genitaler Befriedigung im Geschlechtsakt. Davon sei ausgegangen.« (Ebd., S. 44)

Grundsätzlich sind die Infragestellung der bürgerlichen Sexualmoral und die sich daraus ableitenden Forderungen nach freier Sexualbetätigung für Jugendliche als Zeichen für den Beginn einer Jugendlichenbewegung zu betrachten. Die Form aber, in der das Thema Sexualunterdrückung von der *Bienenkorb-Gazette* kurz vor Ausbruch der eigentlichen Schülerrevolte aufgegriffen wird, ist noch in keiner Weise jugendspezifisch. Ganz im Gegenteil sind die Schüler in den Artikeln, die die Sexualität thematisieren, ganz besonders darum bemüht, erwachsene Ernsthaftigkeit, Verantwortlichkeit und auch Wissenschaftlichkeit zu beweisen. Das Thema Sexualität ist noch so tabuisiert, daß es nur um den Preis der Entkleidung all seiner sinnlichen Inhalte behandelt werden kann. In dem Beat-Artikel, in einigen anderen in Glossenform abgefaßten Beiträgen und in dem Gedicht des Zuspätkommers wird jugendspezifische Mentalität nicht mehr verdrängt, sondern ausgedrückt. Die Behandlung des für bürgerliche Jugendliche brennendsten Themas aber erscheint noch im altklug-ernsthaften Stil der Schülerzeitungen der fünfziger Jahre.

3. Die »heroische« Phase der Schülerrevolte: Das *Homberger Schulecho*

Sex-Skandal in der Provinz

Die nordhessische Kleinstadt Homberg galt in den sechziger Jahren, an hessischen Verhältnissen gemessen, als konservativ. Das Theodor-Heuss-Gymnasium war zu dieser Zeit eine typische Provinzschule, geprägt von überwiegend konservativen Lehrern. Der Direktor dagegen war untypisch. Er galt als links, und man sagte ihm nach, der DFU nahezustehen.

Das 1948 auf Anregung des Ehemaligenvereins gegründete *Homberger Schulecho* war eine der ältesten hessischen Schülerzeitungen. In den fünfziger Jahren erschien es als kleines Heftchen, das ausschließlich über schulische Veranstaltungen wie Musikabende, Weihnachtsfeiern und Sportfeste berichtete. In den frühen sechziger Jahren politisierte sich das *Schulecho* ähnlich wie die *Bienenkorb-Gazette* durch das Aufgreifen der Diskussionsthemen der frühen APO. Da der liberal-väterliche Direktor (ebenso wie die Direktoren der Bettina- und der Liebigschule) progressiv-kulturelles und politisches Interesse der Schüler förderte, bestand auch an dieser Schule eine minimale Basis politischen Spielraums, die von den Schülerzeitungsredakteuren genutzt wurde. Das *Homberger Schulecho* galt schon vor 1964 als »links« und hatte – wie die *Bienenkorb-Gazette* – kultusministerielle Auszeichnungen erhalten. Äußerlich drückte sich die Fortschrittlichkeit in der radikalen Kleinschreibung sämtlicher Texte aus.

1966 exponierte sich das *Homberger Schulecho* zum ersten Mal über die Rezeption der Themen der frühen APO hinaus mit dem Thema Sexualaufklärung. Bis 1968 beschwor dann jedes Heft einen neuen Skandal herauf.

In diesen zwei Jahren waren drei Schüler ständig in der Redaktion tätig, von denen einer die meisten Artikel schrieb. Dieser »Chefredakteur« erzählte mir, daß keine eigentliche Redaktion bestanden habe, er dagegen die Zeitung fast allein gemacht habe, »wie Karl Kraus«. Der Druck des Heftes finanzierte sich durch den Verkauf in der Schule, durch größere Anzeigen der Bundeswehr und des Kaufhofs, durch Kleinanzeigen der Homberger Geschäftsleute und durch den festen Käuferstamm der Organisation der Ehemaligen Schüler, die regelmäßig 300 Exemplare kaufte.

Die Schüler in und um die Redaktion des *Schulecho* stammten ausnahmslos aus liberalen Elternhäusern. Ihre Politisierung vollzog sich nach den ersten Anregungen im Elternhaus durch Kontakte mit ehemaligen Mitschülern, die die Ideen der APO und des SDS aus Frankfurt importierten. Die Motivation für das politische Interesse dieser Schüler beruhte zunächst auf moralischer Empörung über die Zustände in Vietnam, die Notstandsgesetze usw. und wurde später mehr und mehr von der Empörung über die Zustände in der Schule getragen. Vom Typ her glichen die *Schulecho*-Redakteure den *Bienenkorb-Gazette*-Redakteuren. Auch sie begriffen sich zu Beginn der Revolte noch als Intellektuelle und hatten sich weit über die Anforderungen der Schule hinaus durch Bücher und Zeitschriften über das Zeitgeschehen informiert.

Das als DFU-Blatt bekannte *Schulecho* hatte die Homberger Kleinstädter und ihre Lokalpresse schon lange vor den Skandalnummern regelmäßig schockiert und in Unruhe versetzt. Von Seiten der Schule gab es damals noch keine Zensur oder nennenswerte Einschränkungen. Auch als sich im Jahre 1965 der Verein der Ehemaligen Schüler über eine Ausgabe empörte, die ganz der Notstandsgesetzgebung gewidmet war, stellte sich der Direktor hinter die Zeitung seiner Schule. Nach Einschätzung des ehemaligen Chefredakteurs hatten die linken Schüler für den liberalen Direktor bis 1966 noch die Funktion des »Salzes in der Suppe«.

Mit dem Aufgreifen des Themas Sexualität im Sinne des SDS bzw. der hedonistischen Linken aber war das »Salz-Suppe-Verhältnis« politisierter Schüler und progressiver Pädagogen, wie es auch an Bettina- und Liebigschule noch bis 1967 bestanden hatte, gestört.

Die ersten Maßregeln erfuhr das *Schulecho* dann seitens des Druckers. Dieser weigerte sich, das Titelblatt der Nummer 3/1966 zu drucken, das einen Auszug aus dem Hohelied Salomonis enthielt; der Text sei pornographisch und verderbe die Sextaner. Die Redaktion verzichtete auf das Titelblatt, legte den Heften aber einen Zettel mit dem anstößigen Text und einen Kommentar zur Vorgeschichte bei. Nun folgten Angriffe von verschiedenen Seiten.

Der liberale Direktor, der das Thema Sexualaufklärung an sich nicht ablehnte, wohl aber die Art, wie es angegangen wurde, für zu provokativ hielt, verhängte ein Verkaufsverbot über die Zeitung auf dem Schulgelände. Folge davon war eine prompte Verkaufssteigerung dank der so erregten Neugierde. Der liberale Kultusminister Schütte lud die *Schulecho*-Redakteure zusammen mit den *Bienenkorb-Gazette*-Redakteurinnen und Redakteuren nach Wiesbaden ein, um sie indirekt zu maßregeln. Der konservative Teil des Lehrkörpers, der das umstrittene Thema von vornherein ablehnte, begann, die exponierten Schüler offen anzugreifen; *Schulecho*-Redakteure seien Schweine u. ä. Der Elternbeirat tagte und belehrte die Schüler in einer Aussprache über den höheren Wert der seelisch-geistigen Liebe gegenüber der sexuellen und über die Gefahr der Geschlechtskrankheiten. Der Verein der Ehemaligen beschloß, dem *Schulecho* die finanzielle Unterstützung (durch den Kauf von jeweils 300 Exemplaren) zu entziehen. Drei empörte Privatpersonen stellten Strafanzeige gegen zwei der *Schulecho*-Redakteure, und die Homberger Geschäftsleute begannen, ihre Anzeigen zurückzuziehen.

Einige von Elternbeirat und Ehemaligenverein animierte angepaßte Mitschüler schließlich starteten eine Unterschriftensammlung gegen die Redakteure des *Schulecho* und kündigten ein Konkurrenzblatt namens *audiatur et altera pars* an.

Zustimmung und Hilfe kam außer von Schülern nur von der hessischen »Naturfreundejugend«, die 240 Exemplare der Skandalnummer kaufte, und von einigen Persönlichkeiten der liberalen Öffentlichkeit.

Kurz vor dem Erscheinen der Nummer 2/1967 hatte die Redaktion die Verteilung der Homberger Version des Frankfurter Sex-Fragebogens geplant. Weil der Direktor das untersagte, wurde der Fragebogen in der Zeitung abgedruckt. Diese Tatsache und eine Werbebeilage der Naturfreundejugend, die den Abdruck der von P. Rühmkorf gesammelten »obszönen« Kinderverse enthielt (P. Rühmkorf, *Über das Volksvermögen*, 1967), führte zum Verkaufsverbot der Zeitung auf dem Schulgelände durch den Direktor. Einige Studienräte und der Direktor selbst liefen sogar durch die Klassen, um die schon verkauften Exemplare wieder einzusammeln. Die Redaktion wandte sich daraufhin unter Berufung auf den Pressefreiheitserlaß an die Schulaufsichtsbehörde in Kassel, die ihrerseits das rechtswidrige Verhalten des Direktors billigte. Da Schüler wegen ihrer Minderjährigkeit nicht klagen können, blieb der Versuch der Redakteure, auf offiziellem Weg zu ihrem Recht zu kommen, vergeblich.

Die Kriminalisierung der Minderjährigen selbst wurde dagegen weiterhin auch auf juristischem Wege betrieben. Die Nummer 2/1967 zog zwei weitere Anzeigen nach sich, eine vom Regierungspräsidenten wegen der Kinderverse und eine von einem Studienrat, der sich wegen eines persönlichen Angriffs beleidigt fühlte.

Zur Zeit der Herausgabe der Nummer 2/1967 schickte die *Schulecho*-Redaktion auf der Suche nach Annoncenkunden einen Brief an eine Ostberliner Zeitung. Dieser Brief wurde vom Verfassungsschutz abgefangen und veranlaßte den Besuch eines Kripomanns, der die Schüler vor »Ostkontakten« warnte. Anfang 1968 genügte dann ein geringer Anlaß, um dem Chefredakteur der Zeitung mit dem consilium abeundi zu drohen und ihn zum Rücktritt von der Redaktion zu zwingen. Er hatte nämlich widersprochen, als eine Ärztin einen konservativ-sexualaufklärerischen Vortrag vor Schülern hielt. Die Rache der Schüler dafür kam dann aus Frankfurt. Zwei ehemalige Schüler der Homberger Bildungsanstalt verteilten Flugblätter anstößigen Inhalts, bemalten das Schulgebäude mit »obszönen« Sprüchen wie »Vögeln ist schön« und forderten an der in »Free Love Center« umbenannten Turnhalle: »Vögeln statt Turnen« oder: »Nichts außer den Beatles ist größer als der Mensch«. Auf den Flugblättern warben die »größten Schmierfinken aller Zeiten«, wie sich die Ehemaligen später selbst nannten, für die »Gegenschule«. Eine Gruppe von 10 bis 12 Leuten traf sich schon seit 1967 regelmäßig in einer Homberger Kneipe, um gemeinsam Texte von Freud und Reich zu lesen. Die Gegenschule war kurzfristig als Alternative zur herkömmlichen Sexualaufklärung gedacht und hatte sich langfristig die grundlegende Änderung des Gesellschaftssystems zum Ziel gesetzt, zu dem die Schule erzieht.

Bei einer weiteren Flugblattaktion mit den Frankfurter Freunden kam es zu einem Polizeieinsatz. Diese Aktion führte zu einer ganzen Flut von Anzeigen durch die Polizei, den Direktor, einige Lehrer, die Schulaufsichtsbehörde und vor allem durch fast 200 erboste Eltern. Als sich die beiden angeklagten ehemaligen Schüler einige Monate später vor Gericht zu verantworten hatten, gaben sie auch der Gerichtsverhandlung durch hippiesk-surrealistische Aktionen eine pressewirksame Würze.

Nach der »Schmieraktion« gab der ehemalige Chefredakteur D. des Homberger *Schulecho* eine eigene Zeitung heraus, in der er ironisch über die skandalösen Schulereignisse berichtete. Diese erneute redaktionelle Betätigung zog für ihn den Schulverweis nach sich. Kurz vorher kandidierte er als Hippie mit Provoforderungen zum Schulsprecher. Immerhin 20% der Schüler kam der darin enthaltenen Aufforderung zum Wahlboykott nach und wählte ungültig.

Zur Zeit der redaktionellen Tätigkeit von D. gab es einen »harten Kern« (Interview 1975) von drei Schülern um die Redaktion des *Schulecho*, die sich der Schule gegenüber kontinuierlich und konsequent oppositionell verhielten. Darüber hinaus war bei Aktionen eine relativ große Zahl von Schülern, 20 bis 30 Leute, kurzfristig mobilisierbar, deren Opposition sich hauptsächlich antiautoritär und weniger politisch darstellte. Solidarität bei der breiten Masse der Schüler für die von allen Seiten verfolgte Schülerzeitung war nur zu erreichen, indem man sich durch antiautoritäres Verhalten exponierte. Direktes Anknüpfen an die unpolitisch-antiautoritäre Tradition der Schulstreiche wurde so zum Hebel der beginnenden Schülerrevolte.

Die Themen des *Homberger Schulecho*: Vietnam, Studentenbewegung und die »Pille«

Rezeption der Positionen von APO und SDS

Trotz der Kontakte der Homberger Schüler zu Frankfurter SDS-Mitgliedern artikuliert sich das *Homberger Schulecho* auf gesamtgesellschaftskritischem Gebiet zunächst noch weitgehend pazifistisch und reformerisch wie die *Bienenkorb-Gazette*. Ausgelöst vom Tod Benno Ohnesorgs am 2. Juni 1967 schlägt sich erst in den letzten beiden Heften der Skandalzeit eine Radikalisierung nieder.

Vor dem Stichtag des 2. Juni wendet sich das *Schulecho* von einem vernunftpazifistischen Standpunkt aus gegen Militarismus, Rüstung, Nationalismus und Imperialismus und beobachtet besorgt den Krieg in Vietnam, die Notstandsgesetzgebung sowie Antikommunismus und Minderheitenhetze in der Bundesrepublik. Die parlamentarische Demokratie aber wird nicht generell abgelehnt, sondern noch am eigenen Anspruch gemessen. Grundsätzlicher Reformismus geht mit der Bereitschaft einher, passiven Widerstand aus der Defensive zu leisten.

Von der Motivation her gleicht diese Art des Engagements vor dem 2. Juni dem der *Bienenkorb-Gazette*. Auch hier geht ein moralisch begründetes Oppositionsverhalten mit dem Selbsthaß der deutschen Intellektuellen einher und steht alternativ zu entpolitisierter Wohlstandsbequemlichkeit. Auch der sprachliche Duktus ist im *Schulecho* noch von der Intellektuellenbewegung der Nachkriegszeit und von der zynisch-defensiven Schnodderigkeit des linken Journalismus geprägt.

Ein Artikel zum Vietnamkrieg trägt die Überschrift: *Die Vereinigten Staaten sollten in ihrem eigenen Interesse sofort ihr Gesicht verlieren* (*Homberger Schulecho*, 3/1966, S. 22). Über die vietnamesische Opposition allerdings äußert sich das *Schulecho* vorsichtig, indem sich der Verfasser pluralistisch gibt und vorsichtig vom Vietcong distanziert. Im *Schulecho* 1/1967 unter der Überschrift *Also mich wundert nichts mehr* wird eine Parallele zwischen der Nazivergangenheit Deutschlands und neuer faschistoid erachteter Tendenzen gezogen. Der Artikel beginnt mit dem Hinweis auf die faschistische Vergangenheit bundesrepublikanischer Politiker wie Kiesinger, Strauß, Höcherl und von Hassel und geht im selben sarkastisch-moralischen Stil zur Kritik an der Notstandsgesetzgebung über:

»Kein Aufschrei der Empörung geht durch die deutschen Lande, wenn eine Regierung in Deutschland schon wieder KZ's vorbereitet. Derselbe Minister tüftelt geheime Notverordnungen aus und will über 50 Grundgesetzartikel außer Kraft setzen. Da soll mir einer erzählen, wir hätten einen demokratischen Staat.«

»Mir scheint, die Deutschen vertrauen ihrer Obrigkeit noch immer viel zu viel. [...] Und die Parteien profitieren von der Dummheit ihrer Wähler.« (*Homberger Schulecho*, 1/1967, S. 29)

Der immer wiederkehrende Vorwurf an das unpolitische und dumme deutsche Volk vom elitären Standpunkt des Intellektuellen aus ist typisch für die Oppositionshaltung der frühen APO.

Nach dem 2. Juni erfährt das beschriebene politische Engagement der Schüler einen einschneidenden qualitativen Umschwung. Dies kommt in der neuen Zielsetzung revolutionärer und kulturrevolutionärer Veränderung aller gesellschaftlichen Bereiche zum Ausdruck, die mittels spielerischer Provokation, aber auch militanter Auseinandersetzung verfolgt wird. Gleichzeitig verschiebt sich auch die Motivationsbasis der Opposition, und zwar in dreierlei Hinsicht:

Zunächst fällt auf, daß sich die grundsätzlich defensive Haltung der frühen APO zu einer aggressiv-anklagenden entwickelt, die Kampfbereitschaft in sich birgt.

Der Übergang von der Defensive in die Offensive zeigt sich besonders deutlich an der Transformation der beiden wichtigsten Stil- und Ausdrucksmittel der frühen APO, des Moralismus und der Ironie. Der Artikel, der über den Tod von Benno Ohnesorg berichtet, ist zwar noch sehr sachlich geschrieben, die darin enthaltene Empörung aber ist so heftig, daß sie Kampfbereitschaft zumindest nicht mehr ausschließt:

»In Berlin wurde ein Student erschossen, der es gewagt hat, sein verbrieftes Grundrecht der Meinungsfreiheit zu gebrauchen. So weit sind wir schon.« (*Homberger Schulecho*, 2/1967, S. 10)

Und zum Verhalten der Polizei:

»Die Sadisten tobten sich aus. Wehrlos am Boden Liegende traten sie mit Stiefeln gegen den Kopf. [...] Zum Sadismus der entfesselte Faschismus.« (Ebd., S. 11)

Die Wut, die hier zum Ausdruck kommt, ist so groß, daß sie nicht mehr ohnmächtig bleiben kann.

Die unterschiedliche Behandlung des Vietnam-Themas zu der Zeit vor dem 2. Juni ist schon am Titel eines Beitrags ersichtlich: *Verfolgung und Ermordnung des Vietcongs, dargestellt durch die GI's der Vereinigten Staaten unter Anleitung des Mister Johnson* (Ebd., S. 24). Eine Propagandabroschüre der amerikanischen Regierung wird ironisch kommentiert. Die Ironie hat ihren defensiven und schützenden Charakter verloren und wird aggressiv eingesetzt. So wird z. B. die These der Propagandabroschüre, daß zum Frieden in Vietnam kein Waffenstillstand genüge, folgendermaßen kommentiert:

»Völlig einverstanden. Frieden wird erst sein, wenn entweder der letzte Vietnamese napalmisiert oder der letzte GI aus Vietnam verschwunden sein wird.« (Ebd., S. 25)

Im Vergleich zu dem zuvor genannten Vietnam-Artikel hat sich eine Radikalisierung der politischen Einschätzung des Vietnamkriegs vollzogen; durch die Erkenntnis über den ökonomischen

Hintergrund der amerikanischen Kriegsinteressen einerseits, durch offene Identifikation mit dem Vietcong andererseits. Indem die Schlußfolgerung dieses Artikels schließlich den vietnamesischen Befreiungskampf als exemplarisches Beispiel für die Emanzipation der Länder der Dritten Welt darstellt, ist der Pazifismus der frühen APO überwunden.

Das so entwickelte kämpferische Bewußtsein hat aber auch eine neue Antriebsquelle bekommen. Die moralische Motivation des gesellschaftskritischen Engagements wird jetzt durch das Movens lustvoller Begeisterung an den Initiativen zur Veränderung ergänzt und verliert damit seinen pflichtbetonten Charakter. Das wird besonders in den Berichten über Aktionen und Inhalte der Studentenbewegung deutlich.

Der erste Artikel zur entstehenden Studentenrevolte im *Homberger Schulecho* reflektiert diesen Gegenstand noch vom intellektuell beobachtenden Standpunkt aus und ist im altklugen Stil der Schülerzeitungen vor der Schülerrevolte geschrieben.

> »Es gibt sie [die Studenten] in Ost und West – Nord und Süd. Es gibt sie in fast jedem Staat. Es gibt sie in vielen Städten. Man braucht sie. Man fördert sie! Man züchtet sie. Man fürchtet sie! Man haßt sie! Sie sind unbequem!« (*Homberger Schulecho*, 2/1967, S. 19)

Die Opposition der Studenten wird aus der Privilegiertheit dieser Gesellschaftsgruppe abgeleitet, die als »geistige Elite von morgen« (Ebd.) eine Zeitlang unabhängig von den Zwängen des Systems ist und durch ihre Ausbildungssituation die besten Informationsmöglichkeiten hat. Diese sachliche Analyse der Ursachen der Studentenrevolte ist zwar von starker Sympathie mit deren Akteuren und ihren Aktionen geprägt, vermeidet aber noch vorsichtig eine Identifikation.

Eine Nummer später erscheint ein ganz anders gearteter Beitrag über die Studentenrevolte mit dem Titel: *Wulle Wulle – Bulle Bulle, Knüppel aus dem Sack* (*Homberger Schulecho*, 3/1967, S. 17). Ein Spiel wird empfohlen, in dem die Spielregeln in folgender Manier beschrieben werden:

> »Dazu braucht man, wenn das Spiel Spaß machen soll: Grips, ein Stadtzentrum mit Plätzen, Haupt- und Nebenstraßen, möglichst viel Auto- und Straßenverkehr und als Bonbon ein Amerikahaus, US-trade-center oder besser noch, ein ängstliches US-Konsulat. Mitspielen dürfen nur solche von euch, die den Vietnamkrieg nicht mögen oder vor den Notstandsgesetzen Angst haben.« (Ebd.)

»Wulle Wulle« sind die Angesprochenen, »Bulle Bulle« die Polizisten. Wulle Wulle bekommt für jeden zum Lachen gebrachten Polizisten fünf Pluspunkte mit der Begründung: »Merke: Lächerlichkeit tötet (die anderen)«. Wenn Bulle Bulle auf Provokationen seitens Wulle Wulle wie »Polizeischläger« oder »Nazis« wie genannt reagiert, setzt es einen Minuspunkt für Wulle Wulle, wenn Bulle Bulle aber auf Parolen wie »schickere Uniformen für unsere Polizisten« oder »Polizisten liebt eure Frauen« trotzdem den »Knüppel aus dem Sack« holt, gibt es einen Pluspunkt für Wulle Wulle. Als Punktrichter für das Spiel fungieren die anwesenden Photographen, Kameraleute und Journalisten. Weiter heißt es: »Auch fortgeschrittene Erwachsene, Eisverkäufer und Sanitäter können dabei Hilfsfunktionen übernehmen.« Als empfehlenswerte Parolen werden genannt: »Für den Vietcong«, »Amerika den Indianern« und »Wir wollen nicht in die Schublade« (Ebd.).

Im herkömmlichen Sinn politische Inhalte der Opposition, der hier die bedingungslose Identifikation gilt, werden in diesem Artikel kaum wiedergegeben. Erkennbar ist die Sympathie und Solidarität mit dem Vietcong, die Ablehnung der Notstandsgesetze und eine generelle Ablehnung der amerikanischen Politik und Kultur, gegen die die (halb ironische) Identifikation mit den unzivilisierten Bewohnern dieses Landes steht.

Was hier ausschließlich rezipiert wird, ist nur ein Teil der Aktivitäten der Studentenrevolte, und zwar deren spielerisch-provokative und publikumswirksame Aktionen, die als Spiel interpretiert und vermittelt werden. Weit entfernt von der Ernsthaftigkeit und dem Selbsthaß der deutschen Intellektuellen der Nachkriegszeit agiert jetzt eine gesellschaftsverändernde Offensive mit ostentativer Kindlichkeit und gradlinigem Hedonismus. Der antizivilisatorische Zug der Revolte im individuellen und gesellschaftlichen Sinn erscheint überakzentuiert, indem eine antiimperialistische Grundhaltung der Akteure der Bewegung mit der kindlich-naiven Formulierung »den Vietnamkrieg nicht mögen« ausgedrückt wird, Amerika den Indianern zugesprochen wird und indem von »fortgeschrittenen Erwachsenen« (nicht etwa fortschrittlichen) die Rede ist. Wulle Wulle ist die systemgegnerische Jugend der politischen und der hedonistischen Linken von 1968, die keineswegs nur vom SDS repräsentiert wurde. Diese Jugendlichenbewegung ist weder separatistisch und eskapistisch ausgerichtet wie der deutsche Wandervogel, noch richtet sie sich nur gegen die Erwachsenen. Der Gegner Bulle Bulle ist nicht nur der überzivilisierte bürgerliche Erwachsene, der nicht lachen kann, sondern auch der Repräsentant einer Gesellschaft, die imperialistische Kriege unterstützt und Notstandsgesetze verabschiedet, und die es daher zu bekämpfen gilt. Die Waffen, die zum Kampf propagiert werden, sind die der unzivilisierten Randgruppen der bürgerlichen Gesellschaft, der Jugend und der Boheme. Schon die Revolte selbst – im Gegensatz zu der von langer Hand vorbereiteten Revolution – entspricht der vormarxistischen und der libertären Tradition des Widerstands. Das Mittel der Provokation, ob individuell oder kollektiv eingesetzt, ist der Kultur der (anarchistischen) Boheme (Dadaismus, Surrealismus und Situationismus) und teilweise auch den Jugendlichenbewegungen entnommen. Dazu gehört auch die Taktik, den Gegner lächerlich zu machen, indem man ihn so provoziert, daß er aus der Rolle fällt. Das entspricht vor allem auch der antiautoritär-harmlosen Tradition jugendlichen Widerstands gegen die individuelle Zivilisation, der sich nach der endgültigen Unterwerfung der bürgerlichen Jugend seit dem 18. Jahrhundert nur noch als Schulstreich oder Studentenulk regt.

Der nächste Artikel zur Studentenrevolte ist mit dem Titel *Narrenfreiheit und Free Love* überschrieben. Die strategischen Erkenntnisse der neuen Opposition werden folgendermaßen charakterisiert:

»[...] daß sich unser politisches System vom postfaschistischen zum präfaschistischen entwickelt hat und daß es illusionär ist zu hoffen, daß es sich noch evolutionär verändern ließe. Zum ersten Mal in der Geschichte der Bundesrepublik wurde der Gedanke an eine Revolution öffentliches Diskussionsthema.« (*Homberger Schulecho,* 1/1968, S. 7)

Zur Überwindung der pazifistischen Ostermarschbewegung heißt es:

»Es macht eben keinen Spaß, drei Tage lang – meist bei Regenwetter – auf der Landstraße herumzumarschieren.« (Ebd.)

Außerdem sei diese Bewegung »längst integriert [...] und von den Mächtigen als demokratisches Alibi geduldet«. Als Aktionen des SDS, »die mehr Spaß machen als lahme Mahnmärsche«, nennt der Autor Sit-ins, Spaziergangdemonstrationen, Wulle Wulle-Bulle Bulle-Spiele und das Bewerfen der Autoritäten mit »Schlagsahne, Pudding, Tomaten, Eiern und Murmeln«. Weiter werden spielerische Parolen wie »ho ho ho chi minh« oder »Unter den Talaren – Muff von tausend Jahren« und happeningartige Aktionsformen angeführt (Ebd., S. 7 f.) Wieder gilt die Provokation, die Alternative zur sachlichen Argumentation, als effektivste Strategie des Widerstands. »Ohne Provokation werden wir überhaupt nicht wahrgenommen.« (Ebd., S. 8; Dutschke-Zitat) Der zweite Teil des Artikels versucht, die gesellschaftstheoretischen Analysen des SDS wiederzugeben. So sind nicht mehr die Arbeiter revolutionäres Subjekt, sondern die privilegierte Randgruppe der Studenten, und die »Beeinflussung der Parteiapparate ist unmöglich«. Ausgehend vom Beispiel der chinesischen Kulturrevolution bietet dagegen die Revolution »in allen gesellschaftlichen Bereichen« die einzige Möglichkeit zur Veränderung.

Unter der Parole »das Paradies ist herstellbar« wird die sozialistische Utopie der Rätedemokratie als »Abschaffung von Armut und Hunger, Krieg und Arbeit« (Ebd., S. 10) definiert. Die Möglichkeit und Notwendigkeit der Abschaffung der Arbeit scheint dabei das Wichtigste zu sein. Schließlich wird Marcuse zitiert, der sich auf die Frage eines Journalisten für die Freie Liebe aussprach.

Obwohl dieser Beitrag zur Studentenrevolte im Gegensatz zur Spielanleitung Wulle Wulle – Bulle Bulle vom Anspruch der Information getragen ist, erscheint die Bewegung auch hier einseitig reflektiert. Die Identifikation gilt ausschließlich ihrem von der hedonistischen Linken beeinflußten libertären Anteil und dementsprechend ihrem Charakter einer Jugendlichen- und Bohemebewegung. Neben den spektakulär-provokativen und happeningartigen frühen SDS-Aktionen werden an theoretisch-gesellschaftsanalytischen Inhalten der Studentenbewegung nur die marcusianischen Thesen angeführt. Der Marcusianismus wurde zwar von Teilen des SDS bevorzugt vertreten, war aber ebenso die theoretische Grundlage der nur partiell im SDS verankerten hedonistischen Linken, der Subkultur bzw. des Underground. Völlig unberücksichtigt bleiben die wissenschaftliche Ernsthaftigkeit des SDS unter der Parole »Wissen ist Macht«, die an der Frankfurter Schule orientierten differenzierten Gesellschaftsanalysen und die Marxrezeption. Die SDS-Interpretation der Schüler dagegen zeugt eher vom Mißtrauen in die Wissenschaft, das der libertären Tradition entspricht, ebenso wie das Genußpostulat, die Propagierung von Freier Liebe und Arbeitsverachtung.

Ein dritter Artikel zur Studentenbewegung im *Homberger Schulecho* befaßt sich mit dem Faschismusvorwurf gegen die militanter werdende Revolte und mit dem liberalen Argument, daß die Steine schmeißende Linke der Rechten in die Hände arbeite. Das Gegenargument lautet:

»Wer die Radikalität seiner Aktionen mildert, weil er sich vor der Rechten fürchtet, hat bereits aufgegeben. Gegen die Rechten hilft nur der Sieg der revolutionären Linken und nicht die Frage, ob das den Rechten auch recht ist.« (*Homberger Schulecho*, 1/1968, S. 25)

Der Schluß des Artikels erklärt zusammenfassend:

»[...] daß die Studenten nach jahrelangen vergeblichen Diskussionen gelernt haben, daß die Waffen der Argumente die Argumente der Waffen nicht ersetzen können.« (Ebd., S. 26)

Im Gegensatz zu den letzten beiden Artikeln liegt der Akzent hier auf der Identifikation mit der Radikalität und Militanz der Studentenrevolte.

Zu dem kämpferischen und dem lustbetonten Moment der veränderten Oppositionshaltung der Schüler kommt schließlich als drittes Konstituens eine neu erworbene Selbstdefinition hinzu: Die Identifikation mit den Intellektuellen erweitert sich auf andere Randgruppen. In einem Artikel zu den Notstandsgesetzen heißt es:

»Mir scheint das Gesetz auf politisch Verdächtige zugeschnitten zu sein: für Leute, die nicht in die politische Landschaft passen, gilt das Briefgeheimnis einfach nicht mehr: die Verbrecher können dann Ostermarschierer, Studenten oder das SE [Schulecho; Anspielung auf die Affäre um den Brief in die DDR] sein.« (*Homberger Schulecho*, 3/1967, S. 18)

Weiter wird auf die Einschränkung des Streikrechts durch die Notstandsgesetze hingewiesen. Die politisierten Schüler halten sich jetzt nicht mehr für Intellektuelle, sondern verstehen sich als selbst betroffene Randgruppe exponierter Schüler und identifizieren sich mit anderen Randgruppen der Neuen Linken, den Studenten und den Gammlern. Im selben Artikel erscheint an anderer Stelle zum ersten Mal auch Sympathie mit der potentiellen Opposition der Arbeiter.

Der elitäre Charakter der Identifikation der politisierten Schüler mit etablierten bürgerlichen Intellektuellen wird abgelöst durch eine libertäre Sympathie nicht nur mit den allenthalben verteufelten Studenten, sondern auch mit den zum Lumpenproletariat tendierenden und dementsprechend noch mehr geächteten Gammlern und schließlich mit den Arbeitern.

Gammler und Hippies

Ganz ähnlich wie bei der Rezeption der Studentenrevolte behandeln die ersten Artikel im *Homberger Schulecho,* die sich mit der hedonistischen Linken befassen, dieses Thema noch von einem außenstehend-beobachtenden Standpunkt aus. So erscheinen in der Nummer 1/1967 zwei Artikel über Gammler, in denen sich der Autor über die Diffamierung und Verfolgung dieser Minderheit durch den Staat und die öffentliche Meinung empört. Wieder wird in der Manier der frühen APO der Faschismus der deutschen Vergangenheit mit faschistoiden Tendenzen der Gegenwart in Zusammenhang gebracht. Das ›gesunde Volksempfinden‹, das den Urteilsspruch eines Richters legitimierte, der den Redakteur einer Jugendzeitschrift wegen positiver Äußerungen über das »Gammeln« zu einem Jahr Gefängnis verurteilte, wird folgendermaßen definiert und kommentiert:

> »Die Gammler sind asozial und artfremde Elemente! Die Gammler sind unser Unglück! Deutschland wehr dich, die Gammler sind unsere Juden. [...] Wer sich bei uns für eine solche Minderheit und gegen das ungesunde Volksempfinden einsetzt, wird mit Gefängnis bestraft. Eine schöne Demokratie ist mir das.« (*Homberger Schulecho,* 1/1967, S. 31)

Noch ebenso weit von einer Identifikation mit der hedonistischen Linken entfernt ist eine Besprechung der Beatles-LP *Sergeant Pepper* aus der Nummer 3/1967, die im traditionellen Stil einer Musikbesprechung mit Objektivitätsanspruch gehalten ist.

Schon im selben Heft allerdings wird eine Annäherung an den Underground deutlich. Ein Beitrag mit dem Titel: *Marihuana ist besser als Schnaps* informiert über die Entstehung der amerikanischen Marihuanagesetze und über die ›Unschädlichkeit‹ dieser Droge. In diesem Zusammenhang heißt es: »Wissenschaftler und Prominente (etwa die Beatles) befürworten eine Liberalisierung der Gesetze.« (*Homberger Schulecho,* 3/1967, S. 16)

In der Nummer 1/1968 schließlich ist die Identifikation mit den Pop-Größen der Beat-Kultur des Underground soweit gediehen, daß Mick Jagger im Rahmen einer begeisterten Musikbesprechung der neuen Beatles- und Stonesplatten als Protagonist des Antiautoritarismus gefeiert wird:

»Und daß sich Mick Jagger nicht um ein Gerichtsurteil schert [...], das bekommen seine Fans auf der Platte allemal mit. Und daß damit die Autorität der blöden Justiz gebrochen wird, das ist schon fast so gut wie die Aktionen von Fritz Teufel.« (*Homberger Schulecho*, 1/1968, S. 4)

Auch die Sympathie mit Teufel, dem kulturrevolutionären Linksabweichler des SDS, zeigt die starke Affinität der Schülerbewegung zum libertär-hedonistischen Flügel der Neuen Linken.

In der gleichen Nummer, die auch den im vorigen Abschnitt besprochenen identifikatorischen Artikel über die Studentenrevolte enthält, findet sich ein umfangreicher Beitrag zur Hippie-Subkultur. Lebensformen und Radikalität des Underground werden nahezu euphorisch gepriesen und die Hippies für radikaler als der SDS befunden:

»Die Hippies sind die radikalste, revolutionärste Jugendbewegung. Nicht obwohl, sondern weil sie scheinbar unpolitisch ist. [...] Sie haben es satt, sich mit etablierten Bürgern über Sexualität zu streiten. Sie praktizieren einfach Freie Liebe.«

»Die schöne neue Welt, die Professor Marcuse ausmalt, wird – kurzerhand realisiert und nicht auf den St. Nimmerleinstag verschoben.« (Ebd., S. 19)

Die Akzente der Sympathie mit dem Underground liegen weniger auf dem mystisch-eskapistischen Charakter der Hippie-Kultur als auf ihren Wesensmerkmalen der Verweigerungsstrategie, der konkreten Utopie des »Hier und Jetzt« und der Propagierung der Freien Liebe, die sie mit einem Teil der politischen Linken gemein hatte. Ebenso wie die marcusianische Rezeption der Studentenrevolte, die von der Faszination an dem spielerisch-provokativen Charakter der SDS-Aktionen und dem hedonistisch-arbeitsverachtenden Utopismus dieser Bewegung getragen wird, zeigt die Interpretation der Hippiebewegung die Empfänglichkeit der Akteure der ausbrechenden Schülerrevolte für oppositionelle Theorien und Praktiken, die in der Tradition des Libertärsozialismus, der bürgerlichen Jugendlichenbewegungen und der des bohemischen Widerstands stehen.

Der zweite Teil des Artikels problematisiert die Integrierbarkeit des Underground durch Kommerzialisierung:

»Und dennoch waren die Hippies offenbar noch nicht radikal genug. Denn das etablierte System hat die Bewegung ohne große Mühe absorbiert, integriert, sogar kapitalistisch genutzt.« (Ebd., S. 20)

Die klare Erkenntnis über die begrenzten Chancen der Hippie- und Beatkultur schlägt der euphorischen Begeisterung für diese Bewegung scheinbar ins Gesicht. Man erwartet eine vernunftmäßige Wende zum ernsthaft Politischen. Diese aber bleibt aus. Der Autor geht nicht von seinem zuvor getroffenen Urteil über die »radikalste Jugendbewegung« ab. Der Artikel endet mit der Hoffnung, daß die Hippies, auch wenn sie »eines Tages in ihre Elternhäuser, Schulen und Universitäten und Lehrstellen zurückkehren« (Ebd., S. 21), ihren Vätern nie ganz gleich werden. Wie ist diese Inkonsequenz zu erklären?

1968 standen politische und hedonistische Linke noch nicht im Widerspruch zueinander, obwohl die Kommerzialisierung der Pop-Kultur schon erste Schatten auf diese große Koalition warf.

Während der größte Teil der oppositionellen Studenten sich dem politischen Flügel der Neuen Linken zuwandte, fiel den oppositionellen Schülern der damaligen Zeit die Entscheidung zwischen hedonistischer und politischer Linker wesentlich schwerer. Der Anteil der Schüler, die als Hippies in den Underground bzw. in die Subkultur gingen, war größer als bei den Studenten. Dieses Phänomen erklärt sich zunächst durch die frühere Stufe der Jugend bzw. der bürgerlichen Sozialisation der Schüler, die, wenn sie sich als Jugendliche begreifen, meist spontaner, direkter und weniger weitblickend als die Studenten sind. Dies und die feudale Art der Abhängigkeit der Schüler durch das Elternrecht und den total-institutionellen Charakter der Schule sowie ihre Abkapselung von der Gesellschaft provozieren Ungeduld und Utopismus in ihrer Opposition, die bei der hedonistischen Linken mehr konkrete Utopie und Antizipation finden konnte als bei der politischen. Zudem führt die genannte spezifische Unterdrückung des Gymnasiasten aber auch zu extremer Infantilisierung, Weltfremdheit und Theoriefeindlichkeit. Daraus resultiert die Schwierigkeit der Schüler, Zusammenhänge zu begreifen, die über die direkte, eigene Betroffenheit hinausgehen. Auch dies prädestiniert sie für die hedonistische Linke oder für den libertären Flügel der politischen Linken.

Das hohe theoretische Niveau der engagierten Schüler vor und zu Beginn der Revolte, das sich aus der gewaltsamen Verleugnung ihrer Jugendlichkeit und Jugendproblematik erklärt, wurde 1968 nur noch von ganz wenigen Schülern erreicht.

Die beiden Artikel über die Studentenrevolte und über die Hippies, die in der gleichen Ausgabe des *Homberger Schulecho* unterschiedliche und übereinstimmende Positionen der beiden großen Fraktionen der Neuen Linken beschreiben, ohne sich für eine davon zu entscheiden, dokumentieren den Wunsch des Beieinanderbleibens von New Left und Underground als libertären Bewegungen. Der sich schon damals abzeichnende Niedergang des Underground durch Kommerzialisierung muß dabei verdrängt werden.

Sexualkampagne

Die Schülerbewegung radikalisierte sich am Thema Sexualität, das nicht etwa wie bei den Themen der APO zunächst vom außenstehend-beobachtenden Standpunkt angegangen, sondern von Anfang an unter dem Aspekt der eigenen Betroffenheit behandelt wird.

Während das anstößige Thema in den ersten Nummern des *Homberger Schulecho* der Skandalzeit sowohl unter dem Aspekt der Aufklärungsforderung als auch unter dem der Kritik der bürgerlichen Sexualmoral relativ isoliert behandelt wird, taucht es in den späteren Nummern nur noch im Zusammenhang mit anderen Themenbereichen wie z. B. der Systemkritik, der kritischen Analyse der Schulinstitution und vor allem mit der Schilderung der Konflikte und Skandale um das *Schulecho* selbst auf.

Die Kritik der bürgerlichen Sexualmoral geht mit Forderungen der Schüler nach Verbesserung der eigenen Situation einher, die zunächst an die Schule gerichtet werden, was später als illusionär erachtet und aufgegeben wird. Insofern vollzieht sich die Radikalisierung in zwei Etappen.

Die Nummer 3/1966 fordert in mehreren Artikeln Sexualaufklärung von der Schule, die an dem in Schweden praktizierten Sexualkundeunterricht orientiert sein soll. Dabei waren die Informationen über die schwedische Fortschrittlichkeit in diesem Punkt gering und erwiesen sich später als falsch. Die Homberger Schüler fordern einen Sexualkundeunterricht, der Informationen über biologische Sexualvorgänge liefert, luststeigernde Koituspraktiken vermittelt, Empfehlung und Aufklärung über Verhütungsmittel bietet und über Homosexualität und die sogenannten Perversionen informiert. Die herkömmliche Sexualaufklärung, die sich darauf beschränkt, zu zeigen, wie das Sperma zum Ei kommt, wird als unzureichend erklärt und heftig kritisiert:

»Meinst du, ein Biologielehrer hätte einen Penis an die Tafel gemalt und drangeschrieben, wie die Einzelteile bezeichnet werden, welche Funktionen ihnen zukommen. Da lernt man stumpfsinnig, wie die Einzeller alle heißen, und weiß noch nicht einmal, wie ein weibliches Geschlechtsteil aussieht, bevor man nicht selber nachgesehen hat.« (*Homberger Schulecho*, 3/1966, S. 17)

Die Forderung nach der genannten weitergehenden Aufklärung wird mit dem Recht der Jugendlichen auf vorehelichen Geschlechtsverkehr begründet. Das Recht auf Sexualbetätigung stützt sich auf nichts anderes als das Genußpostulat. So wird z. B. ein konservativer Arzt, der als »Lebensberater« in einer Jugendzeitschrift Antwortbriefe an Jugendliche in mißlicher Lage schreibt und in diesem Zusammenhang immer wieder vor dem Geschlechtsverkehr und seinen Folgen warnt, schonungslos verurteilt. Der Lebensberater warnt u. a. vor Parties in verdunkelten Räumen mit dem Ziel, »daß man gleich mit dem Liebesspiel beginnt«. Die Moral dazu lautet: »Es geht auch ohne das.« Die Antwort des Schulredakteurs darauf: »Aber freilich, es geht sogar ganz ohne das! [...] Nur finden wir es eben mit das! ... sehr viel schöner.« (Ebd., S. 27)

Die Forderung nach Information über die Praktiken des Geschlechtsverkehrs wird mit der These begründet, daß das Wissen über Sexualtechniken dem Menschen nicht angeboren ist, sondern erlernt werden muß. Die Klage eines vom Biologielehrer unzureichend Aufgeklärten lautet:

»Die erzählen dir, daß der Mann die Frau befruchtet. Aber wie das nun im einzelnen gemacht wird, das sagt dir keiner; da kannst du dich mit deiner Freundin alleine abrackern.« (Ebd., S. 17)

Schon in der nächsten Nummer des *Schulecho* schlägt sich ein Lernprozeß der Schüler nieder, der die zweite Phase der Radikalisierung der Schülerbewegung einleitet. Es ist die Erkenntnis über die Integrierbarkeit eines Sexualunterrichts im Sinne der Sexualfeindlichkeit, die die Schule den Heranwachsenden im Dienst der bürgerlichen Gesellschaft anzuerziehen hat:

(*Schulecho*, 2/1967)

»Angesichts all der wahrhaft nicht pädagogischen Reaktion eines Teils unserer Studienräte bin ich durchaus bereit, meine Anregungen fallen zu lassen, weil ich mir jetzt den Aufklärungsunterricht Homberger Spielart ganz genau vorstellen kann.« (*Homberger Schulecho*, 1/1967, S. 32)

In der Nummer 2/1967 werden dann die ersten Zugeständnisse seitens der Schuladministration kommentiert. Zur Anschaffung einer Diapositivreihe zur Sexualaufklärung am Homberger Gymnasium heißt es:

»Die Bilder sind vorzüglich geeignet, Angst und Ekel zu erzeugen – die Farben sind grauenerregend. Ein Koitusbild ist nicht dabei.« (*Schulecho*, 2/1967, S. 2)

Auch die Reaktion des Kultusministers, wie sie auf der Arbeitstagung in Wiesbaden deutlich wurde, wird negativ interpretiert:

»Er [der Minister] integriert die Schülerkritik. Er beteuert mehrmals, daß er ja auch für Sexualkunde und bessere Aufklärung ist. [...] Der Minister hat die ›Sexwelle‹ verhindert. Wenn eines Tages der Sexualkundeunterricht kommt, wird es bestenfalls ein reaktionärer sein. Die Lehrer werden mit Geschlechtskrankheiten drohen und die Enthaltsamkeit preisen. Sie werden Sexualangst erzeugen und die Anti-Baby-Pille verteufeln.« (Ebd., S. 5)

Daß die Schüler mit diesen Prognosen recht hatten, bewies ein Jahr später der Aufklärungsvortrag einer Ärztin am Homberger Gymnasium. Der Schwerpunkt lag dabei in der Tat auf der Warnung vor dem unehelichen Geschlechtsverkehr wegen der Gefahr der Geschlechtskrankheiten. Sexualaufklärung mit dem Ziel der Erziehung zur bürgerlichen Moral wurde im 18. Jahrhundert bekanntlich betrieben, indem man die Sexualität als die Sünde schlechthin hinstellte und Ekel davor zu erzeugen versuchte. Das Mißtrauen der Schüler in bürgerliche Sexualaufklärung läßt sich also nicht nur durch schlechte Erfahrungen am eigenen Leibe rechtfertigen, sondern auch historisch begründen, was den Schülern nicht einmal bewußt war.

Die wichtigste Forderung der zweiten Phase der Schülerbewegung richtet sich nicht mehr an die Schule, sondern an die Gesellschaft. Es ist die Forderung nach Freigabe der Antibabypille für Jugendliche, die mit der Verweigerung der Übernahme bürgerlicher Erziehungsziele einhergeht. Sie wird folgendermaßen formuliert:

»Wir verzichten darauf, zu bürgerlichen Eheleuten erzogen zu werden. Kleine Kinder für den nächsten vaterländischen Krieg werden wir schon gar nicht in die Welt setzen. [...] Wir wollen keine Aufklärung. Wir wollen nicht wissen, woher die kleinen Kinder kommen. Wir wollen keine kleinen Kinder mehr.« (Ebd., S. 6)

Die bürgerliche Sexualmoral, die vor- und außerehelichen Geschlechtsverkehr, Verhütungsmittel und Abtreibungen verbietet und Aufklärung verweigert, wird als inhumane Unmoral verurteilt. Die Schüler werfen einem Schulpsychologen, der sich, von der konservativen Konkurrenzschülerzeitung interviewt, gegen Aufklärung über Empfängnisverhütung in der Schule ausgesprochen hatte, Unmenschlichkeit, Zynismus und Schuld an Frühehen, Abtreibungen und verpfuschtem Leben vor. Und in einem Kommentar zur Reaktion auf die Veröffentlichung von Rühmkorfs Kinderversen, die von den Lehrern zur Pornographie erklärt worden waren, heißt es:

»Die merken nicht, daß dieser Versuch der Kinder, sich die zu Hause tabuierte Welt der Sexualität in eigenen Worten zu erklären, nichts mit Schweinerei zu tun hat. Und auch nichts mit den Stammtischwitzen, die sich unsere Eltern gröhlend am Biertisch erzählen. Sie merken nicht, daß die eigentliche Unzucht die Verweigerung der Aufklärung ist.« (*Schulecho*, 3/1967, S. 14)

Funktion dieser bürgerlichen Unmoral sei die Produktion autoritärer Charaktere, wobei die Kleinfamilie eine entscheidende Rolle spielt.

»Die Familie ist die kleinste Zelle des Staates. So lernen wir es in der Untertertia in Sozialkunde. Das ist doppelt richtig, nämlich ›Zelle‹ im Wortsinn, und weil die autoritär-patriarchalische Struktur der Familie genau der in Staat und Gesellschaft entspricht.« (Ebd., S. 22)

Die Unterdrückung der Kinder und Jugendlichen in der bürgerlichen Familie wird als Hauptgrund für die soziale Entrechtung dieser Gesellschaftsgruppe erkannt. Unter dem Motto »Subversive Subventionen« (*Schulecho*, 1/1968, S. 22) taucht halb ironisch die Idee der Gründung einer Versicherung gegen elterlichen Terror auf. Jeder, bei dem der Terror des Elternhauses zunimmt, zahlt Taschengeld auf ein Konto. Wenn der Terror unerträglich geworden ist, stellt er einen Antrag auf »subversive Subvention«, und das Abhauen wird durch ökonomische Absicherung möglich. Daß die Flucht vor den Eltern allerdings nur eine schwierige Not-

und Übergangslösung zur Verbesserung der sozialen Lage der Jugendlichen bedeutet, ist den Schülern bewußt:

»Tatsache ist aber, daß erst der Herrschaftsmechanismus der Familie aufgehoben werden muß, ehe die Freiheit der Kinder und Jugendlichen erreicht werden kann.« (Ebd.)

Die Abschaffung der Institutionen Ehe und Familie und der bürgerlichen Kinderaufzucht werden als wichtigste Voraussetzung für die Entstehung einer befreiten Gesellschaft betrachtet. Weitere Vorbedingungen, die es zu erkämpfen gilt, sind: die sexuelle Betätigung schon von Kindern, der Geschlechtsverkehr der Jugendlichen, die Freigabe von Antikonzeptiva für alle, freie Abtreibung, die genannte lustbetonte Sexualaufklärung, die Gleichberechtigung der Frau, die Gleichberechtigung der Homosexuellen und die Einführung der Freien Liebe, worunter auch Promiskuität und Gruppensex verstanden wird.

Diese praktischen Alternativen zur bürgerlichen Moral und den daraus resultierenden Verhältnissen werden durch theoretische Positionen ergänzt, die den konservativen Sexualtheorien entgegenstehen. So widerlegt die Freudsche Lehre von der kindlichen Sexualität die Theorie von der kindlichen Unschuld, die Reichsche These von der unbedingten Notwendigkeit sexueller Betätigung für Arbeits- und Kulturfähigkeit des Menschen die Sublimationstheorie des späten Freud und die sozialistische und linksfreudianische These von der Funktion der Sexualunterdrückung zur Erhaltung der gegebenen Gesellschaft jegliche bürgerliche Sittenlehre. Die genannten Thesen werden an vielen Stellen angeführt, aber kaum theoretisch abgeleitet, sondern provokativ konstatiert oder als bekannt vorausgesetzt.

Einem weit verbreiteten Mißverständnis zuwider war das Verhältnis der Schüler zur Sexualität ein hauptsächlich intellektuelles. Alle zur Revoltezeit der Schülerbewegung interviewten ehemaligen Schülerinnen und Schüler gaben an, daß kaum eine(r) von ihnen vor dem Abitur Geschlechtsverkehr gehabt habe. Erst zu Beginn der siebziger Jahre lockerte sich die Sexualmoral und die Tabuisierung der Pille soweit, daß sexuelle Betätigung von Oberschülern möglich wurde. Die theoretische Radikalität der Schüler, die sich gegen die bürgerliche Moral richtete, konnte in den sechziger Jahren weder die Sexualangst noch die Furcht vor den Eltern überwinden.

Ein ebensolches Mißverständnis liegt vor, wenn angenommen wird, daß die Schüler der frühen Revolte eine Kampagne zur Emanzipation auf ausschließlich sexuellem Gebiet geführt hätten. Aus dem *Schulecho* wie aus vielen anderen Zeitschriften und sonstigen Dokumenten der damaligen Zeit geht hervor, daß die Emanzipationsbestrebungen auch die Tabuisierung des Gefühlslebens betreffen. In der Nummer 3/1966 erscheint z. B. ein Beitrag, der ein mutiges Bekenntnis des Schreibers zu kitschigen Tagträumen relativ konservativen Inhalts ist. Vor der Radikalisierung der Bewegung wäre es unmöglich gewesen, daß ein Primaner seine Verliebtheit zugibt und sogar beschreibt:

»Ich möchte sagen, daß sie Wendy heißt, das Mädchen mit den langen schwarzen Haaren, dem fast durchsichtigen Hals, der so zerbrechlich ist wie Milchglas. Und ihre Stimme ist wie Honig, wenn Wendy die Lippen öffnet, nur für mich [...] ich liebe dich Wendy.« (*Schulecho*, 3/1966, S. 11)

In ähnlichem Stil schildert ein Schüler seine romantische Liebe zu einer Schülerin, die ihn gerade verlassen hat:

»Ich denke an die Bank, an unsere Bank, an die lauen Sommernächte, in denen wir dort saßen, Hand in Hand, stundenlang ohne zu sprechen. Wir verstanden uns auch ohne Worte.« (*Schulecho*, 2/1967, S. 13)

Während der Schüler mit der romantisch-händchenhaltenden Liebe ohne Sexualität zufrieden zu sein scheint, liefert ein Beitrag mit dem Titel *Sie heißt Anna und ist katholisch* (*Schulecho*, 3/1966, S. 11) eine Situationsbeschreibung typischen pubertären Sexualelends. Der Junge steigt heimlich nachts bei seiner Freundin ins Fenster ein. Sie liegen im Bett, und das Mädchen toleriert und genießt Zärtlichkeiten, verweigert sich aber aus moralischen Skrupeln sexuell:

»Sie unterhalten sich, auch über das Verführen reden sie. Sie weiß nicht mehr, was sie tun soll. Eng preßt er sie an sich und will sie ausziehen. Da wehrt sie sich. Sie heißt Anna und ist katholisch.« (Ebd., S. 14)

Neben den sachlichen Beiträgen zur Sexualaufklärung und Sexualmoral und den gefühlsbetonten Artikeln steht eine dritte Gruppe, die ironisch-satirisch und glossenhaft-provokatorische Auseinandersetzung mit dem anstößigen Thema Sexualität. Hierzu gehört schon der Abdruck des *Hohelieds Salomonis* auf der ersten Skandalnummer 3/1966, der die Schulautoritäten zwang, sich lächerlich zu machen, da sie nicht umhin konnten, einen Bibeltext für Pornographie zu erklären.

Des schon beschriebenen Stilmittels der ironischen Affirmation bedient sich der Autor einer fingierten Festrede, die im Jahre 1989 in Bayreuth »vor den Mitgliedern einer nationalen Partei« gehalten wird. Sie beginnt mit dem Gedenken Adolf Hitlers und preist dann die Leistungen der eigenen Partei:

> »Kameraden, wir haben den Kampf gegen die öffentliche Unmoral und die zersetzenden Einflüsse des Sex siegreich beendet. Mit der Machtergreifung unserer Partei ist es uns gelungen, die deutsche Jugend durch ein allgemeines Sittengesetz aus dem Morast der Sexualität herauszuziehen.« (Ebd., S. 5)

Unter Verwendung des gleichen Stilmittels fordert ein Artikel, der mit *Aktion sauberes Märchen* überschrieben ist, die Reinigung des deutschen Märchens von »allen Passagen des Sinnenkitzels«. Einige »pornographische« Stellen werden zitiert wie z. B.: »Der siebente Zwerg aber schlief bei seinen Gesellen, bei jedem eine Stunde, da war die Nacht herum.« (Ebd., S. 16)

Wenn man die genannten drei Gruppen der Artikel zum Thema Sexualität auf ihren Stil hin untersucht, wird deutlich, daß sich die Schüler der frühen Revolte, die sich inzwischen als eine sozial, ökonomisch und sexuell unterdrückte Randgruppe begreifen, verschiedener eigener (im ideologischen Sinne jugendspezifischer) Stilmittel und Ausdrucksweisen bedienen:

- In den Beiträgen zur Kritik der bürgerlichen Sexualmoral und zu den Forderungen nach Aufklärung ist der Stil betont einfach, direkt und insofern jugendspezifisch. Nichts von dem skrupulösen Moralismus, dem altklugen Intellektualismus und der z. T. zwanghaft erwachsenen Ernsthaftigkeit, wie sie noch bei der Übernahme der gesellschaftskritischen Positionen der frühen APO zum Ausdruck kommen, ist geblieben.
- Der Stil der gefühlsbetonten Beiträge ist romantisch, sensibel und empfindsam, d. h., er enthält die Ausdrucksmittel, die der bürgerlichen Jugend seit dem 18. Jahrhundert zur literarischen Beschreibung der bürgerlichen Liebe dienten.
- Die dritte Gruppe der Artikel zum gleichen Thema ist von Spielerei, Ironie und Satire – u. a. den Prädikaten jugendlicher bzw. künstlerischer Narrenfreiheit – geprägt, die hier allerdings keinerlei defensive Bedeutung oder Schutzfunktion mehr haben

wie in den Glossen vor der Radikalisierung der Bewegung, denn das Thema Sexualität als solches beinhaltet eine Provokation, die man nicht vertuschen kann.

Kritik der Schulinstitution und Alternativen

Theoretische Kritik an der Schulinstitution äußert das *Homberger Schulecho* am deutlichsten in der Gründungserklärung der Homberger Gegenschule.

Zur Funktion der Schule in der bestehenden Gesellschaft heißt es dort, daß »die traditionelle Schule ihre gesellschaftliche Funktion als Komplize und Handlanger einer autoritären und faschistischen Gesellschaft immer vollkommener erfüllt« (*Schulecho*, 1/1968, S. 14).

Auch vom »permanenten Anpassungsprozeß der institutionalisierten Schule« und von ihrem antidemokratischen und feudalistischen Charakter ist die Rede (Ebd.). Diese dem sprachlichen Intellektualismus des SDS entsprechenden Statements werden weder begründet noch erklärt. Das Verständnis wird vorausgesetzt.

Ebenso unvollständig ist die Rolle des Lehrers reflektiert, wenn »das autoritäre Lehrer-Schüler-Verhältnis« und die »autoritär orientierte Machtdifferenz Lehrer-Schüler« beklagt werden. Differenzierter wird die Kritik der Schulinstitution erst, wenn sie konkreter wird. So wird die SMV, »ein Instrument, das bestenfalls demokratische Sandkastenspiele erlaubt«, als demokratisches Feigenblatt im Dienste der Integration des Schülerprotestes entlarvt, indem ihre Ineffektivität anschaulich beschrieben wird:

> »Alle Unzufriedenen durften einen Schulsprecher wählen, der ein paar Mal im Jahr einen Tanztee veranstaltete, einen Wanderpokal für die beste Fußballklasse stiftete und ganz aus dem Häuschen geriet, wenn es der Direktor erlaubte, daß in der Turnhalle ein Tischtennisturnier abgehalten werden durfte.« (*Schulecho*, 1/1967, S. 25)

Genauso konkret wird der Unterricht an bundesrepublikanischen Gymnasien kritisiert, indem unterschlagene Lehrinhalte aufgezählt werden, z. B. der proletarische Widerstand im Dritten Reich, der zugunsten der Information über die Geschwister Scholl und den Grafen Stauffenberg, d. h. des konservativen Widerstands, unterschlagen wird. Weiter wird das Fehlen materialistischer Geschichtsbetrachtung genannt, der Mangel an Aufklärung und Diskussion über die Bundeswehr und die Möglichkeit der Kriegsdienstverweigerung, das Fehlen einer Analyse des bundesrepublikanischen Rechtsradikalismus, die Ausklammerung der marxistischen Philosophie und schließlich die Verweigerung sexueller Aufklärung. Abgesehen von der Einführung dieser unterschlagenen Lehrinhalte beziehen sich die Forderungen der Schüler auf die Gewährung des Gewerkschaftsrechts, auf die Mitbestimmung bei Notengebung und Versetzungskonferenzen und auf die freie Wahl der Lehrer. Die Zusammenfassung aller Forderungen der ausbrechenden Schülerrevolte ist »die demokratische Schule in der demokratischen Gesellschaft«. Auf reformistischem Wege allerdings kann nach Einschätzung der oppositionellen Schüler weder das eine noch das andere entstehen. So nimmt auch schon die Überschrift des Beitrags über die Gründung von Schülergewerkschaften seine Schlußfolgerung vorweg. Sie lautet: *Die Demokratisierung der Schule ist genauso unsinnig wie die Demokratisierung der Gefängnisse und Kasernen* (*Schulecho*, 1/1967, S. 25). Als derzeitig mögliche Alternative zur staatlichen Schule wird der Gegenunterricht bzw. die Gegenschule propagiert.

Auffällig ist in diesem Punkt die Diskrepanz zwischen den allgemeinen Einschätzungen der Schüler und ihren daraus abgeleiteten speziellen Forderungen. Einerseits ist man sich über die Unmöglichkeit einer Veränderbarkeit der Schule ohne Veränderung der Gesamtgesellschaft im klaren, andererseits sind sowohl die Forderungen nach Einführung der unterschlagenen Lehrinhalte als auch die nach Mitbestimmung bei Notengebung und Versetzungskonferenzen noch reformerisch und durchführbar. Zum Teil wurden sie sogar später von der sozialdemokratischen Schulreform erfüllt. Der Entwicklungsprozeß des Bewußtseins, der der Radikalisierung der Schüler zugrunde liegt, vollzieht sich auch in diesem Punkt ungleichzeitig und gebrochen. In der Nummer 1/1968 erscheint ein Beitrag, der dieses Phänomen der Inkonsequenz aufgreift. Es handelt sich um eine Rede des SDS-Mitglieds Peter Schneider auf einer Universitäts-Vollversammlung, die sich auf das Germanistikstudium bezog. Im *Homberger Schulecho* aber erscheint sie umgeschrieben, angewandt auf die Schulsituation. Dazu mußten nur wenige Worte geändert werden. Die Rede beginnt mit einer Art Schuldbekenntnis: »Wir haben Fehler gemacht, wir legen ein volles Geständnis ab: Wir sind nachgiebig gewesen, wir sind nicht radikal gewesen.« Weiter bekennt der Schüler, daß er seine Lehrer im Stich gelassen hat, daß sie nach fünf Jahren immer noch nichts von ihm gelernt haben und daß er insofern an seiner ganzen Schulmisere selber schuld ist. Weiter heißt es:

»Wir haben ruhig und ordentlich eine Demokratie der Schule gefordert, obwohl wir herausgefunden haben, daß wir gegen die Schulverfassung reden können, soviel wir wollen, ohne daß sich ein Aktendeckel hebt, aber daß wir nur gegen die Hausordnung zu verstoßen brauchen, um den ganzen Schulablauf ins Wanken zu bringen. Da sind wir auf den Gedanken gekommen [...], daß wir erst die Hausordnung brechen müssen, bevor wir die Schulordnung brechen können.« (*Schulecho*, 1/1968, S. 15)

Die Rede endet mit einem Votum für den konsequenten Antiautoritarismus, der reformerische Illusionen und sachliche Auseinandersetzungen mit dem sowieso unsachlichen Gegner ausschließt.

Während die Auseinandersetzung mit der Schulinstitution – von der umgeschriebenen Rede Peter Schneiders einmal abgesehen – hauptsächlich theoretisch und, im Gegensatz zur Sexualbefreiungskampagne, sogar teilweise intellektualistisch, d. h. erwachsenenspezifisch geführt wird, durchbricht ein Beitrag diesen durch theoretische Unsicherheit erzeugten Zwang zur Seriosität. Es handelt sich um die ironisch-utopische Schilderung eines demokratischen Schulmodells, dessen Grundlage die Wählbarkeit und Abwählbarkeit der Lehrer durch die Schüler ist: Nach jedem Schuljahr bieten die Lehrer ihr Fachprogramm an. Ein »Rat der Schüler«, der den Direktor ersetzt, leitet den Wahlkampf. Zur Meisterung von dabei möglicherweise aufkommenden Schwierigkeiten heißt es:

»Ein mächtiger ›Rat der Schüler‹ [...] genehmigt für die Wahlzeit das Anbringen von Plakaten an Fassaden, Wänden, Türen, Fenstern, Möbeln, Schulkastanien und Plakattafeln. Das Abreißen, mutwillige Beschädigungen oder Entstellen der Texte durch die Schüler oder Lehrer ist erlaubt. Sollte es zwischen mehreren Oberstudienräten zu Handgreiflichkeiten kommen, wird der Hausmeister zum Schiedsrichter bestellt.« (*Schulecho*, 3/1967, S. 21)

Weitere Einzelheiten werden genannt, wie die Herausgabe einer Sondernummer des *Homberger Schulecho* für Inserate der Kandidaten, die z. B. lauten könnten:

»Nationaldemokraten turnen bei Dr. Sabbel.«
»In meinem Musikunterricht werden nur Beatles-Songs gesungen.«
»Auf den hinteren Bänken können Teenager sich lieben.« (Ebd.)

Die utopisch-demokratische Schule verbessert auch die Lage der Lehrer wesentlich. Für Wahlvorbereitung und guten Unterricht brauchen sie nämlich »mehr Zeit und Muße« (Ebd.). Konkret heißt das Herabsetzung der Pflichtstundenzahl und Verdoppelung der Lehrergehälter. Die demokratische Schule kennt für Schüler keine und für Lehrer nur eine Strafe: Der schlechteste Lehrer muß den Schülern Verhütungsmethoden erklären.

Diese spielerisch ausgemalte Utopie zeugt nicht nur von den Phantasien der Schüler über eine freie Schule, sondern ebenso über eine künftige befreite Gesellschaft. Obwohl weder ein konkretes Modell einer demokratischen Schule noch einer demokratischen Gesellschaft besteht, sagt dieser Beitrag viel über die Zielvorstellungen der politisch engagierten Schüler der Revolte aus.

Die Utopie ist von überwältigendem Hedonismus geprägt. Während das angenehme Leben der Schüler, die im Unterricht Pop-Schlager singen und sich lieben, selbstverständlich ist, wird um so mehr auf das bessere Dasein der entmachteten Lehrer hingewiesen. Man ist keineswegs rachsüchtig, indem man etwa die ehemaligen Herrscher mittels einer Diktatur der ehemals Unterdrückten knappzuhalten trachtet. Ganz im Gegenteil geht man von der in libertärsozialistischer Tradition stehenden Überlegung aus, daß bei vollkommener Bedürfnisbefriedigung aller Individuen keine neue Herrschaft aufkommen kann. Sogar die einzig vorgesehene Strafe ist vom hedonistischen Ziel der Umerziehung der ehemaligen Autoritäten zur Sexualbejahung bestimmt. Und auch den Lehrern werden schülertypische Undiszipliniertheiten wie mutwillige Sachbeschädigung und Prügeleien zugebilligt. Hier zeigt sich wieder das im individuellen Sinn Antizivilisatorische der Bewegung, die die jugendspezifischen Verhaltensweisen der Mentalität des von Herrschaft befreiten Menschen näher glaubt als die erwachsenen.

Während die Homberger Schüler auf theoretischer Ebene noch kaum in der Lage sind, die soziale Rolle des Lehrers zu analysieren, wird hier die tragische Existenz einer Respektsperson, deren soziale Anerkennung sowohl bei den Jugendlichen als auch bei den Erwachsenen mit Verachtung gemischt ist, intuitiv erfaßt.

Die Schulkonflikte, die im *Homberger Schulecho* reflektiert werden, sind hauptsächlich solche, die sich um die Maßnahmen gegen die eigene Zeitung drehen. Vermittlung von und Kommentare zu den Konflikten, die in ausführlichen Glossen sowie kurzen Beiträgen erscheinen, werden mit zunehmender Disziplinierung seitens der Schuladministration offensiver. Betrachten wir zunächst die vergleichsweise defensive Aufnahme der Konflikte.

Ein Artikel mit dem Titel *Die Chronik der Entrüstung* (*Schulecho*, 1/1967, S. 5) bedient sich des journalistischen Mittels der Dokumentation, in die noch eine weitgehend resignative Ironie eingeht. Es handelt sich um die Repressalien gegen das *Schulecho*, besonders wegen des Abdrucks der Rühmkorfverse in der Nummer 1/1967. Die lakonisch aufgezählten Schikanen von verschiedener Seite werden weder auf den Charakter der Schulinstitutionen verallgemeinert noch in gesamtgesellschaftlichen Zusammenhang gestellt, sondern nur stellenweise ironisch kommentiert. Man läßt die Fakten für sich sprechen. Trotz der defensiven Grundhaltung kommt an einigen Stellen eine für die Revolte typische Kampfstrategie der Schüler zum Ausdruck. So heißt es zum Verkaufsverbot:

»Das Verkaufsverbot [...] hatte eine enorme Neugier der Unter- und Mittelstufe zur Folge. Ist ja verständlich. [...] der Preis eines Exemplars stieg nach den Gesetzen von Angebot und Nachfrage angeblich bis fünf Mark.«

Und die Strafanzeige gegen einen der Redakteure wird folgendermaßen kommentiert:

»Vielleicht werden wir's noch erleben, daß der Kinderverderber E. hinter Gitter kommt. Na, das gibt Publicity! Und die Auflage steigt dann auch wieder.« (*Schulecho*, 1/1967, S. 5)

Die Schülerrevolte arbeitete mit dem Hochspielen von Konflikten und deren pressewirksamer Ausschlachtung, wobei letzteres der Strategie der frühen happeningartigen SDS-Aktionen entsprach. Wie in »Wulle Wulle – Bulle Bulle« so treffend bemerkt (Punktrichter sind Kameraleute, Photographen und Journalisten) »spielte« die bürgerliche Presse, die heute so vieles totschweigt, damals noch mit und war besonders in der Provinz von enormer agitatorischer Bedeutung. Auch die Exponiertheit einzelner Aktivisten der Bewegung war, wie schon gesagt, Voraussetzung für Solidarität. Schüler E. und die Ehemaligen von der Schmieraktion, die »vielleicht ins Gefängnis« kommen, sowie Schüler D., der von der Schule fliegt, sind die negativen Helden der antiautoritären Schulstreiche. Faktisch unterliegen sie zwar immer, weil der Lehrer am längeren Hebel sitzt, aber moralisch haben sie in dem Moment gesiegt, wenn Lehrer oder Direktor sich lächerlich gemacht haben. Die frühe Schülerrevolte führte die Tradition der Schulstreiche zwar von der Defensive in die Offensive, konnte aber den Destruktivismus dieser Art des Widerstandes erst allmählich überwinden. D.s Schulverweis wurde gerächt, indem ein weiterer Schulkonflikt vom Zaun gebrochen und hochgespielt wurde, der zwar pressewirksam war, aber mit juristischer Ahndung endete. Eine Kampagne mit dem Ziel, D.s Verweis rückgängig zu machen, wurde dagegen nicht geführt.

In derselben Nummer erscheint ein weiterer dokumentarischer Beitrag, der wörtliche Auszüge aus einem Rundfunkinterview zum Sex-Skandal wiedergibt, in dem ein Redakteur des *Schulecho*, ein Lehrer und der Direktor zu Wort kommen. Die abgedruckten Erklärungen des Redakteurs klingen rational und informativ, während der Kommentar besonders des Lehrers, der gezwungen ist, seine eigenen Kraftausdrücke gegenüber *Schulecho*-Redakteuren zu rechtfertigen, in seiner feigen Geschwätzigkeit blamabel wirkt. Auch hier wird auf eine Interpretation verzichtet und nur die Schwäche des aus der Rolle gefallenen Lehrers als Situationskomik ausgenutzt, was beim Leser automatisch Sympathie mit dem *Schulecho* auslöst.

In der Nummer 2/1967 findet sich ein längerer, glossenartiger Kommentar unter Verwendung der ironischen Affirmation zu einem Ausspruch des Direktors. Der Direktor hatte einem Schulecho-Redakteur gegenüber verlauten lassen: »Manchmal müßte man Ihnen noch eine runterhauen können.« (*Homberger Schulecho*, 2/1967, S. 3) Der folgende Kommentar dazu spielt auf eine Äußerung des Direktors aus besagtem Rundfunkinterview an, wo er sich u. a. über die »Gossensprache« des *Schulecho* (»Scheißeltern«) beschwerte, und auf seine frühere Sympathie mit der DFU:

»Wozu haben wir denn [...] eine solch ausdrucksreiche deutsche Sprache? Geht es wirklich an, daß man sich in der Schule der Gossensprache bedient?«

»Soll die deutsche Sprache mit ihrer anerkannten Tradition im Sumpf der Gossenausdrücke eines bärtigen Direktors versinken?« (*Schulecho*, 3/1966, S. 28)

Unter der Glossenform getarnt wird schließlich die Absetzung des Direktors gefordert:

»Wir fordern deshalb: setzt diesen Schulleiter ab. Das Maß ist voll. Das ist die Sprache der DFU, Herr Direktor.« (*Schulecho*, 2/1967, S. 31)

Dieser Beitrag nutzt das unbeherrschte Verhalten einer aus der Erwachsenenrolle herausgefallenen und so der Lächerlichkeit preisgegebenen Autoritätsperson nicht nur aus, sondern analysiert es auch. Die Gleichsetzung der Gossensprache mit der »Sprache der DFU« demonstriert, wie mit der Kritik der Form der Inhalt gemeint sein kann. So ging es dem Schulleiter nicht um die (Gossen-)Sprache des *Schulecho*, sondern um die darin enthaltenen Aussagen. So wird dem durch den Hinweis auf seine linksliberale Vergangenheit an empfindlicher Stelle getroffenen Direktor zwar noch ironisch, aber doch offen der Kampf angesagt.

In der Nummer 3/1967 erscheint ein Artikel eines ehemaligen Redakteurs vom *Schulecho* (vor der Radikalisierung) zu dem jüngsten Verkaufsverbot des Blattes durch den Direktor. Dort wird der ehemals progressive Direktor zitiert, der 1962 z. B. »in makaberer Prophetie« äußerte:

»Die Freiheit hat viele Feinde, die schlimmsten sind wir selber.«

»Es ist der Biedermann in uns, der dem ›Brandstifter‹ schließlich die Streichhölzer reicht. An ihm ist schon einmal eine deutsche Republik gescheitert.« (*Schulecho*, 3/1967, S. 24)

Dem derzeitigen Chefredakteur des *Schulecho* wird geraten, Strafanzeige gegen den Direktor zu stellen und beim Kultusministerium dessen Absetzung zu beantragen. Außerdem ist dem Beitrag ein juristisches Gutachten beigefügt, das das Verhalten des Direktors für rechtswidrig erklärt. Jetzt sind die Schüler endgültig aus der Defensive herausgetreten. Was in dem zuvor genannten Artikel noch Ironie war, ist hier Ernst geworden, sowohl der Hinweis auf die linke Vergangenheit, indem der Direktor diesmal an seinem eigenen Anspruch gemessen wird, als auch die Forderung seiner Absetzung.

Geschichte und Inhalt der beiden bisher beschriebenen Schülerzeitungen haben gezeigt, wie sich die Schülerbewegung im Zuge der Sexualkampagne und durch das Aufgreifen der eigenen Problematik als Jugendliche von der Intellektuellenbewegung der fünfziger und der frühen sechziger Jahre löste, um sich unter dem Einfluß der Studentenbewegung und der hedonistischen Linken zu einer Jugendlichenbewegung zu entwickeln.

Die Ausdrucksformen der Schülerrevolte, wie sie sich in ihren Publikationen und Aktionen äußerten, waren im ideologischen Sinne jugendspezifisch, d. h. von Eigenschaften geprägt, die im bürgerlichen Zeitalter der Jugend zugeschrieben werden, wie Spielerei, Hedonismus, Unkompliziertheit, Phantasie und Spontaneität.

Die Fusion dieser Jugendlichenbewegung mit der Opposition der »Linksintellektuellen« und der frühen APO, die sich zumindest teilweise auf die Tradition der Arbeiterbewegung bezogen, schloß eine Verselbständigung der Jugendlichenbewegung als solcher aus. Ihre Radikalisierung als Jugendlichenrevolte ging mit einer gleichzeitigen Radikalisierung als gegenbürgerlicher Opposition einher. Wenn ihr auch keine einheitliche sozialistische Theorie zugrunde lag, so gingen doch ihre Forderungen und Utopievorstellungen weit über die radikaldemokratischen und pazifistischen Standpunkte ihrer Vorläuferbewegung hinaus. Die Identifikation mit den Kämpfen der Länder der Dritten Welt und ihre wenn auch noch so vagen Vorstellungen von der Notwendigkeit zur Veränderung auch der Gesellschaftssysteme in den Metropolen durch eine Revolution sowie die unbestimmte Berufung auf den Marxismus beweisen dies.

Das Anknüpfen an die Tradition des antiautoritären Schülerprotests und der bohemischen Opposition zusammen mit dem besonderen Charakter einer Jugendlichenbewegung prädestinierte die Schülerrevolte für libertärsozialistische Positionen und entsprechende Organisations- und Aktionsformen. Das kommt nicht nur im naturwüchsigen Dezentralismus der Schülerbewegung zum Ausdruck, der der Gedanke einer Parteiorganisation völlig fremd war, sondern auch in der grundsätzlichen Ablehnung der Waffen des Gegners: Dem Boykott der scheindemokratischen Einrichtungen der Schulinstitution entsprach die kompromißlose Ablehnung des Parlamentarismus, und die Taktik der Provokation verstand sich als Bruch mit allen Spielregeln dieser Gesellschaft. Darüber hinaus standen auch das Mißtrauen der Schülerrevolte in Schulwissen und Theorie, ihre Praxisbezogenheit, ihre

Ablehnung aller Prinzipien der bürgerlichen Pädagogik, die Ablehnung bürgerlicher Ehe, Familie und Sexualmoral, die Arbeitsverachtung und schließlich die Hoffnung in die spontane Selbsttätigkeit der Individuen in libertärsozialistischer Tradition.

Hierbei stellt sich die Frage, warum die Jugendlichenrevolte (wenn sie überhaupt theoretische Bekenntnisse ablegte) sich offiziell auf den Marxismus statt auf den ihr doch viel näher liegenden Anarchismus berief. Ein Grund dafür muß die Unterdrückung anarchistischer Theorie und Praxis von bürgerlicher wie kommunistischer Seite gewesen sein, die im 20. Jahrhundert in Deutschland besonders gut gelungen war. So entstand theorie- und traditionslos, naturwüchsig und spontan ein neuer Anarchismus in der Jugendlichenrevolte zwischen 1967 und 1969.

Zur Zeit der *Bienenkorb-Gazette* und des *Homberger Schulecho* war die Schülerrevolte noch schwach, insofern ihre spektakulären Aktionen von nur wenigen Individuen getragen wurden, die – ohne den Hintergrund breiter Solidarität – extremen Repressionen und Sanktionen seitens der Schuladministration und der Polizei ausgeliefert waren. Wie diese Schwäche der Bewegung mancherorts zumindest kurzfristig und punktuell überwunden werden konnte, soll das nächste Kapitel zeigen.

4. Glanzzeiten der Revolte: Der *Beobachter*

Erfolgreiche Schüleraktionen, hilflose Lehrer und Eltern

Die Frankfurter Ziehenschule galt in den sechziger Jahren als konservative und strenge Schule, und der damalige Direktor entsprach dem klassischen Schultyrannen aus dem 19. Jahrhundert.

Während sich die Opposition der bundesrepublikanischen Schüler anfangs nur an liberalen Schulen äußerte, erreichte die Schülerrevolte auf ihrem Höhepunkt auch konservative Anstalten wie die genannte, an denen sie sich umso heftiger austobte. Dementsprechend wurde nach 1967 auch die Politisierung von Schülern möglich, deren Eltern keineswegs liberal waren.

Im Jahre 1966 gründeten einige Schüler der Ziehenschule die Politische Arbeitsgemeinschaft Ziehenschule (PAZ). Das Interesse dieser Schüler an zunächst tagespolitischen Fragen entstand wie überall in der Bundesrepublik aus der Kritik am Sozialkundeunterricht, der sie, weit entfernt von allen Tagesproblemen, langweilte. Die PAZ wollte diesen Mangel ausgleichen, indem sie in einem nahe der Schule gelegenen Jugendzentrum Diskussionsveranstaltungen organisierte. So wurden anläßlich verschiedener aktueller welt- und lokalpolitischer Themen zunächst Vertreter der parlamentarischen Parteien eingeladen. Angeregt von diesen Diskussionen begannen die Schüler politische Positionen zu beziehen, die sich zur APO hin entwickelten. Einen praktischen Bezug zum Schulalltag konnte die PAZ zu dieser Zeit nur ansatzweise herstellen, indem ihre Mitglieder die Lehrer im Unterricht theoretisch und inhaltlich kritisierten und in internen Diskussionen autoritäres Lehrerverhalten verurteilten. Ebenso intern und theoretisch blieben auch die Ablehnung der von Anfang an als »Sandkastendemokratie« belächelten SMV und das Aufgreifen individueller Sexualprobleme einzelner Schüler.

Die PAZ-Mitglieder zählten bis 1968 noch weitgehend zum intellektuellen Typ des politisierten Oberschülers, gut informiert und theoretisch beschlagen. Gelesen wurden Reich, Marcuse, Bloch und die Suhrkamp-Regenbogenreihe.

Mit der Gründung der Schülerzeitung durch die PAZ im Jahre

1968 begannen sich auch weniger theorieerfahrene Schüler – die sogenannten »Praxisleute« (Interview 1976 mit einem ehemaligen Mitglied des Redaktionskollektivs) – zu engagieren, indem sie die Konflikte des Schulalltags aufgriffen. Dementsprechend wurden die theoriebezogenen Diskussionsveranstaltungen im Jugendzentrum zugunsten eines sich spontan entwickelnden sozialen Zusammenhangs der Schüler aufgegeben. Hierbei kam es auch zu Kontakten mit anderen Jugendlichen, die sich am selben Ort trafen: besonders zu den Rockern fühlten sich die oppositionellen Gymnasiasten jetzt hingezogen. Die Identifikation mit den »Linksintellektuellen« wich auch hier dem jugendspezifischen Selbstbewußtsein. Damit einher ging die kulturrevolutionäre Ausrichtung auf die individuelle Lebenspraxis und auf die praktische Veränderung der eigenen Situation. Ein ehemaliges Redaktionskollektivmitglied sagte dazu:

»Theorie war nicht mehr so wichtig, weil es an Schule erinnerte. Es ging darum, daß man gelebt hat und sich im Leben auseinandergesetzt hat.« (Interview)

Die Zeitung der PAZ hieß *Beobachter* wie die Schülerzeitung, die früher an der Schule existiert hatte, aber 1967 bankrott gegangen war.

Die Redakteure dieses alten *Beobachter* hatten sich ebenso wie die SMV-Funktionäre bei den Schülern nicht nur durch opportunistisches Streberverhalten unbeliebt gemacht, sondern waren dazu noch durch Korruptheit aufgefallen: sie hatten mehrere Tausend Mark veruntreut. Mit einem kleinen, mühsam vertuschten Skandal verschwand der alte *Beobachter*, der inhaltlich dem konventionellen Typ der unpolitischen Schülerzeitungen entsprochen hatte.

Der neue *Beobachter* war nun zum Schrecken der Lehrer etwas völlig anderes, »von vorne bis hinten was Säuisches« (Interview). Schon die äußere Aufmachung war im Gegensatz zur alten, teuer gedruckten und formal korrekten Zeitung nicht »anständig«. Der *Beobachter* war mit Wachsmatritze auf billiges Papier gedruckt und lose zusammengeheftet. Das Layout war schlampig und strotzte vor Orthographie- bzw. Tippfehlern, die bewußt nicht verbessert wurden. Dieser formale Primitivismus entsprach der konsumverzichtenden Grundhaltung in der Zeit der Revolte. So wie die Redakteure bemüht waren, den Stil der Zeitung einfach –

(*Beobachter 5*)

bis zum Kindlichen – zu halten, sollte auch die Form so primitiv wie möglich sein. Außerdem betonte die neue, für Schülerzeitungen bislang absolut unübliche Form – auch das *Homberger Schulecho* war noch ordentlich gesetzt und gedruckt worden – den Bruch der Revolte mit allen Konventionen. Das Blatt wurde mit 300 bis 500 Exemplaren aufgelegt, kostete für Lehrer 50, für Schüler 20 Pf und wurde immer mit Gewinn verkauft. Zu der großen Nachfrage bei den Mitschülern sagte der befragte Mitherausgeber: »So was, was man später nicht mehr erlebt hat, daß man sich hinstellt mit Zeitungen, und die werden einem aus der Hand gerissen.« (Ebd.)

Das Redaktionskollektiv, bestehend aus ca. 12 Mitgliedern, wurde antiautoritär organisiert. Es gab weder einen Chefredakteur noch spezialisierte Verantwortlichkeiten. Die Artikel wurden im Kollektiv besprochen und dann von einem Mitarbeiter ausformuliert, aber nie namentlich gekennzeichnet. Dies diente nicht nur dem Schutz der einzelnen vor Repressionen, sondern sollte auch den Abbau des Privateigentums an geistiger Arbeit dokumentieren.

Inhaltlich war das Redaktionskollektiv, entsprechend der typischen Strategie der Schülerrevolte, bemüht, die Konflikte zwischen Schülern und Lehrern öffentlich zu machen und auf die Spitze zu treiben. Gleichzeitig wollten sie alles, was sie als Schüler persönlich betraf, in die Zeitung schreiben, Schulfremdes dagegen möglichst vermeiden: »Wir wollten keinen Sermon schreiben über Sachen, die uns nichts angehen.« (Interview) Dieser Konzeption folgend wurde auch gesamtgesellschaftliche Kritik bewußt an Schulkonflikten aufgehängt.

So erklärt sich der große Erfolg der Zeitung bei den Schülern und die Angst der Lehrer, die jederzeit befürchten mußten, ihre Äußerungen im *Beobachter* abgedruckt und ihr Verhalten beschrieben zu finden. Der Herausgabe jeder *Beobachter*-Nummer folgte eine vom Direktor einberufene Gesamtkonferenz. Wegen einiger als Pornographie befundener Beiträge (auch hier handelte es sich u. a. um die Rühmkorfverse) wandte sich die Schulleitung an die Polizei, die dann allerdings vergeblich gegen die als Kollektiv nicht individuell identifizierbaren Schüler ermittelte.

Der ursprüngliche Organisationszusammenhang der Ziehenschüler, die PAZ, verlor seit 1968 ihre Bedeutung zugunsten des Kreises um das Redaktionskollektiv des *Beobachter,* das über die

Zeitung hinaus mit innerschulischen Aktionen aktiv wurde. Im Gegensatz zu den Homberger Vorkämpfern der Schülerrevolte, deren Basis an der Schule noch schwach war, konnten sich die Ziehenschüler seit 1968 auf eine breite Solidarität unter den Mitschülern verlassen und profitierten insofern schon von den Erfolgen der frühen Revolte, die, durch die Massenmedien vermittelt, das Schülerbewußtsein beeinflußt hatten. Die Widerstandsbereitschaft großer Teile der Schüler war um 1968 so stark, daß konservative Lehrer im Unterricht oft kaum noch in der Lage waren, ihren Stoff ›durchzuziehen‹. Die Tatsache, daß es den Ziehenschülern im Laufe eines Jahres etwa zehnmal gelungen war, mit 300 bis 500 Leuten die Aula zu stürmen, um dort ohne jegliche Erlaubnis Schulvollversammlungen abzuhalten, während deren der Unterricht notgedrungen ausfiel, vermittelt eine Vorstellung von der Bedeutung, die die Schülerrevolte – zumindest kurzfristig – für die bundesrepublikanischen Gymnasien hatte.

Fast alle spektakulären Aktionen an der Ziehenschule knüpften in irgendeiner Form an die antiautoritäre Tradition des Schulprotests an. So versuchte man z. B. das Sportabitur zu boykottieren, indem die Turnhalle mit Buttersäure präpariert wurde. Eine Zeitlang machten sich die revoltierenden Schüler einen Spaß daraus, sogenannte Unkraut-Ex-Bomben (kleinere Molotowcocktails) in die Papierkörbe des Schulhofes zu werfen, die so zu eindrucksvoll zischenden und qualmenden Rauchbomben wurden. Auch die unmotivierte Betätigung des Feueralarmknopfes durch Schüler gehört in diese Reihe.

Die spektakulärste Aktion, die die Ziehenschule in jenem Jahr der Revolte erlebte, war die »Abhöraffäre«. Es gelang einem später nicht mehr identifizierbaren Schüler, auf einer unter Ausschluß der Schüler tagenden Lehrer- und Elternkonferenz ein Mikrophon zu installieren. Auch in diesem Fall veranlaßte die Schulleitung polizeiliche Ermittlungsverfahren gegen das *Beobachter*-Kollektiv, die später mangels Beweisen eingestellt werden mußten.

Über die schulinternen Aktionen hinaus beteiligte sich ein großer Teil der Ziehenschüler (bis zu 500) trotz schuladministrativen Verbots an den großen Demonstrationen des SDS und der APO. Auch hier machte die große Zahl der Beteiligten eine Bestrafung von seiten der Schule unmöglich.

Die beschriebenen Triumphe über die Schuladministration, die seit dem 18. Jahrhundert unvorstellbar geworden waren, brachten den politisch aktiven Schülern ein ungewöhnliches Selbstbewußtsein ein:

»So ein Gefühl, daß du nicht mehr einfach nur so ein unterdrückter Schüler bist, sondern daß Lehrer vor dir zittern. Da bist du ganz anders über den Schulhof gegangen als früher, hast die Lehrer nur von der Seite angesehen, und hast gesehen, wie unsicher die waren.« (Interview)

So ging die soziale Eigendefinition der Akteure der Schülerrevolte als Angehörige einer unterdrückten Randgruppe schließlich in ein euphorisch übersteigertes Avantgarde-Bewußtsein über, indem sich die Aktivisten nicht mehr als »Unterdrückte, sondern als Unterdrücker der Reaktionäre« verstanden (Ebd.). Immerhin war es ihnen nach einem tumultreichen Jahr gelungen, die konservativ-autoritären Zustände an der Ziehenschule zumindest eine Zeitlang zu beseitigen. Dazu kam, daß die Ziehenschüler über ihre schulinterne Revolte hinaus erfolgreich waren; so war ihnen sogar die Polizei kaum mehr gewachsen: Einige als Berliner SDS-Genossen verkleidete Spitzel z. B. wurden als solche erkannt, hinter das Schulhaus gelockt und dort verprügelt. Auch auf die frühen überregionalen Vereinheitlichungsversuche der Schülerbewegung nahmen die oppositionellen Schüler der Ziehenschule Einfluß, indem es ihnen kurz vor der Gründung des AUSS gelang, den Kurs der JPH zu radikalisieren.

Der Sieg über die »reaktionären Lehrer« (Interview) konkretisierte sich in der Kapitulation der Schulautoritäten, insofern sie die Provokationen der Schüler schließlich unbeantwortet ließen. Der Direktor z. B. gab es auf, sich auf konservativ-schulmeisterliche Art vor Schulvollversammlungen lächerlich zu machen und ließ die Schüler unter sich. Ebenso soll es zu dieser Zeit sogar ungestraft möglich gewesen sein, einen Lehrer mit Schimpfworten zu betiteln. Einem Pauker aber, der sich nicht mehr wehrt, Streiche zu spielen, wird langweilig.

Die zum Abbau ihrer feudalabsolutistischen Autorität gezwungenen Pädagogen begannen, sich ihrerseits auf eine weichere Welle umzustellen. Zu den Beschwichtigungsversuchen der technokratischen Schulreformbestrebungen, die seit Ausbruch der Revolte verstärkt betrieben wurden, gehörte auch die Propagierung der »indirekten Methode« der Pädagogik, zu der die alten Schultyrannen jetzt von kultusbürokratischer Seite ermahnt wurden. Der radikale Teil der Schülerbewegung ließ sich dadurch allerdings nicht blenden.

Dennoch stand die Schülerrevolte ihrem Sieg über die direkte Autorität konservativer Lehrer ratlos gegenüber, denn die Waffen, mit denen er errungen worden war, waren damit unbrauchbar geworden. Das Zeitungskollektiv stellte ernüchtert fest, daß der *Beobachter* als provokatorischer Konfliktauslöser funktionslos geworden war. Sie stellten daraufhin nicht nur ihre Zeitung ein, sondern gaben mit dem Verzicht auf provokatorische Aktionen auch jegliche in den Schulalltag eingreifende Praxis auf.

Gleichzeitig sammelte sich die Opposition in einer »Basisgruppe Ziehenschule«, die, am Neoleninismus der Neuen Linken orientiert, zunächst fern von aller Praxis das Studium der marxistischen Klassiker betrieb.

Die Themen des *Beobachter*: Hochgespielte Schulkonflikte und sexuelle Revolution

Artikulation gesellschaftskritischer Positionen

Die Mitglieder des *Beobachter*-Kollektivs vertraten keine einheitliche politische Meinung. So berief man sich auf Marcuse, sowohl der SDS-Rezeption als auch der der hedonistischen Linken folgend, und einige Schüler widmeten sich schon zu Revoltezeiten ernsthaften Marxstudien.

Im *Beobachter* aber, der ganz auf die Schulwirklichkeit ausgerichtet ist, kommt vergleichsweise wenig Kritik an der Gesamtgesellschaft zum Ausdruck. Als politische Standpunkte der Redaktion sind – mehr oder weniger ausgeführt – erkennbar:

Eine allgemeine Kapitalismuskritik, die sich mit Antiparlamentarismus und Ablehnung der Sozialdemokratie verbindet, und die Ablehnung des Leistungsprinzips, des Konsumzwangs und der Sexualrepression in der bestehenden Gesellschaft.

Positiv dagegen stehen: die Solidarität mit dem antiimperialistischen Kampf der Völker der Dritten Welt und die Identifikation mit gesellschaftlichen Randgruppen.

Betrachten wir die einzelnen Aspekte dieser politischen Grundhaltung genauer:

In der Nummer 1 des *Beobachter*, die bis auf einen Beitrag noch keine Schulproblematik behandelt, wird das kapitalistische System kritisiert, indem unter dem Titel *Daten für die tägliche Agitation* bundesrepublikanisches Zahlenmaterial zu sinkenden Löhnen bei gleichzeitig steigenden Gewinnen und zur profitsteigernden Verschwendung in Landwirtschaft und Industrie angeführt wird.

Über diesen wenig anschaulichen Beitrag hinaus äußert sich globale Systemkritik hauptsächlich durch ausgiebige Anwendung von Begriffen wie »die autoritäre« bzw. »repressive Gesellschaft« oder »die Herrschenden«. Wer »die Herrschenden« eigentlich sind, bleibt bis auf folgende, unvollständige Erläuterungen immer unklar:

»Die Klasse und die Eliten, die in dieser Gesellschaft herrschen, die das Eigentum und die Kontrolle über die Produktionsmittel, damit über die zum Funktionieren des Produktionsprozesses notwendigen Verwaltungen und Institutionen haben, [...] herrschen.« (*Beobachter*, 5)

Parlamentarismuskritik klingt in einer Auseinandersetzung mit der Institution SMV an, wenn von der zu schaffenden, befreiten Gesellschaft gesprochen wird, »in der Demokratie mehr bedeutet, als Hammelsprung und Fraktion im Parlament«. (*Beobachter*, 3)

Auch die historische Kritik der Sozialdemokratie in einem der wenigen Beiträge, die weder in schulspezifischem noch tagespolitisch-aktuellem Zusammenhang stehen, ist, wenn auch nicht politisch falsch, so doch stark ergänzungsbedürftig. In diesem kritischen Abriß der Geschichte der Sozialdemokratie heißt es z. B. zur Novemberrevolution:

»Jene verbürgerlichten, sozialdemokratischen Führer wie Ebert, Noske und Scheidemann schätzten die republikanische Phrase höher als die Diktatur des Proletariats. Sie lenkten den revolutionären Elan der Arbeiterklasse auf das Parlament, um ihn dort versickern zu lassen. Die Ereignisse des 9. November hätten Auftakt zu einer Revolution sein können, aber so blieb die monopolistische Bourgeoisie bis heute an der Macht.« (*Beobachter*, 2)

Situationsbezogene Kritik an der den Herrschenden zugerechneten Sozialdemokratie dagegen leistet ein konkretes Beispiel anschaulich und überzeugend. So wird der Polizeieinsatz an der Paulskirche gegen die Demonstration anläßlich der Friedenspreisverleihung an den senegalesischen Staatspräsidenten Senghor als Indiz der nur noch zum Schein bestehenden Fortschrittlichkeit der SPD gewertet. Zum Verhalten der Polizei und zu den kommunalpolitischen Hintergründen dazu heißt es:

»Die grüne Mannschaft Brunderts [...] verwandelte die Buchmesse in eine Polizeikaserne, setzte den Demonstranten durch mehrere Straßen nach und feierte vor der Messe [...] die schönste Knüppelorgie. [...] Eine Ursache für das Verhalten der Polizei könnte [...] die heranrückende Kommunalwahl sein; anscheinend fürchten die Herren Sozialdemokraten, daß aufgestörte Frankfurter nicht mehr so recht an die Entschlossenheit und Zuverlässigkeit der SPD glauben, und beschlossen, mal durchzugreifen. Jetzt wissen wir, daß es nicht nur bei den Nationaldemokraten starke Männer gibt.« (*Beobachter,* 1)

Was das Leistungsprinzip angeht, dessen Ablehnung sich hauptsächlich im Zusammenhang mit der kritischen Analyse der Schulinstitution artikuliert, wird zwar klar definiert, worin dieses Prinzip in der Schule besteht und welche Funktion ihm dort zukommt; was aber das Leistungsprinzip in der Gesellschaft zu bedeuten hat, bleibt für einen Leser ohne Vorinformationen unklar. Die einzige Definition dieses immer wieder gebrauchten Begriffes ist in ihrer schlagwortartigen Vermittlung mangelhaft:

»Das Schwungrad dieser Wirtschaft ist der Gewinn der Unternehmer, der Kapitalisten. Dieser Gewinn wird während des Arbeitsprozesses von den Arbeitnehmern geschaffen, ihnen aber zum größten Teil vorenthalten, sie müssen also zu einer Leistung gezwungen werden.« (*Beobachter,* 6)

Analyse und Kritik an der gesellschaftlichen Sexualunterdrükkung dagegen gelingt dem *Beobachter* wesentlich ausführlicher und qualifizierter als bei den bisher genannten Punkten der Systemkritik. Die direkte Betroffenheit der Schüler provoziert nicht nur theoretische Beschäftigung mit diesem Thema, sondern erleichtert auch seine Vermittlung. Der erste Teil eines längeren Artikels im *Beobachter* Nummer 5 erläutert auf psychoanalytischem Hintergrund die verschiedenen Praktiken der Sexualunterdrückung, wie sie jeder moderne Mensch vom Säuglingsalter an zu erleiden hat. Von verfrühter Reinlichkeitserziehung über die Verhinderung der Säuglingsonanie, das Verbot sexueller Kinderspiele, das Verbot der pubertären Onanie, die Verhinderung des Geschlechtsverkehrs der Jugendlichen bis zur Verpflichtung auf die monogame Ehe werden sowohl die menschlichen Entwicklungsstadien im Freudschen Sinn als auch die einzelnen Stationen der Sexualrepression ausführlich, einfach und verständlich vermittelt.

Anschließend wird die Funktion der Sexualunterdrückung zur Aufrechterhaltung der Klassengesellschaft in zweierlei Hinsicht interpretiert. Demnach hat die Sexualfeindschaft den wirtschaftlich notwendigen Konsumzwang zur Folge:

»Die Kapitalisten versuchen dem Käufer, der seine Sexualität nicht befriedigen kann, einzutrichtern, daß er seine Befriedigung erreicht, wenn er dieses oder jenes Produkt kauft. Der Käufer soll glauben, daß er begehrenswert wird, wenn er dieses Produkt benützt. Der Konsument versucht in dieser Gesellschaft Befriedigung zu erreichen, indem er konsumiert.« (*Beobachter*, 5)

Zum anderen wird auf die Produktion des »autoritären Charakters« hingewiesen. Etwas unbeholfen, aber trotzdem richtig wird diese These folgendermaßen formuliert:

»Es entsteht nämlich eine Untertanenstruktur bei dem Bürger. Er ist nicht bereit, Verantwortung zu übernehmen, sondern er versucht sie auf andere abzuwälzen, nämlich auf die Herrschenden. Des weiteren bewirkt die sexuelle Unterdrückung eine Manipulierbarkeit des einzelnen und der Masse.« (Ebd.)

Aus diesen Thesen wird geschlossen, daß die Aufhebung aller Sexualverbote eine der wichtigsten Voraussetzungen zur Herstellung einer freien Gesellschaft ist.

Eine ausgeprägte antimilitaristische Einstellung geht aus dem schon genannten Artikel zu den Ereignissen bei der Friedenspreisverleihung im Jahre 1968 hervor.

Dem Friedenspreisträger, der in seinem Land Studentendemonstrationen mit Maschinengewehren auflösen ließ, der französische Fallschirmjäger und Bomben gegen einen Generalstreik einsetzte und die Universität für ein Jahr schließen ließ, wird vorgeworfen, sein Volk an die Interessen ausländischer Konzernbosse zu verkaufen.

Abgesehen von diesem Beitrag äußert sich die Identifikation mit den Befreiungsbewegungen der Dritten Welt an mehreren Stellen symbolisch. So verbindet das Cover des *Beobachter* Nummer 2 in Form einer Collage das Portrait Che Guevaras mit einem damals sehr bekannten Motiv eines vietnamesischen Solidaritätsplakats. Und auf dem Cover des *Beobachter* Nummer 3 steht unter dem Kampfsymbol der Faust:

»Ich glaube, daß der bewaffnete Kampf die einzige Lösung für die um ihre Freiheit kämpfenden Völker ist. Aus diesem Glauben ziehe ich meine Konsequenz. Che Guevara.«

Auffällig ist hier, daß eine Theorie der Dritten Welt völlig fehlt, ja nicht einmal der Begriff genannt wird; wohingegen die von antiimperialistischer Einstellung getragenen Informationen und Einschätzungen über die Situation des senegalesischen Volkes qualifiziert genug sind, um zum Verständnis der weltpolitischen Zusammenhänge des Imperialismus beizutragen.

Der *Beobachter* Nummer 2 enthält einen ausführlichen Beitrag über den amerikanischen Rassismus, die Bürgerrechtsbewegung und die Black-Power-Bewegung. Anlaß ist der Skandal bei der Olympiade in Mexiko, als der schwarze Goldmedaillengewinner die schwarzbehandschuhte Faust zu den Klängen der amerikanischen Nationalhymne hob. Die Kritik gilt zunächst der Presseberichterstattung, die die Hintergründe zu diesem Vorfall verschweigt. Der gleiche Vorwurf der »Verschleierung« sozialer und historischer Ereignisse richtet sich auch an die Schule; ein Geschichtsunterricht, der allenfalls vermittelt, daß der amerikanische Bürgerkrieg die Neger aus der Sklaverei befreite, erscheint unzulänglich. Die folgenden Ausführungen werden von daher als Geginformationen verstanden. Am Anfang steht dabei die Entlarvung der profitorientierten Interessen der amerikanischen Nordstaaten an der Verwandlung der Negersklaven in Lohnarbeiter als Mittel zur Spaltung der Arbeiterklasse in schwarz und weiß. Anschließend werden statistische Daten zur zeitgenössischen Unterprivilegierung der Schwarzen genannt und durch eine drastische Beschreibung der Zustände in den Ghettos ergänzt. Der Bürgerrechtsbewegung sei es zwar gelungen, »Äußerlichkeiten des Rassenkonflikts« (*Beobachter*, 2) wie z. B. das Wahlrecht in den Südstaaten zu erkämpfen; sie sei darüber hinaus aber nicht in der Lage gewesen, die sozialen Strukturen des Rassismus zu verändern. Der militanten und sozialistisch orientierten Black-Power-Bewegung und ihrem Grundsatz »Rassenkampf ist Klassenkampf« dagegen gilt vollständige Zustimmung.

Ebenso wie auf eine Theorie der Dritten Welt verzichtet der *Beobachter* auf eine theoretische Erläuterung der Randgruppentheorie, die nicht nur zur Thematisierung des Kampfes der amerikanischen Neger motiviert haben dürfte, sondern an der sich auch die Einschätzung jugendlicher Subkulturen als Ausdruck systemgegnerischen Oppositionsverhaltens orientiert und die die Schüler veranlaßt, sich mit dem Verhalten der Rocker auseinanderzusetzen. Im Kommentar zu einem Interview mit dem Bandenführer Bonzo, den die Ziehenschüler aus dem Jugendzentrum kannten, wird der Rockersubkultur unbewußtes systemgegnerisches Verhalten unterstellt; nicht nur weil sie ihr Unbehagen mit dem (der mittelständischen Jugendlichenrevolte vertrauten) Mittel der Provokation äußern, sondern auch, indem das Tragen ihrer Spezialkleider als Konsumverzicht gewertet wird.

»Die Rocker tragen meist Jeans oder Lederkleidung. Diese Sachen sind wesentlich haltbarer als der ganze modische Krempel. Somit verhalten sich die Rocker, wenn auch meist unbewußt, konsumfeindlich.« (*Beobachter*, 5)

Um 1969 entstand im SDS eine Strömung, die die Randgruppentheorie der Revolte mit der im Zuge des Neoleninismus neu aufkommenden Konzentration auf das Industrieproletariat verband: Man entdeckte nämlich zunächst das jugendliche Proletariat. In diese Phase fielen sowohl die Befreiungsaktionen der Heimzöglinge (Frankfurter »Staffelbergkampagne«) als auch die Agitation von Lehrlingen im Betrieb. Die Redakteure des *Beobachter* greifen diesen Impuls auf, indem sie über die Schikanen gegen die Bewohner eines Lehrlingsheims durch die Heim- und Betriebsleitung berichten. Die Identifikation mit den Lehrlingen fällt insofern leicht, als sich die Konflikte im Wohnheim am gleichen Punkt entzünden, der zum Auslöser der Schülerrevolte geworden war: an der Forderung nach Sexualbetätigung. Der Bericht über den Widerstand der Lehrlinge enthält ebenso wie der Kommentar zum Rockerinterview Zahlenmaterial und Hintergrundinformationen über die Lehrlinge als soziale Gruppe.

Nicht nur die vergleichsweise geringe Befassung mit gesamtgesellschaftskritischen und tagespolitischen Themen im *Beobachter*, sondern auch die qualitative Überlegenheit der Vermittlung konkreter Sachverhalte gegenüber abstrakten beweisen den praxisbezogenen Charakter der Opposition der Schüler zu Revoltezeiten. Während den politisierten Schülerredakteuren der *Bienenkorb-Gazette* kein Thema abstrakt genug zu sein schien, scheuten sie dagegen noch fast jede Konkretisierung schulischer oder jugendspezifischer Problematik. Dieses veränderte Verhältnis zu Theorie und Praxis, zu Abstraktion und Konkretion erklärt sich nicht nur aus der in der Revolte entstandenen Kampfbereitschaft der Schüler, sondern auch aus dem veränderten Verhältnis zur eigenen Jugendlichkeit. Für alle Jugendlichenbewegungen seit dem 18. Jahrhundert ist aufgrund ihres antipädagogischen Charakters ein tendenzielles Mißtrauen in Theorie und Wissenschaft typisch. Der verdrängten Jugendlichkeit der politisierten Schüler vor der Revolte entspricht das Intellektualistische ihrer Opposition. Der Schülerrevolte als Jugendlichenbewegung aber ist die praktische Ausrichtung auf die Herstellung des »besseren Lebens« gemäß (Interview 1976), die mit dem Widerstand gegen die Repressalien des schulischen und familiären Alltags begonnen wird. Trotzdem kann man den Aktivisten der Schülerrevolte Theoriefeindlichkeit nur im Vergleich mit ihrer Vorgängergeneration unterstellen, denn auch sie unterscheiden sich durch theoretisches Interesse und tagespolitische Informiertheit weit von den unpolitischen Redakteuren früherer Schülerzeitungen.

Kritik der Schulinstitution

In den beiden vorangegangenen Kapiteln wurde gezeigt, wie sich die Kritik der Schulinstitution hauptsächlich an den Ergebnissen pädagogischer Liberalisierung entzündete. Diese Tendenz setzt sich bis in die siebziger Jahre fort. So verfehlte auch die Erweiterung der SMV zu einer SV gemäß dem hessischen Erlaß aus dem Jahre 1967 ihre integrative Funktion.

Im *Beobachter* Nummer 3 wird sowohl die Unzulänglichkeit der SMV als auch die ihrer verbesserten Auflage, der SV, zunächst ironisch charakterisiert. Zum »Sandkasten der Demokratie« heißt es:

> »Sie [die Schüler] wollten nicht mehr mit Förmchen und Schäufelchen hantierend Demokratie machen. Statt der SMV forderten sie deshalb die SV, die ›Mitbestimmung‹. Alles wird schöner und größer: wir bekommen einen Bauplatz statt eines Sandkastens mit Bulldozern, Betonmischern und vielen Backsteinen. [...] Gut, angenommen wir erreichen das, [...] ist es dann wirklich soviel besser? Hätten wir nicht nur einen größeren Sandkasten für größere Kinderchen bekommen?« (*Beobachter,* 3)

Dann werden SMV sowie SV näher analysiert. Von der SMV heißt es, daß sie grundsätzlich keine der ihr vom Gesetzgeber zugedachten Aufgaben erfüllen könne, weil die angestrebte »politische Bildung« in der Schule »an den Grundfesten unseres Systems« haltmacht, die »Erziehung zur Gemeinschaft« durch Gehorsam ersetzt wird und die »Erziehung des Einzelnen als Individuum« der »Erziehung zu Anpassung an die gesellschaftlichen Normen« entspricht. Daß die SMV, die laut Erlaß sogar »die Erziehung der Schüler zu Selbstverantwortung« fördern soll, vielmehr machtlos gegenüber pädagogischer Praxis ist, die den genannten Zielen widerspricht, wird folgendermaßen begründet:

»Sie soll die Interessen der Schüler vertreten, ist aber gleichzeitig an Erlasse, Verordnungen und damit Ziele derjenigen gebunden, gegen die die abhängigen Schüler ihre Interessen wahrgenommen sehen möchten.« (Ebd.)

Die SV sieht vor, Schülervertreter an Konferenzen teilnehmen zu lassen und zu verschiedenen, mehrheitlich von Lehrern und Eltern besetzten Ausschüssen zuzulassen, die über Disziplinarfragen und pädagogische Maßnahmen beraten sollen. Daß dies keine Verbesserung im Sinne der Schüler sei, wird aus der dabei unverändert fortbestehenden Grundstruktur der Schule begründet:

»[...] dann werden die Schüler gezwungen sein, Strafen über ihre Mitschüler zu verhängen [...] Alle Unterdrückungsmechanismen der Schule würden bis auf weiteres konserviert wie Noten, Einträge und sonstige Schulstrafen.« (Ebd.)

Genauso wie die scheindemokratische Institution der SMV bzw. SV der Beschwichtigung oppositionellen Verhaltens dient, hat nach Meinung der Schüler auch der Gebrauch gewisser schulmeisterlicher Lieblingsbegriffe wie »der Schulfriede«, die »Schulgemeinde« und »der gute Ruf der Schule« disziplinierende Funktion insofern, als damit an eine scheinbare Interessengleichheit zwischen Lehrern und Schülern gemahnt wird. In einem längeren Beitrag, der die genannten Begriffe einer ausführlichen und qualifizierten Ideologiekritik unterzieht, wird bezüglich des Schulfriedens zunächst festgestellt, daß es sich hierbei um »einen Zustand der Ordnung« in der Schule handelt. Bei der genaueren Nachfrage, um wessen Ordnung es dabei geht und für wen sie gewahrt werden soll, wird klar, daß Lehrer und Direktor allein am »Schulfrieden« interessiert sind: »Den Schulfrieden stören heißt dann, autoritär festgesetzte Gesetze, Ordnungen, Verhaltensweisen zu durchbrechen.« (*Beobachter*, 4)

Die Analyse des Begriffs »Schulgemeinde« kommt zum gleichen Ergebnis, insofern er das Bestehen bestimmter festgelegter Grundregeln unterstellt, ohne die Frage zu erlauben, wer die Regeln der Gemeinde setzt und wem sie dienen.

Was den »Ruf« der Schule angeht, so kann dieser zunächst nicht einheitlich sein. Und für wen soll der Ruf der Schule gewahrt bleiben, wenn der Direktor diesen Wunsch äußert? »Für ihn selbst, für die Lehrer? Für das Kultusministerium? Oder etwa für die Schüler???« (Ebd.)

Zusammenfassend heißt es zum Schluß zu den in ihrer ideologischen Funktion entlarvten Begriffen:

»Sie drücken trotz ihrer scheinbaren inhaltlichen Undurchsichtigkeit, trotz ihrer scheinbaren Distanz und Objektivität klare Interessen und Absichten aus.« (Ebd.)

Während die frühe Schülerrevolte über die mehr oder weniger unausgewiesene These der ideologiereproduzierenden Funktion der Schule, die Kritik der Institutionen SMV und Schülerpresse und die Kritik der Lehrinhalte noch kaum hinausfand, kommt die Revolte auf ihrem Höhepunkt zur Kritik der Leistungsbeurteilung, des Notensystems. Im *Beobachter* stehen zwei Artikel zu diesem Thema. Der erste, unter dem Titel *Zur Funktion des Notenterrors,* geht von zwei Thesen aus: 1) »Das in unseren Schulen benutzte Beurteilungssystem erfüllt nicht den Zweck objektiver Leistungsbeurteilung.« (*Beobachter,* 3) Als Begründung wird angeführt, daß die Notengebung der Stimmung des einzelnen Lehrers unterliegt, daß verschiedene Lehrer nach unterschiedlichen Kriterien beurteilen, und daß Vorurteile des Lehrers gegen einzelne Schüler in die Beurteilung eingehen. Die Frage, ob ein gerechtes Beurteilungssystem prinzipiell möglich ist, wird hierbei noch offengelassen.

Die zweite These lautet: 2) »Noten sind nicht leistungsbeurteilend, sondern leistungshervorrufend.« In der Begründung dazu heißt es, daß die Notengebung bei den Schülern ein »ständiges Gefühl der Unsicherheit und des Ausgeliefertseins« erzeugt und daß insofern die Angst »ein ständiger Bestandteil des Lehr- und Lernbetriebs« ist. Dies wird folgendermaßen veranschaulicht:

»Kurz vor den Versetzungszeugnissen geht in jeder Klasse das fleischige Gespenst des Sitzenbleibens um und macht sich durch Angst, Gehemmtsein etc. bemerkbar.« (Ebd.)

Von dieser Konkretisierung ausgehend wird die Leistungsbeurteilung als ein System von Strafe und Belohnung, d. h. von »Zukkerbrot und Peitsche« erkannt, das nicht nur die Abhängigkeit der Schüler von den Lehrern erzwingt, sondern auch ihre Kritiklosigkeit zur notwendigen Folge hat:

»Man kommt weiter, wenn man sich dem Lehrer unterordnet, wenn man nur erwünschte Leistung zur Sprache bringt oder zu Papier. Zwangsläufig werden die Schüler apathisch und kritiklos. Die andauernd mögliche Strafe, die andauernde Angst ermöglichen es, fragwürdiges Wissen zu lehren und die Schüler zu autoritätshörigen Staatsbürgern zu machen.« (Ebd.)

Im *Beobachter* 6 steht ein weiterer Artikel zum gleichen Thema. Die Notengebung wird hier als »Funktion des Leistungsprinzips« analysiert. So wird die bereits genannte schlagwortartige Definition dieses Prinzips in der Gesellschaft durch die wesentlich präzisere Vermittlung der Einübung des Leistungsprinzips in der Schule ergänzt. Während das Kleinkind das Lernen noch als »lustvoll empfindet«, wird das Schulkind durch die Notengebung daran gewöhnt, Leistung unter Zwang zu erbringen, bis ihm dies als selbstverständlich erscheint und es sogar annimmt, Leistung sei nur unter Druck möglich. Darüber hinaus werden drei weitere Thesen aufgestellt, die einen deutlichen Fortschritt des Schülerbewußtseins erkennen lassen. Die Schüler durchschauen jetzt, daß die Notengebung eine Konkurrenzsituation entstehen läßt, in der sie in gute und schlechte gespalten werden, so daß die Wahrnehmung gemeinsamer Interessen unmöglich wird.

»Die Guten bleiben, unterstützt durch Bestätigung, weiter gut, die Schlechten weiter schlecht. Diese kastenartige Einstufung unterstützt das Konkurrieren unter den Schülern, der einzelne sieht in seinem Klassenkameraden nicht den Leidensgenossen und Mitschüler, der unter demselben Druck steht und der ebenso empfindet wie er, sondern er sieht in ihm den Konkurrenten, gegen den er Leistung vollbringen muß; dieses Verhalten wiederum verhindert meist ein solidarisches Auftreten der Schüler, etwa gegen besonders gemeine und fiese Lehrer.« (*Beobachter,* 6)

Eine weitere wichtige Erkenntnis, die die Schülerrevolte erst kurz vor ihrem Niedergang machte, ist die des Klassencharakters der Schule. Aus einer in diesem Artikel auszugsweise zitierten statistischen Untersuchung über die Unterschiedlichkeit der Leistungsbeurteilung geht nämlich nicht nur deren Willkür hervor, sondern auch die darin enthaltene Klassenspezifik. Mehrere Beispiele positiver bzw. negativer Vorurteile von Lehrern gegen Schüler, die aus unterschiedlicher Beurteilung bei jeweils unterschiedlicher Information über die Herkunft der Schüler hervorgehen, werden als Beweis dafür zitiert. Daraus ergibt sich der Schluß, »daß die Noten wichtiger Bestandteil der in unserer Gesellschaft praktizierten sozialen Ungerechtigkeit sind«. (Ebd.)

Die dritte neue These bezieht sich auf die Liberalisierungstendenzen und die Schulreform, die 1969 schon als Reaktion auf die Schülerrevolte eingeleitet wurde. Die von der Schulreform intendierte Abschaffung des alten 6stufigen Notensystems wird mit dem Hinweis auf die Erfahrungen an der Frankfurter Liebigschule, an der ein ausführliches Punktsystem eingeführt worden war, negativ beurteilt. Die daraus abgeleitete These, daß der Leistungsdruck durch genauere Leistungsmessung steigt statt sinkt, wird mit der Funktion der SMV-SV-Reform in Zusammenhang gebracht.

»Die durch solche Reformen erreichten ›Freiheiten‹ sind nichts als trügerischer Schein. [...] Der Schüler erhält großzügig die ›Freiheit‹, selbst zu entscheiden, wie er die geforderte Leistung erbringt. [...] die echte Freiheit, den Leistungszwang selbst abzuschütteln und etwa selbst zu bestimmen, was im Unterricht gemacht wird, diese wirkliche Freiheit kann uns diese Gesellschaft nicht geben!« (Ebd.)

Während sich die antiautoritäre Schülerrevolte quasi naturwüchsig und unhinterfragt gegen die Lehrer als solche richtet, entsteht im Verlauf ihrer Teilsiege über die direkt-pädagogische Autorität das Bedürfnis nach Klärung der Rolle des Lehrers in Schule und Gesellschaft. Bezeichnend dafür ist die scharfe Kritik des radikalen Teils der Bewegung an den Verlegern Bärmeier und Nikel, die mit der kommerziellen Schülerzeitung *Underground* eine linke Karriere gemacht hatten. Der *Beobachter* weist in einem Beitrag zu diesem Thema darauf hin, daß *Underground* mit seiner Verleihung des »goldenen Schlagrings« für prügelnde Lehrer offene Türen einrennt, nicht nur weil die Schulgesetze die Körperstrafe inzwischen verbieten, sondern auch weil der Typ des prügelnden Schultyrannen einer vergangenen Periode angehört.

»Underground personalisiert die Ungerechtigkeit unseres Schulsystems, schiebt den Schwarzen Peter einzelnen, altmodischen Lehrern zu und verhindert daher die Erkenntnis, daß der bestehende Bildungsapparat als Ganzes beschissen ist.« (*Beobachter*, 3)

Daß den Schülern der späten Revolte die Erkenntnis von Rolle und Funktion des Lehrers zum wichtigen, theoretischen Problem wurde, beweisen zwei Artikel zu diesem Thema. Beide sind rein theoretisch gehalten und zeugen, der praktischen Orientierung des *Beobachter* entsprechend, von großen Theorieschwierigkeiten der Autoren. Was die Lehrer angeht, wird zunächst deren mangelhafte Ausbildung kritisiert, bei der die Fächer Pädagogik, Psychologie und Soziologie zu kurz kommen. Wie eine bessere Ausbildung aussehen müßte, bleibt dabei mit dem Hinweis auf die vorrangig notwendige Änderung des Arbeitsverhältnisses des Lehrers offen. Bei der Analyse dieses Arbeitsverhältnisses zeigt sich, daß das Verhalten eines Lehrers nie das eines nur sich selbst verantwortlichen Despoten ist, wie es dem Schüler zunächst erscheint. Tatsächlich ist der Lehrer nur ein »weisungsgebundener Beamter« (*Beobachter,* 5), der unter ständiger Aufsicht steht, an unendlich viele Vorschriften gebunden ist und dem somit nur ein »Minimum an selbständiger Entscheidungsfreiheit« bleibt. Er verkörpert also nur teilweise eine persönliche, hauptsächlich eine »institutionelle Autorität«. Die Schulinstitution wiederum, die ihm diese verleiht, untersteht dem Einfluß der Herrschenden, deren Interesse darin besteht, die Schüler in die bestehende Gesellschaft zu integrieren. Der Lehrer, der mit der Notengebung der Reproduktion des Leistungsprinzips dient, tut dies nicht von sich aus, sondern als Beauftragter bzw. »Funktionär der Herrschenden«, denn: »Die institutionelle Autorität ist die Autorität der Herrschenden.« (Ebd.) Daraus ergibt sich, daß die Rolle des Lehrers zwiespältig ist, insofern ihm durch die Abhängigkeit von der Schuladministration ständig Repression widerfährt, er aber gerade dadurch gezwungen ist, selbst unterdrückerische Autorität auszuüben, um seinen Arbeitsplatz zu behalten.

Obwohl die Tatsache hervorgehoben wird, daß der Lehrer den gleichen Repressalien unterworfen ist wie der Schüler, handelt es sich hier keineswegs um eine Rehabilitierung der Pädagogen, wie aus folgenden Sätzen hervorgeht:

»Es sei hier ausdrücklich gesagt, daß für die bestehenden Verhältnisse in der Schule nicht die Lehrer verantwortlich zu machen sind. Lehrer wie Schüler sind den gleichen Unterdrückungsmechanismen ausgesetzt, deshalb wäre es notwendig, daß sowohl Schüler als auch Lehrer die Ursachen der gesellschaftlichen Zwänge versuchen zu ergründen und aufzuzeigen [...]. Doch in der momentanen Situation ist das pure Illusion und nichts als Utopie. Denn die Lehrer identifizieren in ihrer Mehrzahl ihr Wohl mit dem Wohl der Herrschenden, sie halten Meinungen und Verhaltensweisen der Schüler, die sich gegen die gesellschaftliche Unterdrückung richten, für einen Angriff auf ihre eigene Situation und nutzen ihre institutionellen und persönlichen Machtmittel zur Disziplinierung der kritischen Schüler.« (*Beobachter*, 5)

Während der erste Lehrerartikel im *Beobachter* 4 noch kein Kollaborationsangebot mit linken Lehrern enthält, endet der zweite mit der Feststellung, daß die Tatsache des objektiv reaktionären Verhaltens der meisten Lehrer die Notwendigkeit einer Zusammenarbeit mit ihren progressiven Kollegen nicht kompromittiert:

»Denen, die dennoch fortschrittlich sind [...] müssen wir unsere Unterstützung anbieten, wir müssen mit diesen progressiven Lehrern zusammenarbeiten.« (Ebd.)

Damit ist die ursprüngliche Stoßrichtung der Schülerrevolte gebrochen, und zwar ohne eine neue Perspektive; denn progressive Lehrer im Sinne der Schülerrevolte gab es kaum. Diese Verunsicherung aufgrund neuer theoretischer Erkenntnisse sollte zu einem Hauptgrund ihres Niedergangs werden.

Die theoretische Analyse der sozialen Bedingungen für das Rollenverhalten von Lehrern und Schülern wird durch einen ganz anders gearteten Beitrag ergänzt, der ohne jeglichen Theorieanspruch eine treffende Analyse typischen Schülerverhaltens enthält. Es handelt sich dabei um die Erläuterung der Spielregeln zu einem Glücksspiel mit Würfeln in Heft 4 des *Beobachter*, das ironisch die Schulsituation aus der Sicht des Schülers symbolisiert. Ebenso wie bei der Spielanleitung *Wulle Wulle – Bulle Bulle* aus dem *Homberger Schulecho* beweist das »Spiel« auch hier wieder das jugendspezifische Bewußtsein der revoltierenden Schüler. Ein einfaches Spielfeld nach Art von *Mensch ärgere dich nicht* wird mit einer Spielanleitung kommentiert. Das die Schullaufbahn symbolisierende Spielfeld besteht aus einer Schlangenlinie mit im ganzen 70 numerierten Feldern. Von Feld 1 beginnen die Spieler, d. h. die Schüler, entsprechend der gewürfelten Zahl vorzurükken. Wer zuerst bei 70 ist, hat gewonnen. Zu den 27 groß gezeichneten Feldern des labyrinthartigen Weges gehören in der Spielanleitung Anweisungen zum Vor- oder Zurückrücken. Feld 1, der Start, steht dabei für den Schulbeginn, Feld 70, das Ziel, ist das

Abitur. Als Begründung für das Vor- oder Rückwärtsrücken beim Erreichen der großen Segmente gibt der Kommentar bestimmte Verhaltensweisen der Schüler in bestimmten, typischen Schulsituationen an, die von den Lehrern belohnt oder bestraft werden.

Der Erfolg in der Schule hängt also vom Glück oder Pech (dem Würfel) einerseits, von Anerkennung versprechendem oder Mißfallen erregendem Verhalten andererseits ab, in keinem Fall aber von der Leistung. Erfolgversprechend ist vor allem das »(Arsch-) Kriechen« und eine unkritische, unpolitische Grundhaltung:

»27. Sie haben mit Mühe und Not die 9. Klasse erreicht und merken plötzlich, daß man durch Kriechen weiterkommt. Sie müssen sich entscheiden!!!«

Oder:

»36. Sie finden auch, daß man Politik den Eltern überlassen soll, weil schmutzige Sache! 5 Felder vor!«

Zum Nachteil gereicht vor allem individualistisches, normenwidriges Verhalten wie z. B.:

»25. Während der Teilnahme am gemeinschaftlichen Schwimmunterricht weigern Sie sich, sich im Beisein der anderen auszuziehen. 2 Felder zurück!«

Oder:

»66. Man hat erfahren, daß Sie zu Hause mit den Fingern essen. Spiel ist aus.«

Dem Schulerfolg ebenso abträglich sind kritisches Denken und Kritik an den Lehrern:

»37a. Sie grüner Dreckskerl glauben, einen Lehrer kritisieren zu können. Das haben Sie jetzt davon, Ihr Spiel ist aus!!«

Oder:

»50a. Sie lassen sich von einem langhaarigen Demagogen verführen und denken kritischer, Sie Sau!! Ihr Spiel ist aus.« (*Beobachter*, 4)

Auffällig ist, daß nur in zwei Fällen Schülerschandtaten angegeben werden, die für die Schülerbewegung typisch sind. Alle anderen Beispiele schulischen Fehlverhaltens sind klassisch. Das Würfelspiel zeigt die Schulinstitution aus der Sicht eines Schülers, der sich vor allem durch Individualismus und Anpassungsunfähigkeit von seinen Mitschülern unterscheidet und erst in zweiter Linie durch politisches Bewußtsein und entsprechendes Verhalten schlecht auffällt. Der Erfolg in der Schule hängt allein vom Zufall, von normengerechtem Verhalten und von bestimmten Bestechungsstrategien gegenüber den Lehrern ab, deren scheinbar uneingeschränkte despotische Herrschaft noch nicht problematisert wird. Der Kommentar zum Würfelspiel charakterisiert den Typ des revoltierenden Schülers, der sich zunächst aus unpolitischer Motivation dem Prozeß seiner Sozialisation widersetzt, und den sein individualistisches Outsider-Verhalten schließlich auch zum politisch motivierten Rebellen macht. Diese These von der Korrespondenz unbewußten und bewußten Protestverhaltens zieht sich, mehr oder weniger theoretisch formuliert, durch den ganzen *Beobachter*. Und die Revolte selbst hat sie zumindest insofern bewiesen, als im Gegensatz zu ihrer intellektuellen Vorläuferbewegung auch die ursprünglich rein antiautoritär motivierten Rowdies mit ihren Schulstreichen – die »Schulverbrecher«, wie sie Siegfried Bernfeld nennt – tatsächlich eine bedeutende Rolle spielten.

Über die Formulierung der genannten These hinaus vermittelt das »Würfelspiel« einen der libertären Tradition entsprechenden Zug der Revolte, nämlich die Sympathie mit dem Outsider und Nonkonformisten, der z. B. mit den Fingern ißt, lange Haare trägt und sich nicht an allgemein anerkannte Gepflogenheiten hält, wie z. B. den Abbau der körperlichen Scham in sportlicher Atmosphäre.

Neben der Problematisierung der scheindemokratischen Einrichtungen der Schule als SMV und SV und der entsprechenden reformpädagogischen Liberalisierungen, der Kritik der Leistungsmessung und der Analyse von Lehrer- und Schülerrolle thematisiert der *Beobachter* in seiner kritischen Analyse der Schulinstitution auch die Funktion des Sportunterrichts. Wie schon aus dem *Homberger Schulecho* hervorgeht, war die Infragestellung des bürgerlichen Verhältnisses zum Sport ein wichtiges Thema der antiautoritären Phase.

Anläßlich des Sportabitur-Boykotts 1969 erscheint im *Beobachter* Nummer 5 ein halb theoretischer, halb polemischer Beitrag, der die Schülerargumente gegen den Schulsport wiedergibt. Diese Ablehnung des Sportunterrichts ist keine grundsätzliche, sondern bezieht sich auf die Orientierung am Leistungssport, dem die Benotung der Sportleistung entspricht, und auf den paramilitärischen und sexualverneinenden Charakter dieses Unterrichtsfaches.

Kollektive Konfliktstrategie

Die Schülerrevolte, die sich im *Beobachter* dokumentiert, hatte zu ihren Glanzzeiten die klassisch-antiautoritäre Form des Schülerprotests insofern überwunden, als ihre Aktionen keiner persönlich exponierten Märtyrer als Helden des Schulstreichs mehr bedurften. Die anfangs genannten Aktionen wurden durch ihre kollektive Organisation, die die Verfolgung einzelner ausschloß, und dank einer breiten Solidarität unter den Mitschülern zu tatsächlichen Siegen über die Schulbürokratie.

Journalistisch schlägt sich diese Entwicklung durch die endgültige Überwindung der klassischen Schulanekdote resignativen Charakters nieder. Die Form der mit den Mitteln der Dokumentation und der Ausnutzung der Situationskomik arbeitenden Schulstory erfreut sich zwar im *Beobachter* reichlicher Anwendung, enthält aber in allen Fällen eine Analyse des Konflikts in schulpolitischem oder gesamtgesellschaftskritischem Rahmen. So werden z. B. in der Sondernummer 4 zwei Fälle unbotmäßigen Schülerverhaltens gegeneinandergehalten und die unterschiedlichen Reaktionen der Schulbürokratie darauf analysiert.

Im ersten Fall nannte ein Schüler einen Lehrer »einen Arsch« (Sondernummer 4). Dieser Pauker vom Schlag des alten Schultyrannen hatte sich nicht nur durch ungewöhnlich unmenschliches Verhalten Schülern gegenüber, sondern auch durch überdeutliche Nazitöne sogar beim konservativen Direktor unbeliebt gemacht. Der Schüler wollte mit seiner Provokation eine Eingabe an das Kultuspräsidium zwecks Maßregelung dieses Lehrers beschleunigen. Er wurde dafür nicht bestraft, und der *Beobachter* kommentiert dies mit der naheliegenden Interpretation, daß der Direktor einen Schulskandal wegen eines Lehrers fürchtete und so nur an der Vertuschung auch jenes ›Schülerverbrechens‹ interessiert sein konnte. Im zweiten Fall nannte ein Schüler einen anderen Lehrer »ein Schwein«. Der so Bezeichnete wollte dem Schüler mit der Unterstellung, abgeschrieben zu haben, während einer Lateinarbeit das Heft entreißen. Die der Beschimpfung vorangegangene Szene wird anschaulich beschrieben:

»Aus dem Tauziehen um das Heft ging der Schüler als Sieger hervor, konnte die Arbeit jedoch nicht fortsetzen, weil er von Lehrer F. ständig behindert wurde. Der Lehrer hetzte den Schüler noch einige Male durch die Klasse, dann holte er einen Kollegen zu Hilfe. Das Schellen beendete den Auftritt.« (*Beobachter*, Sondernummer 4)

Der »Schwein-Fall« wurde im Gegensatz zum »Arsch-Fall« mit der Erteilung des consilium abeundi bestraft. Als dies der Mutter des Schülers im Direktorzimmer mitgeteilt wurde, kam es zu einem weiteren Zwischenfall, weil sich der von der Besprechung ausgeschlossene Schüler Zugang zum Direktorzimmer verschaffen wollte:

»Der Direktor verwehrte ihm eigenhändig den Zutritt, indem er unter Kraftanwendung an der Tür zerrte, derweil der Schüler von außen feste zog. Es gewann der Direktor [...]. Schließlich verschaffte sich der Schüler durch rhythmisches Klopfen Eintritt. [...] Kurz nachher verließ auch der Schüler den Raum mit den Worten: ›Ich verzichte auf ihre weiteren Bemühungen und werde jetzt Verbrecher.‹ Seine Mutter folgte ihm.« (Ebd.)

Ein Lehrer hatte wenige Tage zuvor die Vermutung geäußert, der besagte Schüler werde als Verbrecher enden. Zusätzlich zum consilium abeundi wurde dem Schüler im weiteren Verlauf der Affäre auch noch die Konsultation eines Psychiaters empfohlen. Der Kommentar des *Beobachter* zu »Arsch- und Schwein-Fall« lautet:

»So verschieden reagierte die Schulherrschaft, weil es im ersten Falle galt, einen Lehrer zu belangen, im zweiten Falle man aber gegen einen Schüler vorgehen wollte.« (Ebd.)

Auch wird dem Direktor angeraten, sich seinerseits psychiatrisch untersuchen zu lassen, »da seine erzieherische Position in Frage gestellt werden muß« (Sondernummer 4).

Unter dem Titel *Die Eltern als Sexualmuffel* erscheint in ebenso brillant-ironischem Stil der Bericht von der abgehörten Lehrer- und Elternkonferenz zur Pornographie im *Beobachter*. Deren offensichtlich chaotisch-hysterischer Ablauf wird in folgendem Tenor beschrieben.

»Als der Vorsitzende, M., bei dieser Abstimmung [ob Schüler zugelassen seien oder nicht] wohl doch zu sehr im kasernenhaften Ton bestimmte, wurde ihm von einigen Lehrern empfohlen, sich zu mäßigen. Daraufhin legte er gekränkt den Vorsitz nieder. [...] Drei Lehrer zogen es vor, ihre Ohren nicht weiteren Strapazen auszusetzen und verließen unter Protest den Saal. Nach dieser Einleitung kam man schon zum ersten Punkt der Tagesordnung, dem *Beobachter*. Der stellvertretende Vorsitzende wurde wieder durch den Vorsitzenden M. selbst abgelöst. (Wahrscheinlich vertraute man darauf, daß er sich inzwischen gebessert habe.)« (*Beobachter*, 6)

In diesem Stil wird der Verlauf der grotesken Konferenz ausführlich wiedergegeben. Dabei sprechen die Fakten zunächst unkommentiert für sich: Die Versammlung bildete nicht nur einen Ausschuß, der das *Beobachter*-Kollektiv »resozialisieren« sollte, sondern sie erwog zur Sicherung des Abiturs sogar, einen Elternnachtwachdienst einzurichten. Der zweite Teil des Artikels unterzieht das hysterische Verhalten der schockierten Eltern und Lehrer einer sozialpsychologischen Analyse:

»Sie verhielten sich entsprechend den Beobachtungen Wilhelm Reichs (Sexuelle Revolution, S. 32): ›Im krankhaften, seelischen Gehabe der durchschnittlichen Menschen der Masse fällt auf: allgemeine Sexualscheu, die Triebhaftigkeit der moralischen Forderungen, [...] der Unglaube an die eigene Kraft und Urteilsfähigkeit und die damit verbundene Sehnsucht nach einer allwissenden, väterlichen Gestalt.‹« (Ebd.)

Der Artikel schließt mit folgendem Resumé:

»Es wird Zeit, daß Eltern und Lehrer aufgeklärt werden, [...] sonst ist es jedem Beamten der Staatsanwaltschaft ein Leichtes [...], ›den Unglauben an die eigene Kraft und Urteilsfähigkeit‹ im Sinne der Herrschenden auszunutzen.« (Ebd.)

In diesem Zusammenhang lohnt es sich, den Schulstreich als Typus des Schüler-Lehrer-Konflikts genauer zu betrachten. In seiner klassischen Ausprägung verläuft er in folgenden Etappen: 1. Entsprechend seiner jugendspezifischen Rolle provoziert der Schüler den Lehrer in irgendeiner Weise. 2. Der Lehrer wird an ungelöste psychische Konflikte seiner eigenen Kindheit und Jugend erinnert und reagiert mit rückblickendem Schrecken und aktueller Abwehr. 3. Die so erzeugte Verunsicherung äußert sich durch zeitweiligen Rollenverlust. Der Lehrer verliert die seiner Erwachsenenrolle entsprechende Beherrschung, beginnt zu schreien oder verfällt sonstigen, stark emotional gefärbten Reaktionen und wirkt durch seine so entstandene Infantilisierung in jedem Fall komisch. 4. Der kurzfristigen Blamage des Lehrers folgt dann gewöhnlich die disziplinarische Maßnahme gegen den langfristig immer am kürzeren Hebel sitzenden Schüler, dem nur der ideelle Triumph der Bewunderung seitens des Schülerpublikums bleibt. Zur Bestrafung gehört unverzichtbar die Unterstellung der Unreife des ›Schülerverbrechers‹, dessen Vernunft noch mangelhaft entwickelt sei. Dieser Vorwurf wird dann vom so erneut infantilisierten Schüler insofern akzeptiert, als er seine Differenz mit dem erwachsenen Lehrer letztendlich auf den angeblich ewigen Generationskonflikt zurückführt, in dem er seine Opposition begründet sieht. Von daher hat er auch keinen Grund, seinem Antiautoritarismus eine längere Perspektive zu geben.

Im ersten der beiden erwähnten Berichte, dem »Schwein-Fall«, verläuft der Schulkonflikt noch bis zur 4. Etappe klassisch, wenn auch die Bestrafung mit dem consilium abeundi folgenlos blieb. Die zerknirscht-resignative Reaktion des Schülers auf seine Strafe aber bleibt aus, nicht nur weil er (im pädagogischen Sinn) »trotzig« reagiert, sondern auch, indem der Direktor den Rat zur psychiatrischen Untersuchung zurückbekommt. Der geschilderte zweite Schulkonflikt bei der Abhöraffäre verläuft dagegen kaum noch klassisch: Der Blamage der Respektspersonen (in diesem Fall Lehrer und Eltern) folgt weder die schuldisziplinarische Bestrafung der Schüler noch die Einsicht in die eigene Unreife. Die polizeiliche Verfolgung der Schulverbrecher beweist die pädagogische Kapitulation der Schuladministration, die sich gezwungen sieht, die Jugendlichen jetzt auf einmal so ernst zu nehmen wie Erwachsene, indem sie die Polizei einschaltet, statt Nachsitzen zu verhängen oder Schulverweise zu erteilen. Und auf Schülerseite steht anstelle der Einsicht in die eigene jugendliche Torheit die ernsthafte Kritik der Kinder an ihren Eltern und Lehrern, die es sich gefallen lassen müssen, des triebhaften Irrationalismus, der Unvernunft und der Unaufgeklärtheit bezichtigt zu werden.

Die Schüler der Revolte, die ihren Antiautoritarismus politisch begründeten, verwandelten den Schulstreich von der kurzfristigen Provokation eines einzelnen Lehrers in die Provokation der gesamten, an ihnen praktizierten Pädagogik und so zur Provokation der Gesellschaft, die dieser Pädagogik bedarf. Die Erkenntnis gesamtgesellschaftlicher Zusammenhänge gab ihnen ein Selbstbewußtsein, das sie an ihre eigene Vernunft glauben und so die Ideologie von der natürlichen Unreife der Jugend in ihrer unterdrückerischen Funktion erkennen ließ. Dies befähigte sie, durch selbständiges, geplantes und kollektiv-solidarisches Verhalten aus ihrer künstlichen Infantilisierung herauszutreten.

Neben der durch Situationsanalyse erweiterten Schulstory benutzt der *Beobachter* ein zweites journalistisches Mittel zur Information über Konflikte. Einige der größeren Schulskandale werden unter vollständigem Verzicht auf Ironie und Situationskomik in Form eines sachlichen, aber polemischen Berichts wiedergegeben, der in einigen Fällen mit agitatorischen Parolen endet, wie ein Flugblatt. Die Sondernummer 3 z. B. schildert und kommentiert in dieser Form die Sanktionen gegen Schüler, die auf das Abhören der Konferenz folgten. Zum Ausschluß der Schüler von der Konferenz heißt es:

»Die Lehrerkonferenz tagte in einer für die Schüler äußerst wichtigen Angelegenheit und schloß die Schüler aus. Sie nahm sich das Recht, darüber zu entscheiden, wer nun die demokratisch legitimierte Vertretung der Schüler in dieser Konferenz sei, obwohl darüber eigentlich nur die Schüler selbst entscheiden konnten, weil es ihre Vertretung war. Die Schulbürokratie hat damit [...] den Versuch unternommen, ihr nicht genehme Schülerstimmen auszuschließen.« (*Beobachter*, Sondernummer 3)

Weiter werden die Sanktionen gegen die Mikrophoninstallierer genannt: mehrere polizeiliche Ermittlungsverfahren, eine vorläufige Festnahme vor der Schule, Hausdurchsuchungen und polizeiliche Verhöre. Von seiten der Schulleitung sei dabei der Verdacht besonders auf »politische Schüler« gelenkt worden. Zu diesem »aufschlußreichen Zusammenspiel von Schulleitung und Polizei« heißt es,

»daß die Lehrer [...] selbst das bloße Abhören ihrer Konferenz nicht ertragen mochten, obwohl es das Recht der Schüler gewesen wäre, daran teilzunehmen. Daraus kann nur der Schluß gezogen werden, daß in der besagten Konferenz mit einigen Schülern ›abgerechnet‹ werden sollte, daß man das Licht der Öffentlichkeit, ganz besonders aber der Schulöffentlichkeit scheute.« (Ebd.)

Diesen im Gegensatz zu den Angriffen gegen die Schuladministration im Schulanekdotenstil sachlich-polemischen Stil entwikkelt das *Beobachter*-Kollektiv erst spät. Obwohl die unterschiedlichen Ausdrucksweisen sich noch nicht ausschließen und sich auch in einigen Fällen effektvoll mischen, zeichnet sich hier schon der Versuch einer Lösung vom Antiautoritarismus ab.

In noch stärkerem Maße als beim *Homberger Schulecho* übernimmt der *Beobachter* die Funktion der provokatorischen Auslö-

(*Beobachter 5*)

sung der Schulkonflikte, von denen die Schülerrevolte lebte. Dies geschieht auch hier in betonter Jugendspezifik und an dem Thema, das sich seit Ausbruch der Revolte als das provokatorischste erwiesen hatte, der Sexualität. Die Faszination, die die auch im *Beobachter* abgedruckten Rühmkorfschen Kinderverse bei den Schülern der damaligen Zeit hervorriefen, entspricht dem antiautoritären Charakter der Bewegung. Ebenso wie im *Schulecho* ist der Abdruck der Kinderreime in Auszügen auch im *Beobachter* mit einem theoretischen Kommentar versehen, der diese kindliche Poesie als Protest gegen die sexuelle Zurichtung während des individuellen Sozialisationsprozesses interpretiert. Das *Beobachter*-Kollektiv greift diese kindliche Form des Protestes auf, indem es sich schließlich selbst in infantiler »Pornographie« versucht.

So enthält der *Beobachter* 5, dessen witziges Cover die Köpfe von Mao Tse-tung, Marx und des Direktors zeigt, zwei ganzseitige Abbildungen einer Lehrertoilette in kindlicher Zeichenart. Das Inhaltsverzeichnis führt diese beiden Beiträge gleichberechtigt mit den anderen an als:

»4) Lehrertoilette außen
5) Lehrertoilette innen (mit Lehrer)«
(*Beobachter*, 5)

Die erste Zeichnung zeigt eine mit dem Schild »Damen« versehene Holztür, die zweite einen auf der Kloschüssel hockenden Lehrer inmitten vieler Klosprüche. Laut Aussagen eines ehemaligen Mitglieds des Redaktionskollektivs war damit nichts weiter als die visuelle Auflockerung der Zeitung beabsichtigt. Der Direktor aber erkannte irrtümlich in dem klohockenden Lehrer sein Ebenbild. Diese Reaktion entspricht der beschriebenen momentanen Infantilisierung des Pädagogen im klassischen Schulkonflikt, die seine Blamage ausmacht. Der dieser *Beobachter*-Nummer folgende Skandal wurde noch zusätzlich durch eine andere »obszöne« Zeichnung heraufbeschworen: Unter dem Titel *Und nun noch etwas aus der Mathematik* wird in einem Kreis die Zeichnung eines Koitus gezeigt. Die beiden nackten Körper ohne Köpfe bilden einen Winkel von 90 Grad, der dem rechten Winkel einer zweiten Zeichnung entspricht, die den Höhensatz erklärt ($h^2 = p \cdot q$). Der Kommentar dazu lautet:

»Denn: oft fällt es gerade abgelenkten Schülern schwerer, Zugang zur Mathematik zu finden. Vielleicht ist dies der Weg, diesen Schülern zu

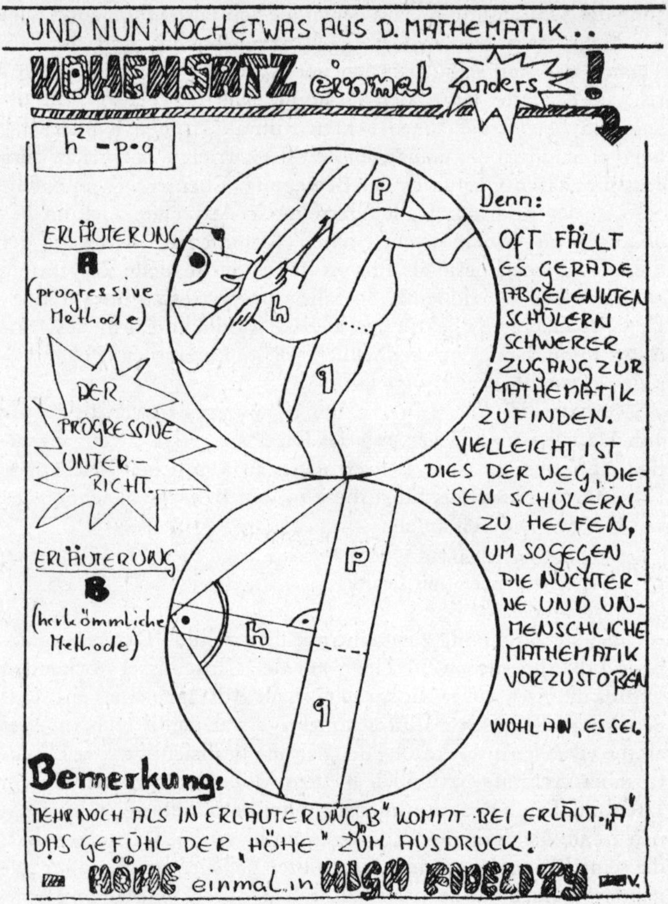

(*Beobachter 5*)

helfen, um so gegen die nüchterne und unmenschliche Mathematik vorzustoßen.« (Ebd.)

Während die frühe Schülerrevolte weitgehend isolierte Sexualbefreiungskampagnen mit den Forderungen nach Aufklärung und Freigabe der Antibabypille führte, geht dieser Reformvorschlag der radikalisierten Revolte darüber hinaus (siehe *Homberger Schulecho),* indem er die Aufhebung der Sexualtabus als Erotisierung des täglichen Lebens vorsieht. So lautet auch die Parole unter dem bereits erwähnten theoretischen Beitrag zur Sexualität:

»Wir wollen nicht länger das theoretische Faseln unserer Pauker hören, sondern wir wollen zur Praxis schreiten. Wir wollen jederzeit und überall vögeln, auch in der Schule. Mitschüler!! Im Direktorzimmer liegen Teppiche.« (*Beobachter*, 5)

Strategische Überlegungen

Die bewußte Rezeption der Tradition antiautoritären jugendlichen und sogar kindlichen Protestverhaltens geht auch in die strategischen Überlegungen der revoltierenden Schüler ein. So stellt ein Beitrag der Sondernummer 1 den verstärkt auftretenden unbewußten Antiautoritarismus jüngerer Mitschüler als indirekten Niederschlag der Erfolge der politisch-antiautoritären Revolte fest:

»Seit den Sommerferien ist an unserer Schule etwas in Bewegung geraten. Schüler ordnen sich nicht mehr willenlos der Schulautorität unter, trotz Verboten und intensiver Beobachtung durch Lehrer warfen selbst jüngere Schüler Schneebälle [...]. Der Erfolg dieser spontanen Aktionen war zumindest: [...] die Schulautorität wurde verunsichert. Lehrkräfte rannten wie aufgescheuchte Hennen von einem Papierkorb zum anderen. [...] Endlich hatten die Schüler Spaß an der Schule.« (*Beobachter*, Sondernummer 1)

Der Versuch der Schulleitung, die Schüler durch Strafen wieder zu »befrieden«, sei an der meist kollektiven Organisation sogar der Schulstreiche der Unterstufenschüler gescheitert.

»Wie wird unser Lehrkörper erst reagieren, wenn Kracher, ›Unkrautex‹-Bomben und Molotow-Cocktails zu Hauf explodieren?« (Ebd.)

In diesem Zusammenhang gilt es auch auf einen Artikel hinzuweisen, der nur indirekt einen Hinweis auf die Strategie des Schulkampfes liefert. Unter der Überschrift *Wann endlich brennt die*

Ziehenschule (*Beobachter*, 2) ist ein Auszug aus dem *Flugblatt Nummer 8* der Kommune I abgedruckt, dessentwegen Fritz Teufel und Rainer Langhans der Aufforderung zur »menschengefährdenden Brandstiftung« beschuldigt wurden. Dabei wird aus dem Gutachten eines Professors der TU Berlin zitiert, der das Flugblatt für ein surrealistisches Dokument hält, das sich in der provokativen Aufforderung zur Gewalttat surrealistischer Rhetorik bedient, deren Aussagen nicht wörtlich zu nehmen seien. Im Kommentar zu dieser kleinen Dokumentation wird die surrealistische Praxis der Kommune I folgendermaßen interpretiert:

»Situation einer Opposition, die sich als radikale Alternative zur bestehenden Ordnung versteht [...] Wer opponiert und sich an die Spielregeln hält, subsumiert die Spielregeln und diejenigen, die diese Regeln gemacht haben, er subsumiert das Establishment und hört auf, Opposition zu sein.« (*Beobachter*, 2)

Sowohl das Bekenntnis zum provokativen Antiautoritarismus als der einzig sinnvollen oppositionellen Strategie als auch die Sympathie mit der – wegen mangelnder Ernsthaftigkeit aus dem SDS ausgeschlossenen – Kommune I entspricht den von den Homberger Schülern vertretenen Einschätzungen über mögliche Kampfstrategien in Schule und Gesamtgesellschaft.

So erweist sich auch hier die antiautoritäre Qualität jugendspezifischen Protests, den auch der von der Kommune I wiederentdeckte Surrealismus kennzeichnet, in ihrer Dialektik zwischen Harmlosigkeit und Gefährlichkeit der vorzivilisatorischen Art des Widerstands. Wie nahe Spiel und Ernst, harmlose Ineffektivität und zerstörerische Militanz der jugendspezifischen Protestformen zusammenliegen, beweist nicht nur der Frankfurter Kaufhausbrand. Auch die Kracher in den Papierkörben verloren ihre kindliche Harmlosigkeit, als sie sich mancherorts zu brandauslösenden Bomben im Schulhaus entwickelten. Brandstiftung und sonstige Zerstörungsakte an den Schulen waren zur Zeit der Revolte keine Seltenheit.

Über den provokatorischen Antiautoritarismus hinaus propagiert der *Beobachter* die unbedingte Praxisorientierung des Widerstands. Unter dem Titel *Brett vorm Kopf* wird das Verhalten der PAZ (Politische Arbeitsgemeinschaft Ziehenschule) kritisiert, deren politisches Engagement sich zu Beginn auf allgemeine Systemkritik beschränkte, indem sie die Standpunkte der Neuen

Linken zum politischen Tagesgeschehen durch Aushänge an dem sogenannten »Roten Brett« öffentlich machte. Die ironische Analyse der Funktion dieses Informationsbretts lautet:

»Direkt unter dem Direktorzimmer hängt ein rotes Brett. Dieses rote Brett ist ein Meinungsforum. Dieses rote Brett ist die Demokratie. Warum ist dieses rote Brett die Demokratie? Weil es sonst keine gibt. [...] Wenn viele Schüler vor dem roten Brett stehen, stehen sie vor der Demokratie und haben ein Brett vorm Kopf. Ein rotes Brett, aber ein Brett. [...] Diese Schüler sind im Unterricht genauso. Nur ist hier ihr Hintern die Grundlage ihres Verhaltens. Vor dem roten Brett waren es die Füße.« (*Beobachter*, 2)

Dann wird den »Demokraten vom roten Brett« vorgeworfen, auf die schulinstitutionelle Pseudodemokratie reingefallen zu sein und so tatsächliche Interessenvertretung zu versäumen. Das Resumé dazu lautet:

»Auf eine Demokratie weit weg von der Schule kann der Schüler scheißen. [...] Und wenn der Unterricht attackiert wird, vor allem im Klassenzimmer, aber auch am roten Brett und im *Beobachter*, wenn der Lehrer angegriffen wird, vor allem im Klassenzimmer, aber auch am roten Brett und im *Beobachter!*, wenn das geschieht, wird sich zeigen, ob es stimmt, daß Meinungsfreiheit am roten Brett und für Schülerzeitungen und für das Klassenzimmer gilt.« (Ebd.)

Zwei weitere strategische Empfehlungen zur Effektivierung des Schulkampfes sind in einem Beitrag enthalten, der anläßlich eines Schulskandals am Frankfurter Heinrich-von-Gagern-Gymnasium, welcher zum Schulverweis zweier Schüler führte, die Parallelen der Repression an der eigenen Schule aufzeigt. Aus dem Vergleich der Erfahrungen des Widerstands an beiden Schulen wird die Lehre gezogen, daß Versuche der Schüler, auf institutionellem Wege zu ihrem Recht zu kommen – durch Eingaben ans Kultusministerium oder zivilrechtliche Verfahren – weitgehend wirkungslos sind, massenhafte Schülerdemonstrationen dagegen erfolgversprechender. Darüber hinaus sieht man ein, daß der »Schulprovinzialismus« eines auf die eigene Schule beschränkten Kampfes zugunsten koordinierter Aktionen aufgegeben werden müsse.

Trotz der Politisierung der antiautoritären Tradition des jugendspezifischen und speziell schulspezifischen Widerstands und der konkreten Teilsiege über die konservative Pädagogik in der

Revolte von 1968 gelang es den Schülern weder in Homberg noch anderswo, ihre Infantilisierung ganz zu überwinden. Der Integrationsmechanismus der Altersklassendifferenzierung war noch wirksam genug, den Schülern die Entwicklung einer längerfristigen Perspektive des Kampfes innerhalb ihrer selbst entwickelten libertären Grundsätze und Ausdrucksformen unmöglich zu machen. Erschwerend dazu kam die mangelhafte Verbreitung libertärsozialistischer Theorie, die den Jugendlichen näher gelegen hätte als die marxistisch-leninistische.

Im übrigen ist auch die hybride Überschätzung der Teilsiege der Revolte, die mit einem unbegründeten Avantgardebewußtsein ihrer Akteure einherging, aus der künstlich erzeugten Realitätsfremdheit der Jugendlichen zu erklären, die ihnen den Blick für die realen Machtverhältnisse teilweise vernebelte. Trotz der Umstellung der Pädagogik auf die »indirekte Methode« seitens der Kultusbürokratie waren die konservativ-autoritären Verhältnisse noch längst nicht an allen Schulen beseitigt, und insofern war die Waffe des Antiautoritarismus noch keineswegs so unwirksam geworden, wie es dem radikalen Teil der Revolte um 1969 zu sein schien.

Die vollständige Aufgabe des Antiautoritarismus und Spontaneismus und damit zunächst jeglicher Schulpraxis bezeichnete nicht nur eine Kurzschlußreaktion, sondern auch einen Rückfall in die Ideologie der Altersklassendifferenzierung; d. h. eine Kapitulation vor der eigenen Infantilisierung, der nur noch die Alternative des im ideologischen Sinn Ernsthaft- und Erwachsenwerdens blieb. Dieser Vorstellung entsprach dann auch das extrem dogmatische Studium des Marxismus-Leninismus, das die Jugendlichen nun als Kontrastprogramm zum Marcusianismus der Revolte betrieben.

Ein weiterer Grund für die plötzliche Verwerfung aller Prinzipien der Revolte durch ihre Akteure wurde die gesellschaftliche Integration der in den späten sechziger Jahren hauptsächlich von der hedonistischen Linken entwickelten Gegenkultur, wodurch die Spaltung in »Haschdeppen« und »Politgenossen«, in hedonistische und politische Neue Linke gelang. Während das Zusammengehörigkeitsgefühl aller Langhaarigen und Kiffer bis Ende 1968 noch ungebrochen war, begann sich der Spaltungsprozeß um 1969 schon abzuzeichnen.

Aus den Dokumenten des *Beobachter* selbst geht dies noch

nicht hervor. Meine Informationen zu diesem Punkt beruhen vielmehr auf späteren Aussagen ehemaliger Schülerzeitungsredakteure. So begründete z. B. ein Mitglied des Redaktionskollektivs vom *Beobachter* nachträglich das um 1969 entstehende marxistische Theoriebedürfnis mit der Erkenntnis, »daß man mit Hasch und Liebe keine Revolution machen kann«.

Mit der Kritik des politisch orientierten Flügels der Revolte an der politischen Abstinenz der hedonistischen Linken (was ihre Integrierbarkeit erleichterte) ging schließlich die Absage an die libertär-gegenkulturellen Lebensformen einher, als deren Alternative sich jetzt der Rückgriff auf bolschewistische Kulturtraditionen anbot.

5. Der Beginn der Dogmatisierung, die »ML-Zeit«: *Rote Schülerpresse* und *Roter Schweitzer*

Eine Schülergewerkschaft als Minipartei

Ende 1968 wurde in Frankfurt der »erste Schülerzentralrat« gegründet, der ein Jahr bestand. Es handelte sich dabei um eine regelmäßig tagende Vollversammlung der sogenannten Roten Zellen, die unter dem Einfluß der KPDML (Kommunistische Partei Deutschlands, Marxisten-Leninisten) an mehreren Gymnasien entstanden waren und die Arbeit der bisher vollständig autonomen Schülerorganisationen ablösten, um im kommunistischen Sinne der KPDML zu rekrutieren und zu schulen. (Ich benutze hier bewußt die neuen Begriffe, die nicht nur pädagogische, sondern auch militärische Elemente enthalten.) Einige der Roten Zellen gaben schulspezifische Zeitungen heraus.

Die Schülergruppe eines Offenbacher Gymnasiums z. B. hatte keinen Kontakt zu den Roten Zellen und ihrem Zentralrat. Trotzdem betrieb sie theoretisch und praktisch die gleiche Politik wie jene.

Ende 1967 entstand am Albert-Schweitzer-Gymnasium in Offenbach eine antiautoritäre Schülergruppe. Die IGS (Interessengemeinschaft Schüler) bestand aus ca. zehn Mitgliedern, und ihre Basis an der Schule war noch relativ schwach, so daß sich ihre Aktivitäten auf Konfrontation mit Lehrern im Unterricht und kleine antiautoritäre Aktionen beschränken mußten. Trotzdem fehlte es den theoretisch recht beschlagenen Aktivisten nicht an dem im vorigen Kapitel beschriebenen Selbstbewußtsein, das zu Desillusionierung über den Antiautoritarismus führte. Im Gegensatz zu den politisch aktiven Schülern der Ziehenschule aber bezog die kleine und relativ isolierte Gruppe der Albert-Schweitzer-Schule ihr Avantgardegefühl nicht aus eigenen politischen Siegen im Schulkampf, sondern aus einer mehr abstrakten Identifikation mit der Bewegung in ihrer Gesamtheit und ihren Erfolgen. Der dazu interviewte ehemalige Aktivist sagte:

»Wir Schüler hatten damals noch so Illusionen. Wir dachten, wenn wir noch zwei Jahre so weitermachen, dann fliegt der Kapitalismus in die Luft.

Und dann sind wir ja ganz schön auf die Schnauze gefallen damit. Wir haben gedacht, die Schüler- und Studentenbewegung, das ist der Nabel der Welt, und die Arbeiterklasse braucht nur noch hinterherzulaufen.« (Interview 1976)

Da die Arbeiterklasse, auf die hin sich – einer weitverbreiteten historischen Fehlinformation zuwider – auch schon der SDS orientiert hatte, dies nicht tat, suchte man nach einer neuen Perspektive.

Diese fand sich bei der KPDML, die aus dem maoistischen Flügel der alten illegalen KPD entstanden und 1968 gegründet worden war. Kurz danach spaltete sie sich an einem Theorie-Praxis-Konflikt in zwei Parteien gleichen Namens. Die sogenannten KPDML-ZK-Linie (ZK = Zentralkomitee) mit ihrem Exponenten E. Augst, die den Parteiaufbau von oben nach unten betrieb, gab den *Roten Morgen* heraus, die KPDML-Bochumer Linie, die den Parteiaufbau von unten nach oben, entlang der Praxis zu betreiben beanspruchte, die *Rote Fahne.* Beide bestanden bis 1971. Die Frankfurter KPDML, die zur Partei des *Roten Morgen* gehörte und deren Linie dementsprechend in der Aufbauphase den Primat auf die Theorie verlegte, hatte in Offenbach eine Untersuchungsgruppe eingerichtet, mit der die am Antiautoritarismus zweifelnden Schüler der Albert-Schweitzer-Schule Kontakt aufnahmen. Ende 1969 hatten sie an ihrer Schule die Rote Schülergewerkschaft (RSG) gegründet, die zwar nicht von Anfang an explizit kommunistisch ausgerichtet war, aber schon vor der Kontaktaufnahme mit der KPDML »selbständig in kommunistische Richtung gewurschtelt« hatte (Interview 1976). Die RGS war als Massenorganisation von Kommunisten gedacht, die noch keine Kader bilden können, weil sie noch umerziehungs- und anleitungsbedürftig waren. Die KPDML selbst war damals an der Organisation Intellektueller in der Partei wenig interessiert, weil sie noch mit der Ausarbeitung der eigenen Linie beschäftigt war und die Intellektuellen für schwankende Elemente hielt, deren zu starke Beteiligung zur Entwicklung falscher Positionen führen könnte.

Obwohl die RSG in ständigem Kontakt und weitgehender ideologischer Übereinstimmung zur Offenbacher KPDML stand, blieb sie als Schülerorganisation autonom und begann sich 1971 nach dem Modell einer kommunistischen Partei zu organisieren. Die RSG bestand fortan aus einem zehnköpfigen Zentralkomitee, dem zunächst nur eine Zelle, die Rote Zelle Albert-Schweitzer-

Gymnasium (ROZ-ASG) unterstand; deren Ziel war der Aufbau einer ›Sympathisantengruppe‹ an der eigenen Schule. Der geplante Aufbau weiterer Zellen an verschiedenen Schulen, auch Volksschulen, kam über eine zweite Zelle an einem Gymnasium in Neu-Isenburg nicht hinaus.

Die beiden Zellen wurden jeweils vom Zentralkomitee beaufsichtigt, das seinerseits nicht demokratisch gewählt, sondern selbst ernannt war. Dies entsprach dem Konzept des Parteiaufbaus von oben nach unten. Abgesehen davon aber mischten sich hier Elemente aus dem Antiautoritarismus in ihrer verballhornten bzw. pervertierten Gestalt mit den neuen autoritären Positionen. So wurde die Selbsternennung des Zentralkomitees schon deshalb nicht als undemokratisch empfunden, weil ja auch die Revolte in anarchistischer Tradition nichts von Wahlen gehalten hatte. Über das Zustandekommen der politischen Entscheidungen in den Zellen, wo auch nie abgestimmt wurde, sagte der ehemalige Aktivist: »Wir haben die Probleme solange diskutiert, bis sie vom Tisch waren.« (Interview 1976)

Die offiziellen Hierarchien im Zentralkomitee, die nach außen geheim gehalten wurden, brachten ein stark ausgeprägtes Konkurrenzverhalten der Beteiligten mit sich, so daß z. B. jeder Informationsvorsprung autoritär und narzißtisch ausgespielt wurde. Der befragte ehemalige Funktionär sagte rückblickend über sich selbst: »Ich war stinkautoritär.« (Ebd.) Aus dem beschriebenen Organisationszusammenhang gingen drei Schülerzeitungen hervor, die *Rote Schülerpresse* (RSP), der *Rote Schweitzer* und der *Rote Goethe*. Die *Rote Schülerpresse*, das vom Zentralkomitee herausgegebene Zentralorgan, sollte schwerpunktmäßig die bürgerliche Ideologie darstellen und kritisieren, während die beiden »Schulzeitungen« die Konflikte an den jeweiligen Schulen direkt aufgreifen sollten, um die inhaltliche Unterrichtskritik mit einer Kritik der Lehrer als Personen zu vermitteln und so die Schulinstitution als ganze zu kritisieren.

Alle Zeitungen wurden bei der Offenbacher KPDML gedruckt und finanzierten sich durch Mitgliedsbeiträge und den Verkauf an den Schulen. Die *Rote Schülerpresse*, die an mehreren Schulen verkauft wurde, erschien in einer Auflage von 400 Stück; von den Schulzeitungen, die sich eines reißenden Absatzes an den jeweiligen Schulen erfreuten, wurden fast ebenso viele Exemplare gedruckt.

Die Artikel im *Roten Schweitzer* und im *Roten Goethe* wurden von den Zellenmitgliedern geschrieben und vom Zellenleiter korrigiert. Ende 1971 wurden die zwei Schulzeitungen dann zugunsten des Zentralorgans aufgegeben, weil man zu der Überzeugung gelangt war, daß die ideologisch-theoretische Arbeit in der Aufbauphase der Partei den Vorrang vor der praktischen Arbeit haben müsse. Den Aussagen des ehemaligen Aktivisten zufolge scheuten sich die jungen Kommunisten, aktuelle Schulkonflikte aufzugreifen, weil die theoretische Position, von der aus dies zu geschehen hätte, noch unklar war.

Die theoretische Arbeit sowohl des Zentralkomitees als auch der Zellen bezog sich zunächst hauptsächlich auf die Klärung der eigenen Identität im Rahmen einer marxistisch-leninistischen Klassenanalyse, auf die Frage des Parteiaufbaus und später auch auf Probleme, von denen die kommunistische Schülergruppe nicht direkt betroffen war, wie die Stalinfrage und die Faschismustheorie. Die Theoriefindung der ZK-Funktionäre orientierte sich, besonders was den erstgenannten Punkt angeht, nicht nur an der gängigen ML-Grundschulungsliteratur wie *Lohnarbeit und Kapital, Lohn Preis Profit, Was tun* usw., sondern bezog auch andere Theoretiker (z. B. A. Sohn-Rethel) mit ein. Zu späteren K-Gruppenzeiten wäre dies ebenso undenkbar gewesen wie die Tatsache, daß die Offenbacher KPDML die organisatorische Autonomie der von ihr agitierten Schüler guthieß, statt sie in den eigenen Parteiaufbau zu integrieren.

Die Schulzellen der Roten Schülergewerkschaft (RSG) ihrerseits diskutierten die genannten Themen an der jeweiligen Schule. So sollen an der Albert-Schweitzer-Schule bisweilen fünf bis sechs gut besuchte Arbeitsgruppen bestanden haben. Darüber hinaus beschränkten sich die politischen Aktivitäten der gesamten RSG innerhalb der Schule auf Unterrichtsagitation, außerhalb der Schule auf die Beteiligung an den Veranstaltungen der KPDML. Eine Ausnahme bildeten dabei einige antiautoritär-schulstreichmäßige Akte, auf die noch einzugehen ist. Die einzige größere Aktion startete die RSG zur ersten Frankfurter FVV-Kampagne (Frankfurter Verkehrsverbund). Sie wurde zusammen mit der Offenbacher KPDML zum organisatorischen Hauptträger der dortigen »Rote-Punkt-Aktion« im Sommer 1971. 600-700 Schüler verschiedener Schulen konnten dabei zumindest kurzfristig mobilisiert werden.

Die Lebensweise der kommunistisch ausgerichteten Schüler der frühen »ML-Phase« war von ihrem politischen und moralischen Rigorismus gekennzeichnet. Der Glaube an die für einzig richtig erachtete Lehre des Marxismus-Leninismus, der die Illusionen der Revolte in bezug auf kurzfristige Veränderbarkeit der sozialen Verhältnisse fortsetzte, brachte den Aktivisten ein erstaunlich hohes Maß an Arbeitsfähigkeit und Diszipliniertheit. Dazu kam bei den in der Hierarchie der Organisation hochstehenden Funktionären noch die bisher ungekannte offizielle Autoritätsrolle, die zu weiteren Anstrengungen verpflichtete. Die Funktionäre sollen damals bis zu zehn Stunden am Tag mit politisch-organisatorischer Arbeit beschäftigt gewesen sein.

Die Abgrenzung zur nun endgültig für unpolitisch erachteten hedonistischen Linken ging mit dem Haareabschneiden, dem Verzicht auf Haschisch und der Propagierung des Primats der Politik vor der Lösung individueller Probleme einher. Und nicht nur die Propagierung der Freien Liebe als antizipatorisches Politikum wurde aufgegeben, sondern die Diskussion über Sexualität überhaupt; dafür sei keine Zeit mehr gewesen.

Politisch Andersdenkenden gegenüber verhielten sich die neuen Kommunisten einerseits arrogant, andererseits aber auch, im Gegensatz zu späteren Zeiten, libertär, insofern sie weder die Auseinandersetzung noch deren Veröffentlichung scheuten. Anfang 1971 kam es so zu einer Spaltung der ROZ-ASG, die sich bis zu diesem Zeitpunkt in ständigem theoretischem Streit mit der Minderheitenfraktion der sogenannten »Sexbrüder« befand. Diese Schüler vertraten weiter die antiautoritären Prinzipien der Revolte einschließlich der Sexualbefreiungsstrategien. Dies führte nach schweren Auseinandersetzungen zur Spaltung der Zelle. Die »Sexbrüder« organisierten sich unabhängig von der ROZ-ASG, führten Sexualkampagnen durch und gaben ein eigenes Organ, den *Sexuellen Kampf der Jugend* heraus.

Die RSG bestand bis Anfang 1972. Mit der Spaltung der KPDML in fünf Fraktionen zu diesem Zeitpunkt fiel auch die kleine in Offenbach gegründete Schülerpartei auseinander. Ein Großteil der Mitglieder organisierte sich anschließend im Kommunistischen Bund Westdeutschlands (KBW).

Die Themen der *Roten Schülerpresse* und des *Roten Schweitzer*: Schüler als Proletarier, Lehrer als Handlanger der Bourgeoisie und Versöhnung mit den Eltern

Systemkritik

In der Schülerzeitung der Offenbacher Albert-Schweitzer-Schule äußert sich allgemeine Gesellschaftskritik hauptsächlich im Zusammenhang mit der Kritik spezifischer Mißstände an der eigenen Schule. Die Gesellschaft wird hier wie in der Revolte von unten nach oben kritisiert, indem man, ausgehend von der eigenen Erfahrung der sozialen Unterprivilegierung, diese in gesamtgesellschaftliche Zusammenhänge zu stellen trachtet. Und nicht nur diese Methode der Systemkritik entspricht dem Bewußtsein der Revolte, sondern auch die Inhalte, die noch keineswegs marxistisch-leninistisch sind.

Ein längerer Beitrag im *Roten Schweitzer* veranschaulicht die tatsächliche Nichtexistenz von Demokratie und Pressefreiheit im Kapitalismus anhand des Beispiels der Schulinstitution, die so als Modell der Gesamtgesellschaft betrachtet wird. Zur Demokratie an der Schule heißt es:

»Freie Meinungsäußerung ist nur solange erlaubt, bis wir empfindlich an die Interessen der Kapitalisten stoßen, indem wir ihr System in Frage stellen. Was den Lehrern nicht paßt, schlägt sich auf die Note nieder, gegen die wir uns allein nicht wehren können.« (*Roter Schweitzer*, 2/1971, S. 2)

Die Parallele zur kapitalistischen Gesellschaft wird lediglich mittels eines Stalin-Zitats über die Demokratie im Kapitalismus gezogen. Der zweite Teil des Artikels zur Pressefreiheit enthält eine kurze Definition der Pressekonzerne als kapitalistischer Unternehmen, die sich durch das Eigentum eines Kapitalisten an den Produktionsmitteln, in diesem Falle den Druckmaschinen, auszeichnen. Ebenso bedenkenlos, wie in dem letztgenannten Zitat die Lehrer als Kapitalisten begriffen werden, wird bei der folgenden Erläuterung zur Pressefreiheit an der Schule die Direktorin mit der ausbeuterischen Bourgeoisie identifiziert, die Schüler mit den ausgebeuteten Proletariern.

»Es ist klar, und das hat Frau G. [Direktorin] scheinbar auch erkannt: eine Gleichheit von Ausgebeuteten und Ausbeutern kann es nicht geben. Im Kapitalismus kann es keine Demokratie für alle geben, da schon Räumlichkeiten (›extreme Gruppen bekommen bei mir in der Schule keinen Raum‹, G.), Druckereien und Papierlager Privilegien der Bourgeoisie [...] darstellen. Arbeitsgruppen und Zeitungen, die den Herrschenden nicht passen, können verboten werden.« (Ebd., S. 3)

Trotz des Stalin-Zitats zur bürgerlichen Demokratie und eines Lenin-Zitats zum gleichen Thema unterscheidet sich diese relativ hilflose Kapitalismuskritik sogar formal noch kaum von der Systemkritik aus der Revolte, indem jetzt zwar häufiger von Kapitalisten und Proletariern die Rede ist, der Begriff der »Herrschenden« aber auch noch herumspukt.

Ein fast völlig marcusianisches Weltbild sogar vermittelt ein zehnseitiger Artikel zur Situation der Schwarzen in Amerika. Der Artikel vermittelt ihre Geschichte bis zur Radikalisierung der Bürgerrechtsbewegung, informiert über die Situation in den Ghettos, über Theorie und Praxis des Widerstandes der Schwarzen Panther und über die Vorfälle bei einer schwarzen Gefängnisrevolte. Zur gesellschaftsanalytischen Erklärung des amerikanischen Rassismus werden drei soziologische Phänomene angeführt, die bei Marcuse beschrieben werden: erstens das Leistungsprinzip; zweitens der Antagonismus zwischen den hochzivilisierten Überflußgesellschaften und der Armut der ausgebeuteten Länder der Dritten Welt, der die aggressiven Energien der Gesellschaften der Metropolen steigert; und drittens die sozialpsychologische Theorie vom Wunschdenken des bürgerlichen Individuums, das, weil es vor dem Über-Ich nicht gerechtfertigt werden kann, auf Minderheiten projiziert und gleichzeitig verdammt wird.

Ebenso wie der *Rote Schweitzer* leistet die *Rote Schülerpresse* in ihrer ersten Nummer Systemkritik im Rahmen der Analyse der Schulinstitution. Ein Beitrag unter dem Titel *Was ist das Interesse der Schüler* versucht, die sozialen Interessen der Oberschüler klassenanalytisch zu bestimmen und enthält zusätzlich eine kurze (und von daher notwendig vulgärmarxistische) Definition der kapitalistischen Gesellschaft, die folgendermaßen beginnt:

»Wir leben aber in einem kapitalistischen System. Das heißt, die kollektive produktive Arbeit [...] wird von einzelnen privat angeeignet. Diese einzelnen heißen Kapitalisten. [...] Sie geben dem produktiven Arbeiter für seine Tätigkeit einen Lohn. Der Lohn stellt einen Wert dar.« (*Rote Schülerpresse*, 1/1971, S. 3)

Dieser Versuch, die gesellschaftlichen Verhältnisse mittels eines einzigen, inzwischen für absolut richtig erachteten Deutungsschemas vollständig zu erklären, ist im Gegensatz zur Gesellschaftsanalyse, wie sie in der Revolte geleistet wurde, neu. Vor der Dogmatisierung der Bewegung existierten verschiedene sozialanalytische Denkansätze gleichberechtigt nebeneinander, und keiner wäre auf die Idee gekommen, einen davon zum einzig richtigen zu erklären, denn man war prinzipiell ungläubig, d. h. undogmatisch.

Schon in der nächsten Nummer geht die *Rote Schülerpresse* auch zu einer neuen Methode der Vermittlung über, indem die Gesellschaft jetzt sozusagen von oben nach unten analysiert und kritisiert wird. So beginnt die *Vorläufige programmatische Erklärung der Aufbauorganisation der Roten Schülergewerkschaft* (*Rote Schülerpresse*, 2/1971, S. 1) mit der Vermittlung der marxistischen Grunddefinition der bürgerlichen Gesellschaft, kommt von daher zu einer vorläufigen Klassenanalyse zwecks Klärung der Interessen der Oberschüler und schließt mit der Notwendigkeit der Organisierung des Kampfes an den Schulen. Diese Art der aufklärerischen Agitation war der Revolte völlig fremd. Während damals das Anknüpfen an die direkte Betroffenheit und täglich am eigenen Leibe erfahrbare Unterdrückung dem Subjektivismus dieser libertären Bewegung entsprach, appelliert die jetzt in den Vordergrund gerückte Vermittlung von Grundsatzprogrammatik nur noch an den Verstand statt auch an das Leiden und die daraus entstehenden Emotionen der zu agitierenden Adressaten. Die Vermittlung der marxistischen Grundtheoreme, in die durch die Einführung der Begriffe »Haupt- und Nebenwiderspruch« auch der Marxismus-Leninismus maoistischer Prägung eingeht, ist gut gegliedert und inhaltlich qualifiziert.

Im gleichen Stil erscheint der erste Teil eines in Fortsetzungen geplanten Artikels *Über die Diktatur des Proletariats* (*Rote Schülerpresse*, 2/1972, S. 10). Die Artikelserie ist in folgenden Abschnitten geplant:

1. Die Diktatur des Proletariats von theoretischer Seite; 2. Der Sozialismus in China; 3. Die Erziehung in China, Albanien, Nordkorea, einschließlich einer Kritik des Erziehungssystems in

der UdSSR und der DDR. Darüber hinaus wird eine Auseinandersetzung mit der Stalinfrage angekündigt.

Schon diese Gliederung weist auf die neue Tendenz der Bewegung hin, von der Theorie zur Praxis zu kommen und von der Abstraktion zur Konkretion. Im Gegensatz zu der zuvor genannten grundsatzprogrammatischen Erklärung fehlt der Bezug zur konkreten Situation der Schüler inzwischen fast vollständig. Der Abschnitt über die chinesische Erziehung stellt diese nicht etwa der täglich erfahrbaren kapitalistischen Erziehung in der Bundesrepublik gegenüber, sondern dem den Schülern weitgehend unbekannten Erziehungswesen in der DDR.

Der (allein vorliegende) erste Abschnitt der Serie stellt die menschliche Geschichte anhand von Engels- und Lenin-Zitaten und deren Interpretation von der Urgesellschaft bis zum Faschismus dar. Die Arbeiterbewegung erscheint dabei als Bewegung der sozialdemokratischen und später der bolschewistischen Partei. Der moderne Revisionismus, dessen Entstehung mit dem Tod Stalins datiert ist, wird wegen der Propagierung des friedlichen Weges zum Sozialismus scharf kritisiert. Trotz der hohen theoretischen Qualifikation auch dieses Artikels wird der Bezug zur Gegenwart unzureichend und für Schüler wenig anschaulich geleistet. So heißt es z. B.:

> »Das Arsenal von Unterdrückungsmethoden reicht von Polizeieinsätzen (gegen streikende Arbeiter – Chemiestreik, Rotpunkt-Aktion) über die Illegalisierung der revolutionären Parteien und Organisationen (Verbot der KPD und des Heidelberger SDS) bis hin zur Zerschlagung jeglicher Opposition.« (*Rote Schülerpresse*, 2/1972, S. 10)

Die politische Entwicklung dieser Schüler der frühen K-Gruppen-Zeit entfernt sich nicht nur von der Praxis des Alltags zugunsten der Theorie, sondern auch von der Gegenwart zugunsten der Befassung mit der Vergangenheit, wobei der Rückschluß auf die Gegenwart kaum noch geleistet wird. Der Verzicht der Roten Schülergewerkschaft auf die beiden schulspezifischen Schülerzeitungen zugunsten des rein theoretisch ausgerichteten Zentralorgans entspricht dieser Tendenz, die sich, wie es der *Rote Schweitzer* beweist, an der Basis noch kaum durchgesetzt hat.

Spezifische Schulkonflikte werden in der *Roten Schülerpresse* überhaupt nicht und im *Roten Schweitzer* nur in den ersten beiden Nummern aufgegriffen.

Im *Roten Schweitzer* findet sich die Schilderung der Vorfälle bei einer Gesamtkonferenz der Albert-Schweitzer-Schule zu einem von Lehrern und Schülern ausgearbeiteten SV-Satzungsentwurf. Die Direktorin verweigerte den von der SV der Schule delegierten Schülern zunächst den Zutritt, der später aber durch Abstimmung erzwungen werden konnte. Die Schilderung ist in bewußt ernsthaftem und dokumentarischem Stil verfaßt und enthält verallgemeinernde Analysen über die spezifische Situation hinaus, in dem für die frühen siebziger Jahre typischen »ML-Stil«. So z. B die Schlußfolgerung am Ende des Artikels:

»In dieser Konferenz zeigten sich deutlich die grundlegenden Interessengegensätze zwischen Schülern und Teilen der Lehrerschaft. Dieser Gegensatz wird sich notwendig noch verschärfen, wenn wir Schüler unsere geringen Rechte, die im SV-Satzungsentwurf verankert sind, wirklich sichern wollen.« (*Roter Schweitzer,* 1/1971, S. 9)

Andererseits aber verfällt die Darstellung stellenweise in den antiautoritären Schulglossenstil:

»In der Schule aber widerfuhren der Abordnung wunderliche Dinge: Herr L. hatte [. . .] im Auftrag von Frau G. alle Türen abgeschlossen und sollte niemanden hereinlassen. Ein schülerfreundlicher Lehrer ließ die abgewiesene Delegation ins Schulgebäude, wo sie im Erdgeschoß erneut Herr L. daran hindern wollte, in den ersten Stock zum Lehrerzimmer zu gehen. Durch das Eingreifen eines weiteren Lehrers gelangten sie schließlich in den 1. Stock.« (Ebd., S. 6)

Neben dem Artikel veranschaulicht ein Comic in kindlicher Zeichenmanier die beschriebenen Szenen und sticht so antiautoritär und jugendspezifisch von der um kommunistische Sachlichkeit bemühten Aufmachung der Zeitung ab.

Die Umorientierung der Bewegung von dem für die Revolte typischen Praxisansatz der direkten Betroffenheit weg und hin zu Theorie und Abstraktion einerseits und eine auf den Parteiaufbau beschränkte Praxis andererseits setzt sich, wie schon gesagt, von oben nach unten, d. h. vom Zentralkomitee zur Basis durch. Wie Schulkonflikte aufgegriffen werden, zeigt sich in der Auseinandersetzung zwischen einer 12. Klasse, die ihren Gemeinschaftskundelehrer bekämpfte, und der ROZ-ASG, die in diesem Konflikt intervenierte, besonders deutlich. Der *Rote Schweitzer* informiert in Form einer kleinen Dokumentation über das Verhalten des Lehrers, die Reaktion der Klasse 12c, das Aufgreifen des Konflikts durch die ROZ-ASG und über die Kritik der Klasse 12c an der ROZ-ASG. Als weitere Dokumente sind zwei Flugblätter der ROZ-ASG und ein Flugblatt der 12c abgedruckt. Der Konflikt mit dem Gemeinschaftskundelehrer H. hatte sich an einer nicht angekündigten Klassenarbeit entzündet, die die empörte Klasse spontan bestreikte. Der Unterschied in der Reaktion auf diesen Vorfall bei der Klasse selbst und der ROZ-ASG ist bezeichnend: Die direkt betroffenen Schüler wollen den Konflikt auf die Spitze treiben, indem sie sich weigern, weiter von H. unterrichtet zu werden. Die ROZ-ASG dagegen meint, daß H. sich nach dem Streik gebessert habe und der Kampf jetzt nicht gegen ihn speziell, sondern auf höherer Ebene weitergeführt werden müsse. So heißt es z. B. im zweiten Flugblatt der ROZ-ASG:

»Wir Schüler müssen uns gegen solch einen reaktionären Unterricht wehren. Deshalb müssen wir den Kampf der Klasse 12c, der einen Teil unseres gesamten Kampfes gegen die falschen Ansichten der reaktionären Lehrer an der Schule darstellt, unterstützen. Daß dieser Kampf erfolgreich sein kann, haben wir am Beispiel der 12c gesehen, die trotz der Spaltungsversuche des Herrn H. [. . .] durchgesetzt hat, daß H. keine Arbeit schrieb und die Schüler ihre Unterrichtsthemen ab jetzt selbst bestimmen dürfen.« (*Roter Schweitzer*, 2/1971, S. 9)

Die Parolen unter dem Flugblatt lauten:

»Verbündet euch mit den liberalen Eltern und Lehrern gegen die Reaktionäre an unserer Schule!!! Haltet Kontakt mit der ROZ-ASG!!! Lest den RS und die RSP!!!« (Ebd., S. 8 f.)

Die hierin enthaltene Strategie eines Bündnisses mit Eltern und Lehrern wird an dieser Stelle noch nicht begründet. Die letzten beiden Parolen führen nicht nur vom konkreten Konflikt, sondern auch vom konkreten Ansatz des Schulkampfes weg, indem nicht für den Kampf selbst, sondern für die Kampforganisation agitiert wird. Im Flugblatt der Klasse 12c dagegen heißt es:

»Wir wollen uns gegenüber Herrn H. emanzipieren, indem wir uns von seiner Unterrichtsmethode distanzieren und sie in Frage stellen. *Eine Änderung unserer augenblicklichen Lage ist nicht durch theoretisches Ge-*

schwafel, sondern nur durch konkrete Aktionen möglich. Diese kann nur in der direkten Konfrontation mit Herrn H. bestehen. [. . .] Solche Art von Emanzipation müßte in allen Klassen erfolgen!« (Ebd., S. 9)

Die schonungslose Quintessenz aus der Kritik an der ROZ-ASG von seiten der 12c lautet:

»*Wir halten die Rote Zelle deshalb nicht für eine wirkliche Interessenvertretung der Schüler.* Durch ihr Verhalten dokumentiert sie, daß sie die realen Schülerinteressen nicht als ihre eigenen versteht. Damit verselbständigt sie sich als Institution gegenüber den Schülern.«

Die ROZ-ASG wiederum übt in ihrem zweiten Flugblatt eine begrenzte Selbstkritik, indem sie zugibt, zu wenig mit der 12c zusammengearbeitet und sich so von der Basis entfernt zu haben, beharrt aber ansonsten auf ihren Einschätzungen und Strategien.

Abbau der Jugendlichenrevolte
Selbstverständnis

Der Versuch der eigenen Identitätsfindung im sozialen Rahmen nach marxistisch-leninistischer Methode nimmt sowohl im *Roten Schweitzer* als auch in der *Roten Schülerpresse* den meisten Platz ein und wird hauptsächlich im Zusammenhang der kritischen Analyse der Schulinstitution behandelt.

Wie schon gesagt, stellt der *Rote Schweitzer* die Schule in einem seiner Artikel noch als Abbild der Gesamtgesellschaft dar. Der Klassencharakter des Schulsystems dagegen wird im *Roten Schweitzer* noch gar nicht und in der *Roten Schülerpresse* nur ansatzweise reflektiert, indem auf die Funktion des den Schülern aufgezwungenen Konkurrenzkampfes zur Ausschaltung von Arbeiterkindern hingewiesen wird. Über die ideologiereproduzierende Funktion der Schule herrscht in beiden Zeitungen kein Zweifel. An vielen Stellen wird auf die »Erziehung zu den Leitprinzipien dieser Gesellschaft« (*Rote Schülerpresse*, 1/1972, S. 5) wie »Ruhe, Ordnung, Fleiß, Pünktlichkeit und Leistungswillen« hingewiesen. Zudem wird der Erziehungsauftrag der kapitalistischen Schule in der Schaffung blinden Obrigkeitsgehorsams gesehen, womit spätere fachidiotische Verwertbarkeit von Arbeitskräften garantiert werden soll. Auch die reformpädagogischen Einrichtungen des gegebenen Schulsystems, Schülerpresse und

SMV bzw. SV, werden gemäß den Standpunkten der Revolte als scheindemokratische Feigenblätter gewertet. Eine Beteiligung an der SV gilt als sinnlos. Die Kritik der schulischen Wissensvermittlung allerdings geht in zwei Punkten über die bisherigen Erkenntnisse hinaus: Zum ersten Mal wird die Trennung von Theorie und Praxis und die Fächerspezialisierung problematisiert. In der Dokumentation zu dem genannten Konflikt der Klasse 12c mit dem Gemeinschaftskundelehrer heißt es:

»Dadurch, daß im Unterricht die einzelnen Fächer zusammenhanglos unterrichtet werden, dadurch, daß wir während des Unterrichts keine Möglichkeit haben, unsere Erkenntnisse praktisch zu überprüfen und zu erweitern, dadurch daß wir fast nur abstrakt lernen, weiß kaum einer von uns, wofür er lernt.« (*Roter Schweitzer*, 2/1971, S. 12)

Auch die Forderungen nach Veränderung des gegebenen Schulsystems gehen über die z. T. noch reformistischen Forderungen der Revolte und auch über deren spielerische Utopievorstellungen hinaus. In einem Artikel, der die soziale Interessenlage der Oberschüler zu klären versucht, wird die Abschaffung von Lehrern und Noten und die Vermittlung von Theorie und Praxis gefordert (*Rote Schülerpresse*, 1/1971, S. 19).

In den bisher genannten Punkten bedeuten die Thesen und Forderungen zur Schulsituation eine gradlinige Fortentwicklung der in der Revolte entwickelten Einsichten. In allen Bereichen aber, die sich auf die Problematik der Jugendlichkeit der jetzt mit kommunistischem Selbstverständnis ausgestatteten Schüler beziehen, schlägt die Bewegung eine neue Richtung ein.

Was die Lehrer angeht, so hatte schon die späte Revolte angefangen, die direkte Stoßrichtung des Schulkampfes gegen die Pädagogen zu problematisieren. Auch der *Rote Schweitzer* befaßt sich mit der Lehrerrolle.

Während in dem genannten Artikel zur Gesamtkonferenz die Gleichsetzung der Lehrer mit den Kapitalisten noch übernommen wird, ohne hinterfragt zu werden, setzt sich mehr und mehr die These von den Lehrern als Handlangern und Vertretern der Kapitalisten durch: »nämlich die ›Pauker‹ sind nur die Handlanger derjenigen, die das Interesse haben, uns in der Schule auf den kapitalistischen Arbeitsprozeß vorzubereiten.« (*Roter Schweitzer*, 1/1971, S. 11)

Das Zentralkomitee dagegen geht einen Schritt weiter, indem es im genannten Konflikt mit dem Lehrer H. das Verhalten eines konservativ-autoritären Pädagogen nicht nur psychologisch erklärt, sondern gleichzeitig entschuldigt:

»Jedoch müssen wir beachten, daß er das alles nicht bewußt im Interesse der Kapitalisten tut. Seine Erziehung war auch so, daß er die gesellschaftlichen Zusammenhänge nicht durchschauen konnte.« (*Roter Schweitzer*, 2/1971, S. 4)

Auch kritisiert das Zentralkomitee die im *Roten Schweitzer* geäußerte Handlangerthese mit dem Hinweis, daß sie nur auf die offen reaktionären Lehrer zutreffe, und wirbt dagegen um Verständnis für die miese Situation der Schulbeamten:

»Andererseits zahlt er selber [der Lehrer] immer höhere Miete, bekommt immer weniger für sein ohnehin schon knappes Gehalt.« (Ebd., S. 10)

An anderer Stelle wiederum wird die Schulbürokratie als naturwüchsige Vertreterin der Ausbeuter bezeichnet. In einem längeren Beitrag *Gegen das Berufsverbot für demokratische und sozialistische Lehrer* (*Rote Schülerpresse*, 1/1972, S. 5) wird, ausgehend vom kapitalistischen Auftrag des Lehrers, der »Erziehung zur Identifikation mit den bestehenden Verhältnissen« (Ebd., S. 6), auf die Notwendigkeit der Kontrolle des Lehrers durch die herrschende Klasse hingewiesen. Entsprechend der ideologischen Rolle des bürgerlichen Staates wird dem Lehrer als dessen Vertreter eine scheinbar neutrale, über den Klasseninteressen stehende Rolle zugewiesen:

»Deshalb wurde ein Stand, eine Pseudoklasse geschaffen mit eigenem Recht und Gesetz: der Beamtenstand, das Beamtenrecht, das Beamtengesetz. Das Beamtenrecht liefert sowohl die passende Ideologie für diesen Stand als auch die Möglichkeit der Kontrolle der einzelnen Mitglieder.« (Ebd.)

Ausgehend von der letztgenannten These bleibt unklar, warum das Zentralkomitee die Handlangerthese an anderer Stelle kritisiert. Die Tendenz zur Rehabilitation der Lehrer scheint sich weitgehend irrational durchzusetzen.

Noch deutlicher wird der bewußtseinsmäßige Umbruch, der der Revolte folgt, in dem nahezu verzweifelten Bemühen der Schüler, ihre soziale Interessenlage zu klären, obwohl sich trotz gegenteiliger Bemühungen auch in diesem Punkt zunächst das Gesellschaftsbild der Revolte reproduziert.

Die Selbsteinschätzung der Schüler zur antiautoritären Zeit, die sich, ausgehend von den beiden Orten der Abhängigkeit: Elternhaus und Schule, als unterprivilegierte Randgruppe definierten und sich dabei revolutionäres Potential zuschrieben, blieb punktuell.

Nach der Zukunft fragte damals schon deshalb noch keiner, weil ihr normaler systemimmanenter Verlauf durch die bald erwarteten revolutionären Veränderungen ausgeschlossen schien. Die Schüler der Folgezeit mit »kommunistischem« Selbstverständnis jedoch beginnen, langfristig zu denken und zu planen. Zwar gehen auch sie von den Repressionsinstanzen Elternhaus und Schule aus, verweisen aber mehr und mehr auf die Abhängigkeitsverhältnisse, die dem Schülerdasein folgen. Der theoretischen Konzentration auf die Vergangenheit (der Arbeiterbewegung) entspricht der theoretische Blick in die Zukunft, denn beides führt vom – der Mentalität nach – jugendspezifischen und weltanschaulich libertären, praktischen »Hier und Jetzt« der Revolte weg. Im *Roten Schweitzer* heißt es z. B.:

»Doch was erwartet uns nach dem Abitur? Entweder das Studium, bei dem wir weiter unseren Eltern auf der Tasche liegen. Oder wir müssen arbeiten gehen, wenn wir unabhängig von den Eltern sein wollen. Damit gehen wir ein anderes Abhängigkeitsverhältnis ein: Wir können nicht bestimmen, wie lange, wie und zu welcher Zeit wir arbeiten. Außerdem müssen wir uns nach freien Stellen richten, d. h. nach dem, was die Kapitalisten an Arbeitskräften brauchen, denn wir sind auf den Arbeitslohn angewiesen.« (*Roter Schweitzer*, 1/1971, S. 10)

Ähnlich wie in jenem Artikel zur Schulinstitution, in dem die Lehrer zu Kapitalisten und die Schüler zu Proletariern werden, sehen sich die kommunistischen Oberschüler hier als künftige Proletarier, indem sie ihre Zukunft ausschließlich von Repressionen und nicht etwa von bourgeoisen Privilegien gekennzeichnet sehen. Die ausgemalte Zukunftsperspektive ist die eines Arbeiters, wenn natürlich auch auf Angestellte zu beziehen; die Möglichkeit aber, z. B. Arzt, Rechtsanwalt oder Industrieller zu werden, wird nicht in Betracht gezogen. An anderer Stelle ist von den »ausbeutbaren Arbeitskräften« (*Roter Schweitzer*, 2/1971, S. 4) die Rede, die die Schule zu erziehen hat. Das Erziehungssystem wird dabei noch nicht in seiner klassenmäßigen Abstufung gesehen. Der *Rote Schweitzer* definiert die »höhere Schule« nur an einer Stelle gesondert:

»Am ASG werden wie an anderen Höheren Schulen auch Arbeitskräfte für die mittleren und höheren Positionen ausgebildet, an die bestimmte Forderungen gestellt werden. Diese Forderungen richten sich nach den Zwecken der Kapitalisten, d. h. nach deren Profit oder besser nach deren Ausbeutung.« (Ebd., S. 1)

Da die Schüler nicht auf ihr Selbstverständnis als »revolutionäres Subjekt« verzichten können, wird der Begriff Ausbeutung hier erstaunlich verbreitert.

Das Gesellschaftsbild der Revolte – ein ineinandergreifendes System von Unterdrückung, in dem alle, auch die Herrschenden leiden, und von dem nicht ganz klar ist, ob es überhaupt jemandem dient – ist noch lebendig.

Vom Zentralkomitee her werden die Bemühungen um eine neue Eigenidentität verstärkt betrieben und gehen nicht nur mit der Rehabilitierung der Lehrer, sondern auch und vor allem der Eltern einher. In einer Kritik des Zentralkomitees an zwei Artikeln aus dem *Roten Schweitzer*, in dem Lehrer und Eltern als Handlanger der Kapitalisten bezeichnet werden, heißt es:

»Das ist insofern falsch, als der größte Teil unserer Eltern im kapitalistischen Betrieb oder im Staatsdienst arbeiten muß und das gleiche Interesse hat, wie wir Schüler. (RSP-I: wir Schüler zählen wie unsere Eltern hauptsächlich zu den Ausgebeuteten) [. . .] Es ist wichtig, daß unsere Eltern im Schulkampf auf unserer Seite stehen. Die Taktik der Schulbürokratie, unliebsame Schüler von der Schule zu bekommen oder einzuschüchtern, wird zunächst die sein: die Eltern gegen die Schüler auszuspielen.« (Ebd., S. 10)

Im Zuge des Versuchs, sich vom Randgruppenbewußtsein zu lösen, kommt in diesem Fall ein merkwürdig klassenunspezifischer Einheitsfrontappell gegen das Abstraktum »Schulbürokratie« zustande. So gelingt zwar die Distanzierung von der Jugendlichenbewegung und ihrer Rebellion gegen Elternhaus und Schule; die Vorstellung von der eigenen Prädestination zur Revolution dagegen wird nicht etwa revidiert, sondern durch die Erhebung auch der Eltern zu Ausgebeuteten, d. h. zu Proletariern, eher verstärkt.

Im Gegensatz zum *Roten Schweitzer* wird in der *Roten Schülerpresse* der ernsthafte Versuch einer klassenanalytischen Bestimmung der sozialen Interessenlage der Schüler unternommen. Der erste Artikel zu diesem Thema stellt folgende Thesen auf:

Die höhere Schule produziert die »Mittelschicht« bzw. die

»Produktionsintelligenz« oder die »Kopfarbeiter«, die sich als solche von den »Handarbeitern« unterscheiden. Die private Aneignung der produktiven Arbeit der Handarbeiter wie der Kopfarbeiter geschieht durch die Kapitaleigner bzw. die Kapitalisten. Der Kopfarbeiter bestimmt als Beauftragter des Kapitalisten die Tätigkeit des Handarbeiters und befindet sich deshalb sowohl zum Kapitalisten (als seinem eigenen Ausbeuter) wie auch zum Handarbeiter (als dem mit seiner Hilfe Ausgebeuteten) im Widerspruch. Daraus wird der Hauptwiderspruch zwischen Kapitalist und Kopfarbeiter abgeleitet. Außerdem wird der Begriff des »Bürokraten« eingeführt, dessen Tätigkeit sich als unproduktive von der des Kopf- wie des Handarbeiters unterscheidet. Wegen seiner Aufgabe, die Betriebs- und Disziplinarordnung, d. h. die ausbeuterischen Arbeitsbedingungen aufrechtzuerhalten, ist der Bürokrat grundsätzlich reaktionär, während der Kopfarbeiter ein »repressives« und ein »emanzipatives« soziales Interesse entwickelt. Zur Aufhebung der kapitalistischen Ausbeutung bedarf es also eines Bündnisses von Hand- und Kopfarbeitern gegen die Kapitalisten und ihre Bürokraten. Die genannten Thesen werden dann auf die Situation des höheren Schülers angewandt, wobei sich die Unterscheidung zwischen Kopfarbeiter und Bürokrat weitgehend verwischt.

Die höheren Schüler sind als Kinder der Mittelschicht als künftige Kopfarbeiter zu betrachten. Die Schule bildet sie dazu nicht nur praktisch, sondern auch ideologisch aus, da sie »die Menschen, die sie besuchen, für die Ausbeutung fähig, d. h. [...] ausbeutbar« macht (*Rote Schülerpresse*, 1/1971, S. 8).

Das geschieht durch systematische Zerstörung des »emanzipativen Interesses« der Schüler und wird besorgt durch individuelle Leistungsbewertung, Trennung von Theorie und Praxis und der Einübung der Fähigkeiten eines guten Bürokraten: unreflektierter Gehorsam, Konkurrenzdenken, Fleiß, Ordnung und bedingungsloses Pflichtbewußtsein. Als Ausdruck des emanzipativen Interesses der Schüler werden angeführt: Faulheit, Forderung nach Mitsprache bei der Notengebung, Isolation von Strebern, Ablehnung bestimmter Unterrichtsfächer und schließlich die Forderung nach Abschaffung der Lehrer. Zum repressiven Interesse zählt die Rechtfertigung der Notwendigkeit von Noten und Lehrern durch Schüler. Der bisherigen Logik der Argumentation folgend scheint also das »repressive Interesse« der höheren Schüler nichts als die

Folge der ideologischen Schulindoktrination zu sein. An diesem Punkt aber schlägt die Argumentation einen anderen Weg ein, indem zum ersten Mal und völlig unvermittelt eine Privilegiertheit der Oberschüler festgestellt wird, aus der nun die Entstehung des »repressiven Interesses« abgeleitet wird:

»Dieser fundamentale Gegensatz der Schülerinteressen ist das Resultat ihrer Situation. Einerseits haben sie gegenüber den Arbeiterkindern das Privileg, auf die Höhere Schule zu gehen und damit später eine bessere Position im Produktionsprozeß [. . .] zu haben, andererseits ahnen sie schon aufgrund der Erfahrungen, die der Vater aus dem Betrieb mit nach Hause schleppt [. . .], daß sie bereits jetzt – und später in noch stärkerem Maße im Beruf verschaukelt werden sollen.« (*Rote Schülerpresse*, 1/1971, S. 20)

So schließt der Artikel. Worin die Privilegien des Oberschülers, mit denen hier auf einmal argumentiert wird, nun aber bestehen, bleibt unklar, denn das Leben des Vaters wiederum wird weder als privilegiert noch als erstrebenswert dargestellt. Trotz der Einführung mehrerer Begriffe, die der Differenzierung sozialer Interessenlagen dienen sollen, und der Anwendung maoistischer Argumentation (Differenzierung von »Haupt- und Nebenwidersprüchen«) mißlingt auch hier der mit marxistisch-leninistischem Anspruch vorgetragene Versuch, sich von der Vorstellung der eigenen grundsätzlichen Unterprivilegiertheit zu lösen.

Im letzten Teil des Artikels, »der die Institution der SV als Förderung des repressiven Interesses« der Schüler interpretiert, wird dessen Entstehung durch einen psychologischen Mechanismus dargestellt: Der vom Lehrer unterdrückte und zum Lernen gezwungene Schüler mahnt z. B. andere Schüler, ruhig zu sein, um sich konzentrieren zu können. Er unterdrückt damit nicht nur die Mitschüler, die sich dem Lehrer noch nicht unterworfen haben, sondern auch sich selbst, indem er sich zum Lernen zwingt, um sich nicht mehr vom Lehrer unterdrücken lassen zu müssen. Das Argument der Privilegien des Oberschülers wird hier zugunsten der ursprünglichen Logik der Argumentation wieder fallengelassen. Das »repressive Interesse« erweist sich schließlich doch als durch die Schule ansozialisiert und nicht etwa als Folgerung aus einer polit-ökonomischen Klassenanalyse. Die Idee des Klassenverrats ist noch fern.

So sind auch die Konsequenzen, die aus der pseudo-klassenanalytischen Problematisierung der eigenen Identität für den Schulkampf gezogen werden, noch nicht typisch marxistisch-leninistisch bzw. K-Gruppen-spezifisch. Zwar wird eine Bündniseinheit mit allen Ausgebeuteten, vor allem den Handarbeitern, gefordert, der Kampf gegen den schulischen Erziehungsauftrag aber soll von allen Oberschülern für alle Oberschüler geführt werden. Dies entspricht insofern noch der Randgruppenkonzeption, als vom marxistisch-leninistischen Standpunkt aus (den die K-Gruppen nicht viel später vertraten) nur ein kleiner Teil der bourgeoisen Kopfarbeiter als progressiv, d. h. als agitationswürdig gilt. Und obwohl in der Ausgabe 2 der *Roten Schülerpresse* steht, daß die Rote Schülergewerkschaft »den Kampf der Arbeiterklasse an der Schule« führt (*Rote Schülerpresse*, 2/1971, S. 1), heißt es in einem Bericht über die französische Schülerbewegung:

> »Das heißt für uns, daß, wenn alle Schüler sich solidarisieren, ein Erfolg durch die massenhafte Mobilisierung gewährleistet ist. Auf diese Weise kann durchgesetzt werden, daß Schülerinteressen verwirklicht werden können und die Arbeit in der Schule sich wesentlich verbessern kann.« (*Rote Schülerpresse*, 3/1971, S. 1)

Erst in der letzten Nummer der *Roten Schülerpresse* wird neuerdings von »allen fortschrittlichen Schülern« (1/1971, S. 5) gesprochen. Aber auch hier bleibt die Anwendung dieses Begriffes, der ohne Erklärung eingeführt wird, ohne inhaltliche Folgen einer strategischen Umorientierung.

Den Schülern der frühen K-Gruppen-Zeit gelingt die Distanzierung von der Jugendlichenrevolte nur teilweise, indem die erwachsenen Lehrer und Eltern von Hauptfeinden zu möglichen Verbündeten werden. Die Vorstellung allerdings, selbst für die Revolution zuständig zu sein, bleibt bestehen.

Aktionen, agitatorische Ausdrucksformen und Strategien

In der kleinen Offenbacher Schülerpartei setzte sich die Tendenz zu langfristig geplanter Strategie von oben nach unten durch. Daß an der Basis der Oppositionsbewegung der Albert-Schweitzer-Schüler, die ihren Ausdruck hauptsächlich im *Roten Schweitzer* findet, noch weitgehend jugendspezifischer Antiautoritarismus vorherrscht, beweist besonders ein Artikel, der mit *Hurra die Schule brennt* überschrieben ist und zum ersten Mal die »Lehrer-Handlanger-These« aufstellt. Der Beitrag beginnt in unverkennbar antiautoritärem und jugendlichem Schwung:

»Vor einigen Wochen wurde in unserer Schule versucht, das Schulgebäude anzuzünden. Im Saal 307 verbrannte der Vorhang, und der Fußboden wurde angekohlt. – Ebenfalls vor einiger Zeit haben einige von uns in den Lateinfachraum geschissen. – Noch im Winter schrieb einer von uns mit 5 m großen Buchstaben ›Fuck G.‹ [G. = Direktorin] in den Schnee im Schulhof. [. . .] Der Protest gegen ein Schulsystem, das uns jeden Tag mit inhaltslosen Hausaufgaben die Zeit stiehlt, das uns mit bürokratischen Hausordnungen unterdrückt, und das uns, wenn wir gegen diese Zustände protestieren, von der Schule wirft, der Protest gegen G. und Konsorten fand seinen Ausdruck in Eckenschiß und Schuleanstecken.« (*Roter Schweitzer*, 1/1971, S. 11)

Die noch ungebrochene Identifikation des Schreibers mit infantilem und auch aggressiv-gefährlichem Antiautoritarismus ist nicht zu übersehen. Er redet nicht nur in der Wir-Form (einige von uns) vom Eckenscheißen und der Schulhausbrandstiftung, sondern läßt in der detaillierten Schilderung der ›Schneeschmiererei‹ (mit 5 m großen Buchstaben) auch seinen Stolz auf die ›Untaten‹ zum Ausdruck kommen. Und auch noch die nun folgende Distanzierung von schulstreichmäßigen Aktionen beginnt im Ton eines ›unartigen‹ Kindes:

»Diese Schule stinkt uns. Aber um gegen diese Scheiße etwas zu tun, muß man gegen diejenigen etwas tun, die hinter dieser Scheiße stehen, diejenigen, die sie verschulden.« (Ebd., S. 12)

Ebenso wie in diesem Beitrag äußert sich der Antiautoritarismus im *Roten Schweitzer* und auch in der *Roten Schülerpresse* an vielen anderen Stellen mehr in Form und Stil der Vermittlung als im Inhalt. So strotzt das Layout der vom Cover her sachlich-kommunistisch gestalteten Zeitschriften nur so von kleinen Zeichnungen in kindlicher Manier, Comics und unpolitischen Sprüchen zwischen den Texten. Der erste Artikel der ersten Ausgabe der *Roten Schülerpresse* über die SV beginnt mit folgender Polemik:

»Die Tage der Schulbürokraten sind gezählt. Und Friedeburg wird ihr Henker werden! Denn er, ein Schulbürokrat, bereitet für sich und seine Kollegen, ja der gesamten Bürokratie ein grausiges Ende vor. Er schuf eine furchterregende Waffe, die in den Händen der Schüler zur Kampforganisation werden wird: Die SV. Aber die Schulbürokratie hat nicht nur die SV geschmiedet, die ihr den Tod bringt; sie hat mit ihrer Schule auch die Männer gezeugt, die diese Waffe führen werden, die modernen SV-Wurschtler.« (Ebd., S. 1)

Die Schlußparole lautet:

»Es lebe der Vorsitzende Ludwig, der verdienstvolle Schöpfer der neuen Schüler-Kampforganisation SV!«

Es fragt sich, ob der Schreiber sich hier nur über den Kultusminister lustig macht, oder nicht vielmehr über das kommunistische Pathos, in dem er dies tut.

In der zweiten Ausgabe der *Roten Schülerpresse* erscheint eine Selbstkritik, die sich auf das antiautoritär-schlampige Layout und auf die Friedeburg-Glosse bezieht. Zu letzterer heißt es:

»Die Polemik auf der ersten Seite, die im Gegensatz zu den beiden anderen Artikeln in unsachlichem Stil geschrieben war, erweckte beim Durchblättern der Zeitung einen falschen Eindruck vom Inhalt der *Roten Schülerpresse.*« (*Rote Schülerpresse,* 2/1971, S. 1)

Das Bemühen um Seriosität erinnert hier in ihrer Krampfhaftigkeit schon wieder an den altklugen Habitus der Schüler vor der Revolte.

Die langfristigen Strategien, die das Zentralkomitee den kurzfristig-spontanen Aktionen im Stil des Konflikts mit dem Lehrer H. entgegensetzt, beziehen sich auf den zentralistischen Parteiaufbau einerseits und auf Theoriefindung und -verbreitung andererseits, wobei der zweite Punkt immer mehr in den Vordergrund rückt. In der Begründung zur Einstellung der beiden schulspezifischen Zeitungen heißt es:

»Der Schwerpunkt in dieser Phase unseres Aufbaus liegt auf der Führung der Grundsatzdiskussion und der Erarbeitung eines politischen Programms für die Schülerarbeit. Dazu müssen wir versuchen [...], uns gemeinsam durch Schulung und praktische Aktionen (Demonstrationen, öffentliche Veranstaltungen) ideologisch zu festigen, wobei die Schulung den Vorrang hat. Die fortschrittlichen Schüler werden wir vor allem durch die Entlarvung der bürgerlichen Ideologie und die Vermittlung des Marxismus-Leninismus ansprechen« (*Roter Schweitzer,* 3/1971, S. 12).

Zur Distanzierung von der jugendlichen und anarchistischen Spontaneität gesellt sich nicht nur die praxisferne Theoriebemühung, sondern auch die autoritäre, weil ausschließliche Berufung auf die marxistischen Klassiker, auf die Väter sozusagen, und schließlich eine tendenzielle Rehabilitierung der Pädagogik. Diese drückt sich nicht nur in dem schulmeisterlichen Verhalten des Zentralkomitees der Basis gegenüber aus, sondern auch in der pädagogischen Agitationsstrategie durch vom Zentralkomitee überwachte Arbeitsgruppen, die nun bezeichnenderweise in *Schul*ungsgruppen umgetauft werden.

Dem entspricht auch der Stufenplan der Roten Schülergewerkschaft, der nach einer Phase der Theoriefindung zur Praxis überleiten soll. So heißt es in der *Roten Schülerpresse*:

»Wir befinden uns zur Zeit auf der Stufe der Erarbeitung der Methoden und Prinzipien des wissenschaftlichen Sozialismus. Wir werden dann mit dem Aufbau roter Arbeitsgruppen an jeder Schule beginnen, die sich mit jedem Unterrichtsfach auseinandersetzen und deren idealistische Inhalte aufzeigen.« (*Rote Schülerpresse*, 2/1971, S. 1)

Sogar die Trennung von Theorie und Praxis schleicht sich hier auf Umwegen wieder ein, indem die pädagogische Vorstellung einer notwendig praxisfernen theoretischen Vorbereitungszeit aufgegriffen wird. Das Gelingen der Praxis hängt von der Qualität der vorher geleisteten Schulung ab.

Sexualität und Psychoanalyse

Die Schüler der frühen K-Gruppenzeit vertreten zum Thema Sexualität grundsätzlich noch die Positionen der Revolte und argumentieren an vielen Stellen in diesem Sinne, indem sie z. B. die These von der Produktion obrigkeitsgehorsamer Charaktere durch Sexualunterdrückung anführen. Trotzdem wird das Thema Sexualität nur im Zusammenhang der Gefahr der Entpolitisierung behandelt, die als notwendige Folge allzu intensiver Befassung damit betrachtet wird.

Dasselbe Argument wird gegen die Psychoanalyse gerichtet. Daneben steht die soziale Entproblematisierung der Sexualität in direktem Zusammenhang mit der Rehabilitierung der Eltern. Es lohnt sich, die Auseinandersetzung der ROZ-ASG mit der Minderheitsopposition der sogenannten »Sexbrüder« und ihrer Zeitung, dem *Sexuellen Kampf der Jugend*, genauer zu betrachten.

Im *Roten Schweitzer* findet sich ein Beitrag, der die eigene Position zum *Sexuellen Kampf der Jugend* zu klären versucht. Die ROZ-ASG definiert die konkurrierende Gruppe als eine, die sich hauptsächlich mit Psychoanalyse beschäftigt und von da aus politische Arbeit leisten will. Sie lehnt die Andersdenkenden aber nicht von vornherein ab, wie es zu späteren K-Gruppenzeiten sicher geschehen wäre, sondern hält sie der kritischen Auseinandersetzung für würdig. Positiv vermerkt sie zunächst:

»Die Gruppe geht ganz richtig davon aus, daß wir Schüler uns vornehmlich mit unseren sexuellen Problemen und der Auseinandersetzung mit verschiedenen Autoritäten (Eltern, Lehrer usw.) beschäftigen.« (*Roter Schweitzer*, 1/1971, S. 10)

In diesem Zusammenhang werden »Kontaktschwierigkeiten zum anderen Geschlecht«, Schwierigkeiten bei der Beschaffung der Antibabypille, Ausgehverbote seitens der Eltern und die ökonomische Abhängigkeit vom Elternhaus genannt. Die Kritik am *Sexuellen Kampf der Jugend* bezieht sich auf die angebliche Überbetonung dieser Abhängigkeitsverhältnisse und Probleme, die den Schüler die der Schulzeit folgenden Schwierigkeiten vergessen läßt. So wird behauptet, daß das Anknüpfen an sexuellen Problemen und Konflikten mit den Eltern und Lehrern Illusionen über die Zukunft und politische Kurzsichtigkeit zur Folge hat. Trotzdem endet der Beitrag mit der Empfehlung, den *Sexuellen Kampf der Jugend* zu lesen und mit der konkurrierenden Gruppe in Kontakt zu bleiben.

Ein fortgeschritteneres Stadium der Auseinandersetzung ist dokumentiert in der Begründung des Austritts aus der ROZ-ASG, die ein jetzt mit den »Sexbrüdern« sympathisierender Genosse gibt, und dem Kommentar des Zentralkomitees dazu. Der Genosse S. führt in seinem Bericht drei Gründe für seinen Austritt an, die jeweils von der ROZ-ASG kommentiert werden. Der erste Grund bezieht sich auf intolerantes und persönlich polemisches Verhalten einiger Genossen ihm gegenüber. Die kritisierte Parteileitung meint dazu: »daß es zu den Kinderkrankheiten unserer Organisation gehörte, Diskussionen oft in irrationale Bereiche abgleiten zu lassen«. (*Rote Schülerpresse*, 2/1971, S. 8) Das heißt, die Partei glaubt, inzwischen erwachsener und rationaler geworden zu sein.

Zum zweiten Austrittsgrund gereichen dem Genossen S. seine sexuellen Schwierigkeiten, die von seiner ehemaligen Organisation übergangen wurden. Er selbst führt seine Sexualprobleme auf seine Zugehörigkeit zur Mittelschicht zurück, während er das Proletariat für sexuell gesund hält. So wirft er der ROZ-ASG vor, die sexuellen Probleme der mittelständischen Mitglieder zugunsten spezifischer Arbeiterprobleme (womit er die Beschäftigung mit Ökonomie meint) zu verdrängen und so zur Privatangelegenheit der einzelnen zu machen. Aus seiner diesbezüglichen Kritik zieht er folgenden Schluß:

»Sexuell herumdiskutieren dürfen wir nicht; die sexuellen Fragen ausschalten dürfen wir auch nicht; ohne sie zu besprechen, können wir sie nicht klären. Was bleibt also übrig? Wir müssen eben politisch über diese Fragen sprechen. Und dann werden wir richtig diskutieren und danach richtig handeln!« (Ebd., S. 6)

Die ehemaligen Parteigenossen werfen ihm in ihrer Antwort zu diesem Punkt vor, einen Hauptwiderspruch, die Arbeit, mit einem Nebenwiderspruch, der Sexualität, zu verwechseln. Bemerkenswert ist hierbei, daß die unvermittelte Identifikation der ROZ-ASG mit dem Proletariat bei dem Genossen S. in eine vollständige Distanzierung umschlägt, die ihn tatsächlich teilweise unpolitisch werden läßt. So kann er sexuelle Probleme nicht mehr als gesamtgesellschaftliche sehen, sondern ordnet sie ausschließlich der Mittelklasse zu. Was ihm in diesem Punkt das Bewußtsein trübt, ist allerdings nicht das Thema Sexualität, sondern dessen Zensur seitens der ROZ-ASG. Insofern hat er mit seinem Parteiaustritt und dessen politischer Begründung den richtigen Schritt getan, um aus seinem Dilemma herauszufinden.

Der dritte Austrittsgrund des Genossen S. beruht auf seiner Kritik an der autoritären Organisationsform der Gruppe, über deren Hauptfunktionär er sagt: »Er erteilt der Gruppe Rügen, wacht über ihre Pünktlichkeit und sieht zu, daß Ordnung herrscht.« (*Rote Schülerpresse*, 2/1971, S. 7) Die ROZ-ASG antwortet darauf: »Wir empfehlen S., zu überlegen, unter welchen Bedingungen Triebunterdrückung, Disziplin und Pünktlichkeit Notwendigkeiten sind.« (Ebd., S. 9)

Die jungen Kommunisten, die an anderer Stelle Pünktlichkeit, Disziplin und Fleiß noch in ihrer Funktion als ideologische Tugenden begreifen (*Rote Schülerpresse*, 1/1971, S. 12), leisten hier ein Bekenntnis zu zentralen Regeln der bürgerlichen Gesellschaft, die den Kindern durch Vermittlung der genannten Tugenden in Elternhaus und Schule anerzogen werden. Während diese Regeln in der Revolte grundsätzlich abgelehnt wurden, werden sie jetzt mit der Argumentation, der Zweck heilige die Mittel, rehabilitiert. Die immer wieder auftauchende, fast hysterische Beschwörung, Eltern und Lehrer seien nicht die Hauptfeinde und nicht einmal deren Vertreter, korrespondiert also mit der Wiederentdeckung der von beiden vermittelten bürgerlichen Tugenden.

Noch deutlicher erscheint der gewaltsame Ausschluß der Jugendlichenproblematik aus der Bewegung in einem Artikel unter dem Titel: *Krach mit den Eltern – Was tun?* Hier wird ein für beispielhaft erachteter Fall der Bewältigung von Konflikten im Elternhaus beschrieben: Ein 15jähriges Mädchen litt schwer unter den vom Elternhaus auferlegten extremen Beschränkungen. Sie mußte abends um 19 Uhr zu Hause sein, durfte keine Freunde mitbringen und ihre Telephongespräche wurden von ihrer Mutter überwacht. Das Mädchen riß von zu Hause aus, lief die ganze Nacht allein im Wald herum und fand schließlich »junge Typen«, die sie aufnahmen und denen sie (!) einen Gruppensexvorschlag machte:

»Sie waren einverstanden. Es machte mir Spaß, es mal mit dem einen, mal mit dem anderen oder mit beiden auf einmal zu treiben. Ich wunderte mich selbst über soviel Freiheit meinerseits, aber ich glaube, ich wurde durch nichts abgelenkt, weil ich nicht dauernd auf die Uhr gucken mußte.« (*Roter Schweitzer*, 2/1971, S. 14)

Nach fünf Tagen kehrte sie nach Hause zurück und arrangierte sich mit ihren Eltern. Folgende Verbesserungen ihrer Situation sind zu verzeichnen:

»Jetzt kann ich mit meinen Eltern gemeinsam unsere Probleme lösen, darf jeden Tag bis neun Uhr wegbleiben und Samstag nach Vereinbarung. Meine Freunde dürfen mich jetzt auch alle besuchen. Mein Vater war mit mir beim Frauenarzt und erlaubte mir ohne weiteres, die Pille zu nehmen. (Ebd., S. 15)

Der Kommentar dazu lautet:

»Was war der Erfolg der Aktion? Sie kann sich jetzt mit ihren Eltern über ihre Probleme unterhalten und hat sich begrenzt sexuell befreit. Auch wir müssen versuchen, soviel Freiheit wie möglich zu bekommen.

[...]

Weiterhin wesentlich ist die Tatsache, daß sie sich praktisch sexuell teilweise von ihren Verklemmungen befreit hat, und zwar auch ohne sich vorher psychoanalytische Kenntnisse angeeignet zu haben.« (Ebd., S. 14)

Die Moral von der Geschichte ist wieder einmal die Feststellung, daß die Eltern nicht die Hauptfeinde sind:

»Vielmehr müssen wir unseren Kampf gegen die herrschende Klasse richten, der die sexuelle Frustration, die uns unsere Eltern anerziehen, nützt. Diese falsche Auffassung der Sexualität schafft autoritätsgehorsame Charaktere, und solche Leute können die Kapitalisten natürlich leichter ausbeuten.« (Ebd., S. 15)

Darüber hinaus wird von der »antiautoritär betriebenen Psychoanalyse« gewarnt, die zur Verschärfung der Konflikte mit den Eltern beitrage. Unter dem Artikel findet sich ein blöder Witz in vier Bildern über einen, der sich beim Masturbieren psychoanalytisch beobachtet. Die Ablehnung der Psychoanalyse, über deren Rezeption die Revolte zur Propagierung der Freien Liebe und den entsprechenden Sexualbefreiungskampagnen fand, erscheint hier stärker und aggressiver als die gegen das Resultat. Die Schilderung der Gruppensexszene entspricht in Stil wie Inhalt der sexuellen Gegenmoral der antiautoritären Zeit. Inkonsequenterweise wird auch die psychoanalytische These von der Schaffung autoritätsgebundener Charaktere durch Sexualunterdrückung aufrecht erhalten und die widersprüchliche Folgerung daraus gezogen, daß es anstatt der Eltern die Kapitalisten zu bekämpfen gelte, weil nur denen die Sexualrepression nützt. Das würde heißen, daß man sich ruhig weiter von den Eltern zum autoritären Charakter erziehen lassen soll. Möglicherweise setzt sich hier noch einmal in einer Art Fehlleistung die Logik der Revolte, ins Gegenteil verkehrt, durch.

Die empfohlene, weitsichtig-erwachsene Kompromiß- und Anpassungsstrategie den Eltern gegenüber bekommt dagegen etwas Masochistisches, denn die Emanzipation der reuig zurückkehrenden Tochter ist minimal und unglaubwürdig. Zwei Stunden darf sie abends länger ausbleiben, zum Frauenarzt durfte sie nur in Begleitung ihres Vaters und Gruppensex darf sie zu Hause sicher immer noch nicht treiben.

Die Enttäuschung an der Revolte brachte ihre antiautoritären, jugendlichen Akteure nach 1969 zur Rehabilitierung autoritärer Prinzipien, der bürgerlichen Tugenden wie Fleiß, Disziplin, Askese und der Denkweise der Pädagogik. Dazu kam die Rehabilitierung von Autoritäten wie Lehrern und Eltern und die Orientierung an den marxistischen Klassikern.

Anstelle des praktischen »Hier und Jetzt«, das die Revolte als Jugendlichenbewegung kennzeichnete, trat nun die Hinwendung zu Theorie, Abstraktion und Langsicht in Vergangenheit und Zukunft. All dies war in der damaligen Situation verständlich und folgerichtig. Die dogmatische Regression der Bewegung aber beruhte auf dem Integrationsmechanismus der Altersklassendifferenzierung, der die Schüler dazu verleitete, jetzt alle antiautoritären Einsichten und Verhaltensweisen als jugendliche Torheiten zu begreifen. Dieser Wechsel der Mentalität, die sich nun auf das Ideal des Reifen, Erzogenen bezieht, bedingte die Kluft zwischen »geschulter« Spitze und »ungeschulter« Basis der Bewegung, und zwar in einem Ausmaß, wie sie zu Revoltezeiten nie bestanden hatte.

Trotz der scheinbar vollständigen Metamorphose der Schüleropposition gelang die Ausmerzung ihres jugendlichen und libertären Charakters zu Beginn der kommunistischen Umorientierung nur halb, weil diese Opposition noch nicht willens war, ihre Selbsteinschätzung als revolutionäres Subjekt aufzugeben. Das Proletariat war zunächst Objekt einer sozialen Identifikation, die dem Randgruppendenken gar nicht fremd war. Das sollte sich erst in der zweiten Phase der Dogmatisierung, der eigentlichen K-Gruppenzeit, ändern.

6. Die K-Gruppenbewegung: Der *Schulkampf*

Parteikommunistische Zentralisierung

Der radikale Teil der Schülerbewegung organisierte sich während der beginnenden marxistisch-leninistisch orientierten Phase des jugendlichen Protests trotz der Zentralisierungsbestrebungen im ersten Schülerzentralrat noch in autonomen Gruppen an den einzelnen Schulen und gab schulspezifische Zeitungen heraus wie die ROZ-ASG. In der Blütezeit der K-Gruppen, zwischen 1971 und 1974, bestimmten dagegen auch an den Schulen die zentralistischen Unterorganisationen der verschiedenen neoleninistischen Parteien die Aktivitäten der Linksopposition.

1971 fand in Frankfurt die sogenannte Antiimperialismuswoche statt. Die Anhänger fast aller aus dem SDS hervorgegangenen Parteien und Organisationen – nicht nur die leninistischen, sondern z. B. auch der Revolutionäre Kampf (RK), eine sich als undogmatisch begreifende Betriebsgruppe, in der später der Häuserkampf entstand – organisierten Teach-Ins, Filmvorführungen und sonstige Informationsveranstaltungen über den Kampf der Befreiungsbewegungen in der Dritten Welt. Obwohl die Initiative ursprünglich von der Universität ausging, war die Beteiligung der Oberschüler außerordentlich stark und aktiv. Ein großer Teil der Veranstaltungen fand an Schulen statt. Aus dieser Aktionswoche ging dann der »zweite Schülerzentralrat« hervor, ein sich regelmäßig treffender Zusammenschluß der politisch aktiven Schüler aller Schulen, der hauptsächlich die von der Universität ausgehenden Aktionen zur Tagespolitik aufgriff und unterstützte, wie z. B. antiimperialistische Demonstrationen und auch den beginnenden Häuserkampf. Die fünfzehn bis zwanzig Schüler, die hierbei regelmäßig aktiv waren, sympathisierten mit verschiedenen Parteien und Organisationen, der KPDML, dem Kommunistischen Studentenverband Frankfurt (KSV-Frankfurt, einem Zusammenschluß der ehemaligen Roten Zellen der Universität), mit trotzkistischen Gruppen und dem RK. Diese Positionen waren am Anfang noch relativ wenig festgelegt, so daß sie einer Zusammenarbeit nicht im Wege standen. 1972 aber schon, als eine zur damaligen KPDAO (Kommunistische Partei Deutschlands Aufbauorganisation, später KPD) tendierende Fraktion den niedergehenden Schülerzentralrat neu zu beleben versuchte, mußten alle Beteiligten die Unvereinbarkeit der inzwischen festgefahrenen Standpunkte registrieren, und man löste sich auf.

Aus dem »zweiten Zentralrat« gingen drei Fraktionen hervor. Die nicht parteiorganisierten Schüler tendierten zum RK, d. h. zu den Spontis der damaligen Zeit. Die beiden kommunistischen Gruppen waren die Interessengemeinschaft kommunistische Oberschülergruppe (IG-KOG), eine Sympathisantenorganisation des KBW, die an einigen Gymnasien die Arbeit aufnahm, und die Kommunistischen Oberschüler Frankfurt (KOF), eine Sympathisantenorganisation der KPD(AO), die 1971 an Wöhler- und Bettinaschule gegründet wurde. Die KPD war als Spalterorganisation aus der KPDML-ZK-Linie hervorgegangen und hatte sich anfänglich unter dem Namen KPDAO als Aufbauorganisation der marxistisch-leninistischen Partei Deutschlands begriffen. Seit ihrer Umbenennung und der Umsiedelung ihrer Zentrale von Berlin nach Dortmund im Jahre 1971 begann sie sich im Zuge ihrer Bündnispolitik auszubreiten. Die Gründung des KSV, der Massenorganisation zur (Um-)Erziehung kommunistisch orientierter Studenten zum Klassenverrat, wurde durch die Einsetzung einer Oberschülerkommission (OSK) ergänzt, die eine dem KSV entsprechende kommunistische Oberschülerorganisation aufbauen sollte.

Die größte Differenz der KPD zur KPDML bestand in der Konzentration der KPD auf die Bündnispolitik, die sich vor allem auf die Bündnisschicht der Intellektuellen bezog, während die KPDML sich hauptsächlich auf die Organisierung des Proletariats konzentrierte. Letztere betrieb entsprechend der proletarischen Vergangenheit eines großen Teils der Mitglieder einen offenen Proletkult, der sich politisch im Primat der Betriebsarbeit und kulturell im Versuch der weitestmöglichen Anpassung an das zeitgenössische Proletariat (Haare abschneiden, saubere, unauffällige Kleidung usw.) ausdrückte. Die KPDAO bzw. KPD dagegen war wie der KBW, der der Intellektuellenfrage eine ähnlich hohe Bedeutung zumaß, im akademischen Milieu ehemaliger SDS-Funktionäre entstanden, die sich nach ihrer kommunistischen Umorientierung genötigt sahen, dem Proletariat seine eigene Ideologie nahezubringen.

Die OSK bestand aus KSV-Mitgliedern und den »fortgeschrittensten Oberschülern« (Thesen der Oberschülerkommission, in: *Rote Presse Korrespondenz*, 138, 1971, S. 7) und unterstand der zentralen Leitung des KSV. Sie veröffentlichte zunächst ein Thesenpapier zur theoretischen und praktischen Arbeit an Oberschulen und begann dann in einzelnen Regionen mit dem Aufbau von ›Sympathisantengruppen‹, die organisatorisch selbsttätig arbeiteten, aber ideologisch von der OSK betreut wurden. Eine davon war die KOF. Nach einem Jahr Aufbauarbeit wurde dann der KOV (Kommunistischer Oberschülerverband) gegründet. Ebenso wie die KOF war er offiziell selbständig, tatsächlich aber besorgte der KSV die Leitung: schon deshalb, weil die höheren Funktionäre meist keine Schüler mehr waren. Das überregionale Zentralblatt der OSK wurde vom KOV als *Schulkampf* weiter herausgegeben. Für die Politik des KOV waren die von der OSK erstellten grundsatzprogrammatischen Thesen richtungsgebend und wurden hauptsächlich über den *Schulkampf* vermittelt.

Der Anschluß der beiden KOF-Zellen an den Gesamtverband geschah bei einem Treffen der Frankfurter mit höheren Funktionären aus Berlin und Dortmund. Diese Leute diskutierten mit den ›Sympathisanten‹ ihres Verbandes die Thesen des OSK-Papiers, die bisherige praktische Arbeit an den beiden Schulen und die individuelle Lebensgeschichte der KOV-Kandidaten, um schließlich einen großen Teil (nicht alle!) der Interessenten in den KOV aufzunehmen.

So waren in Frankfurt zwei KOV-Zellen gegründet worden, die dem nächsthöheren Gremium der regionalen Leitung (bestehend aus einem oder zwei Funktionären) unterstanden. Später wurde zwischen diese beiden Instanzen noch eine Frankfurter Ortsleitung geschaltet. Die regionale Leitung ihrerseits unterstand der Zentralen Leitung (ZL), die in Dortmund residierte. Die befragten ehemaligen Frankfurter Zellenmitglieder konnten mir beide nicht sagen, von wem jeweils die genannten Leitungsgremien eingesetzt worden waren. So kann ich nur vermuten, daß dies von oben nach unten geschah (das hieße, daß die Funktionäre der Zentralen Leitung die der Regionalen Leitung und die Autoritäten der Regionalen Leitung die der Ortsleitung ausgewählt hätten). Die Zellenmitglieder jedenfalls waren über die Machenschaften in den höheren Funktionärsrängen nicht informiert. Ebensowenig wußten sie über Mitgliederstärke, Finanzmittel und genauere lokale Existenz des eigenen Verbandes Bescheid. Bekannt war ihnen nur die Mitgliederzahl der eigenen lokalen Zellen, die Existenz der Ortsleitung und der Regionalleitung. Diese mangelhafte Information der Organisationsmitglieder an der Basis wurde als Sicherheitsmaßnahme dem Feind, d. h. der Bourgeoisie bzw. der Polizei gegenüber gerechtfertigt und akzeptiert. Der demokratische Zentralismus, dem das Organisationsmodell entsprach, sollte der Aufrechterhaltung und Entwicklung der richtigen Parteilinie dienen.

Der *Schulkampf* schließlich, das von der Zentralen Leitung herausgegebene Zentralorgan des KOV, sollte »das Ergebnis der Zusammenfassung der geführten Kämpfe [. . .] und die Konkretisierung der Linie für neue Kämpfe« sein (ein ehemaliges Zellenmitglied, Interview 1978). Die Artikel wurden fast ausschließlich von höheren Funktionären verfaßt, obwohl die Zellen angehalten waren, Berichte über ihre Arbeit zu schreiben. Was die »Konkretisierung der Linie« angeht, wurde aus dem OSK-Papier zitiert, die Artikel zur Tagespolitik stellten »einen Abklatsch der Roten Fahne [Zentralorgan der KPD]« dar (Interview 1978); Zellenberichte dagegen waren selten, und theoretische bzw. gesamtgesellschaftskritische Beiträge enthält das Blatt gar nicht. Letzteres entsprach dem Vorsatz, ein intellektuelles »Abheben« der Zeitung zu vermeiden, und wird von den beiden Interviewten als rein formaler und deshalb gescheiterter Versuch gewertet. Der *Schulkampf* erschien monatlich und wurde für 40 Pf überall in der Bundesrepublik vertrieben. Wie er sich finanzierte, in welcher Auflage und an wievielen Schulen er verkauft wurde, ist eines der Geheimnisse, die die ehemaligen Funktionäre mit ins Grab nehmen werden. Im übrigen scheint der *Schulkampf* wenig gelesen worden zu sein. Meine beiden Informanten z. B. lasen ihr eigenes Zentralorgan selten oder nie, und in der Zeitung selbst werden mehrmals *Schulkampf*-Lesezirkel propagiert.

Der KOV arbeitete drei Jahre an Wöhler- und Bettinaschule. Von den eigentlichen Zellenmitgliedern war nach außen hin nur je einer, der presserechtlich Verantwortliche, bekannt, der Flugblätter und Resolutionen mit seinem Namen zeichnete. Ansonsten wurde die Mitgliedschaft geheimgehalten und die eigentliche Stärke der Zellen (auch mir gegenüber) aus Sicherheitsgründen verschwiegen. An beiden Schulen sollen je ca. zehn Schüler aktiv und kontinuierlich im Sinne des KOV gearbeitet haben (Mitglieder und engere ›Sympathisanten‹). Die Zahl der bei Aktionen mobilisierbaren Schüler soll zwischen zehn und zweihundert geschwankt haben (wobei ich nicht sicher bin, ob die Aktionen, die der KOV für sich beanspruchte, auch wirklich von ihm angeregt wurden). Tatsächlich scheint die Schülerbewegung zu Beginn der K-Gruppenzeit noch genauso stark gewesen zu sein wie auf der Höhe der Revolte und verbreiterte sich nach 1969 eher noch.

Als politische Aktivitäten des KOV wurden mir genannt: die Gründung von Aktionskomitees zum NC-Streik (Numerus Clausus), zur Vietnamkampagne und zur Oberstufenreform, die Kandidatur des KOV zu den SV-Wahlen und in drei Fällen Kampagnen gegen Schulverweise von Mitschülern, von denen zwei erfolgreich waren. Die einzige vom KOV selbständig organisierte Demonstration fand anläßlich eines Schulverweises statt. Im gleichen Zusammenhang wurden an der Wöhlerschule mehrere Streiks organisiert. Neben diesen Solidaritätskampagnen für einzelne exponierte Mitschüler soll der KOV seine besten Erfolge in der NC-Kampagne gehabt haben. Unabhängig von der Politik an der Schule beteiligte sich der KOV an den Aktionen der KPD und ging der ihm von dieser auferlegten Pflicht des *Rote Fahne*-Verkaufs nach.

Nach dreijährigem Bestehen wurde der KOV in allen Regionen aufgelöst und offiziell dem Kommunistischen Jugendverband Deutschlands (KJVD), der Jugendorganisation der KPD, einverleibt. Tatsächlich aber soll der Verband sowohl organisatorisch als auch ideologisch am Ende gewesen sein, was sich schon in der unorganisiert-chaotischen Auflösung gezeigt hat.

Dies wurde von den ehemaligen Mitgliedern hauptsächlich auf die Vernachlässigung der Schulung zurückgeführt, infolgedessen sich die leitenden Gremien mehr und mehr von der Basis entfernt hätten. Ich teile diese Einschätzung nicht, sondern glaube, daß die Kluft zwischen den Funktionären und den Leuten an der Basis von Anfang an organisatorisch angelegt war. Das beweist der krasse inhaltliche und mentalitätsmäßige Gegensatz, der zwischen dem für das Bewußtsein der Leitungsgremien repräsentativen *Schulkampf* und den Aussagen der ehemaligen Mitglieder über Ansichten und Lebensweise in den Zellen besteht.

Der Frankfurter KOV an der Basis, meist liberalen Elternhäusern entstammend wie die oppositionellen Jugendlichen in der Revolte, repräsentierte keineswegs den rigiden und kurzhaarigen

Funktionärstyp der K-Gruppen. Ganz im Gegenteil sollen sie fast alle nichtsnutzige Schulrabauken gewesen sein. Anders als im Fall der Revolte aber mischte sich der intellektuelle Typ des Oberschülers nicht unter seine naturwüchsig-oppositionellen Kollegen. Die Politik des KOV soll solchen Leuten zu primitiv gewesen sein.

Die Hinwendung der sich kommunistisch dogmatisierenden Bewegung zur Theorie wurde nur am Anfang, zur Zeit der Parteigründung, von allen Beteiligten nachvollzogen. Mit fortschreitendem Aufbau und der basismäßigen Verbreiterung der hierarchischen K-Gruppenapparate wurde die Theorie mehr und mehr von den Funktionären gepachtet. An der Basis aber setzte ein Verdummungsprozeß ein, der, ergänzt von der Uninformiertheit über die eigene Organisation, die Mitglieder entmündigte. Im Fall des KOV beweist dies nicht nur die bewußte theoretische Abstinenz des Zentralblattes, sondern auch die Tatsache, daß sich die Funktionäre lediglich bei der Gründung des Oberschülerverbandes um die Schulung der Zellenmitglieder kümmerten.

Der KOV und seine ›Sympathisanten‹ waren Leute, die sich schon in der Revolte politisiert hatten, oder solche, die vom Typ her individuell zur Opposition prädestiniert waren. Später kamen auch einige eher »spießige« Mitglieder dazu (Interview 1978), deren Politisierung in der Revolte schon wegen deren bohemehafter Kultur nicht möglich gewesen wäre. (Der letztbeschriebene Typ häufte sich bei den späteren K-Gruppengenerationen in allen Parteien mehr und mehr.)

Die spezifische Attraktion, die zu dieser Zeit vom Kommunismus ausging, soll vor allem auf der Enttäuschung an der Unzuverlässigkeit der antiautoritären Bewegung und auf deren Isolation von der Bevölkerung beruht haben. Daraus und aus der Vermarktung der antiautoritären Gegenkultur erklärt sich auch der Trend zum Haareabschneiden: Obwohl der KOV und angeblich auch die KPD selber den Kastrationsritus der Proletkult-treibenden »MLer«, den Verzicht auf bohemehafte Haartracht und Kleidung, theoretisch ablehnte, vollzog ihn jetzt doch einer nach dem anderen nach. Das muß an dem Druck gelegen haben, der inzwischen nicht mehr nur von Schule und Elternhaus ausging, sondern auch vom politischen Primat, das vorschrieb, die Bevölkerung verstärkt zu agitieren.

Mit dem »Kiffen« war es ähnlich. Der sich schließlich durchsetzende moralische Rigorismus auch des KOV in diesen Fragen soll u. a. auch auf die Hippie-Vergangenheit eines nicht unbeträchtlichen Teils der Mitglieder, d. h. auf die entsprechende nachträgliche Gegenreaktion zurückgegangen sein.

Der im letzten Kapitel beschriebene enthusiastische Arbeitseifer der frühen Dogmatisierungsphase kennzeichnete auch die KOV-Schüler, die – anfänglich noch um exakte theoretische Klärung aller Fragen bemüht – tatsächlich einmal diskutierten, ob der Schlaf die Arbeitsfähigkeit der Kommunisten effektiviert oder nicht etwa herabsetzt.

Trotzdem muß die Lebensweise dieser Jugendlichen die der (hauptsächlich im theoretischen Sinne hedonistischen) Schüler der Revolte an Unregelmäßigkeit und Bohemehaftigkeit bei weitem übertroffen haben. Im Zuge der jugendlichen Selbstemanzipation und der entsprechenden pädagogischen Liberalisierungen gelang es in den frühen siebziger Jahren vielen Schülern, nicht nur die Forderung nach Sexualbetätigung zu realisieren, sondern sich auch vom Elternhaus zu trennen. So lebte ein großer Teil der jungen Kommunisten unter Bedingungen unbeschreiblicher Armut in Wohngemeinschaften oder Studentenwohnheimen. Ein regelmäßiges Leben wäre so gar nicht möglich gewesen. Sexualität wurde nicht nur von fast allen Mitgliedern und ›Sympathisanten‹ praktiziert, sondern auch immer noch unter Aspekten der Moral der Revolte diskutiert. Man war gegen Ehe und Familie und propagierte u. a. Gruppenbeziehungen, obwohl das dem mit der K-Gruppenbewegung einhergehenden Puritanismus, wie ihn auch der *Schulkampf* vertrat, vollständig widersprach.

Nicht nur in diesem Punkt unterschieden sich die Positionen der Basismitglieder von denen der Funktionäre, wie sie im *Schulkampf* zum Ausdruck kommen. Die Zellenmitglieder waren generell undogmatischer als ihre in der Hierarchie höher stehenden Genossen. Die beiden Befragten betonten, mit vielen Maßnahmen und Prinzipien des KOV nicht einverstanden gewesen zu sein. Da sie aber von der Notwendigkeit einer kommunistischen Partei absolut überzeugt waren, tolerierten sie deren Fehler als nebensächlich oder zweifelten an sich selber.

Die Themen des Zentralorgans *Schulkampf*: Grundsatzprogrammatik, Parteiaufbau und Disziplin

Grundsatzprogrammatik

Während in der Schülerrevolte und sogar noch in der im vorigen Kapitel dargestellten anfänglichen Dogmatisierungsphase immer eine Tendenz zur grundsätzlichen Kritik der Schule bestand, verurteilten die K-Gruppen, hier die KPD bzw. ihre OSK und der KOV, nur noch das kapitalistische Ausbildungssystem. Ausgangspunkt der Analyse des bundesrepublikanischen Schulwesens und der Klassenlage der Oberschüler ist folgende Binsenweisheit:

»Das Gymnasium [...] bleibt weiterhin der Ort, an dem die Söhne und Töchter der Bourgeoisie und Kleinbourgeoisie auf ihre spätere Rolle als Stützen des Kapitals vorbereitet werden.« (Thesen der OSK, S. 4)

Dies geschieht nicht nur in der Vermittlung fachlichen Wissens, sondern auch und vor allem mittels einer ideologischen Ausbildung, die in Form der Allgemeinbildung verabreicht wird. Die sozialdemokratische Bildungsreform, die durch die Erweiterung des Fächerkanons um Disziplinen wie Sozialkunde, Rechtskunde usw. so tut, als wollte sie die gymnasiale Wissensvermittlung mehr auf die spätere Berufsausbildung hin spezialisieren, hat dabei nichts als Alibifunktion. Sie will die Allgemeinbildung bloß durch den »höheren Blödsinn der bürgerlichen Gesellschaftslehre« (Ebd., S. 4) ersetzen.

Indem die KPD also eine fachspezifische Ausbildung befürwortet, reiht sie sich in die Technokratenfront ein und schlägt damit der Hauptkritik der Revolte an der kapitalistischen Ausbildung zum »Fachidiotentum« ins Gesicht.

Gegen die von der Revolte (an den Schulen und in und außerhalb der Universität) festgestellte grundsätzliche Unterprivilegierung der Jugend, speziell von Schülern, setzt die K-Gruppenbewegung die Privilegierung der bourgeoisen Jugendlichen, der künftigen Intellektuellen, im Gegensatz zur klassenspezifischen Benachteiligung der Arbeiterjugend:

»Der Oberschüler hingegen [...] ist nicht gezwungen, seine Arbeitskraft zu verkaufen. Vielmehr erhält er ohne die geringste Berührung mit gesellschaftlicher Arbeit eine Reihe von Zuschüssen, die ihn sowohl zu

Hause wie in der Ausbildung besser stellen als den Lehrling. (Dies reicht vom Taschengeld über das eigene Zimmer, kostenlose Versorgung bis zur Finanzierung seiner Ausbildung.) Hinzu kommt die freie Verfügung über viel Zeit während des Schuljahrs und besonders in den Ferien. Der Oberschüler findet immer Gelegenheit, seinen besonderen Ambitionen und Interessen nachzugehen. Daran ändert auch die Arbeit in den Ferien oder sogar der Job während der Schulzeit nichts, da es für den Oberschüler ein Privileg bedeutet, relativ viel Geld für zusätzliche Vergnügen verdienen zu können.« (Ebd., S. 5)

Das festgestellte Privileg, seine Arbeitskraft nicht verkaufen zu müssen, wird hier aus einem ökonomistisch-formalistischen Arbeitsbegriff abgeleitet, der Arbeit nur an ihrer Verwertbarkeit, nicht aber an der damit verbundenen Plackerei bemißt. Was die finanziellen Zuschüsse der Oberschüler betrifft, wird unterschlagen, daß die Organisation der schulischen Ausbildung eine Eigenfinanzierung verunmöglicht. So kann die finanzielle Abhängigkeit vom Elternhaus unter rein ökonomischer Betrachtungsweise als Privileg gewertet werden. Trotz seiner Privilegierung ist der Oberschüler als künftiger Intellektueller ein potentieller Verbündeter des Proletariats. Allgemein wird dies aus der zunehmenden »Deklassierung der Zwischenschichten« erklärt, »die die kleinbürgerlich-selbständige Existenz der Intellektuellen zerstört und sie in immer größerem Maße zu Lohnabhängigen werden läßt« (Thesen der OSK, S. 5). Diese Deklassierung hat nach Ansicht der K-Gruppen die Studenten- wie die Schülerbewegung hervorgebracht. Die mögliche Motivation der Intellektuellen und speziell der Schüler zum Bündnis mit dem Proletariat, dem kommunistische Umerziehung und Klassenverrat vorausgehen müssen, wird folgendermaßen begründet:

»Ihren Widerspruch zur Monopolbourgeoisie erfahren die Schüler unmittelbar in der totalen Leblosigkeit, Langeweile und Praxisferne des Unterrichts, in der scheinbaren Sinnlosigkeit der Leistungs- und Prüfungsforderungen und der verkommenen Schuldisziplin sowie insbesondere in dem Widerspruch zwischen der bürgerlichen Weltanschauung und der Wirklichkeit des Imperialismus.« (Ebd.)

Politisches Engagement bei Oberschülern wird also über moralische Beweggründe hinaus nur aus dem Unmut über die Unzulänglichkeit der Ausbildungsinhalte und der Vermittlungsform abgeleitet. (Was dabei die »verkommene Schuldisziplin« ist, bleibt unklar.) Von daher wird auf den »Wunsch nach einer sinnvollen

Ausbildung« (Ebd.) geschlossen. Da die »intellektuellen Zwischenschichten« aber spontan nur zu reformistischen Positionen ständischer Interessenvertretung neigen, ist die Zielgruppe kommunistischer Agitation an den Gymnasien nur eine Minderheit fortschrittlicher Oberschüler. Das erste Ziel der Oberschülerorganisation lautet: »Einen führenden Kern kommunistischer Oberschüler heranziehen!« Die »Umerziehung im Kampf gegen die Bourgeoisie« hat »unter Führung der Kommunisten« (Ebd., S. 7) bzw. »unter Führung der Partei« zu geschehen, zunächst im organisatorischen Rahmen der OSK und des KOV, später aber in der proletarischen Jugendorganisation, dem KJV(D):

»In den Leitsätzen wird dargelegt, daß die richtige organisatorische Perspektive für kommunistische Oberschüler und Studenten ihre Einreihung als gesonderte Sektion in den KJV ist.«

»Die Unterordnung des Kampfes der Oberschüler unter die Erfordernisse des Kampfes der Arbeiterjugend drückt sich organisatorisch aus in der Unterordnung unter den Gesamtverband.« (Thesen der OSK, S. 9)

Die jugendliche Protestbewegung, die jetzt dem wiederentdeckten Ideal der Reife huldigt, ist weit davon entfernt, sich einfach für erwachsen zu erklären. Ganz im Gegenteil legt sie besonderen Wert auf den dahin führenden Sozialisationsprozeß. An die Stelle der Unterdrückung durch die Schule tritt nun die Unterordnung unter die Führung der Partei, an die Stelle der schulischen und familialen Erziehung der »Umerziehungsprozeß« durch die Partei mit dem Ziel, ein Kommunist zu werden, der dann als Vertreter des Proletariats seinerseits anleiten und (um)erziehen darf. Nicht von ungefähr entdeckte die K-Gruppenbewegung »die revolutionäre Berufsperspektive« als Lehrer, und unter ihren Anhängern fanden sich nicht zufällig besonders viele Lehrer, Pädagogikstudenten, Sozialarbeiter, Kindergärtner und sonstige Erzieher.

Darüber hinaus aber kann man die vom Zentralkomitee propagierte Demutsgeste und das schlechte Gewissen der klassenmäßig Privilegierten dem Proletariat gegenüber – bei gleichzeitiger starker Betonung der Unentbehrlichkeit der bürgerlichen Intelligenz im Klassenkampf – als spiegelbildliche Fortsetzung des Avantgardebewußtseins aus der Revolte interpretieren. Die antiautoritäre Bewegung glaubte an die Wirkung des Beispiels der eigenen Randgruppe, dem das Proletariat notwendig folgen werde. Die jugendlichen Intellektuellen der ersten Dogmatisierungsphase machten sich dagegen selbst zu Proletariern, um dann in der von KPD und KBW dominierten Folgezeit ihre ständig betonte bzw. beklagte Privilegierung in den Parteien zu reproduzieren, deren Mitglieder und Funktionäre fast ausschließlich (klein)bürgerliche Intellektuelle waren.

Das von der OSK ausgearbeitete und vom KOV angewandte Kampfprogramm stützt sich auf die Pfeiler von vier Parolen:

1. »Für eine Ausbildung im Dienste des Volkes! Organisiert den Kampf gegen die bürgerliche Ideologie!
Erlernt nützliches Wissen für den Klassenkampf.« (Thesen der OSK, S. 9)

Im Gegensatz zur Konfliktstrategie der Revolte ist das agitatorische Konzept der K-Gruppen an den Schulen ein fast ausschließlich verbal-aufklärerisches. Inhalt der genannten ersten Parole ist die theoretische Entlarvung der bürgerlichen Ideologie. Mit dem »nützlichen Wissen« ist die Aneignung des Marxismus-Leninismus gemeint.

2. »Die Oberschüler in die weltweite Front gegen den Imperialismus einreihen!«
3. »Kampf dem Militarismus!«

In diesem Zusammenhang wird nicht etwa die Kriegsdienstverweigerung empfohlen, sondern die aufklärerisch-agitatorische Unterwanderung der Bundeswehr von innen.

4. »Kampf dem Abbau der demokratischen Rechte des Volkes.«

Den verfassungsmäßig garantierten demokratischen Rechten im bürgerlichen Staat werden die reformpädagogischen Institutionen der Schule, SV und Schülerpresse direkt gleichgesetzt. Der *Schulkampf* weist in einer ganzen Reihe von Artikeln darauf hin, daß die neuen Schulverfassungsgesetze der siebziger Jahre unter dem Deckmantel der Demokratisierung nur der Entrechtung der Schüler dienen. Dies wird im einzelnen anschaulich und überzeugend nachgewiesen. Da aber jegliche Analyse der Schulinstitution als solcher fehlt, erscheint das Gymnasium als ein Ort, an dem die ursprünglich klassenmäßig privilegierten künftigen Intellektuellen eines Teils ihrer Rechte beraubt werden. Es handelt sich dabei um eine Schicht, die gegen die Tendenz ihrer sozialen Deklassierung und z. T. aufgrund moralischer Erwägungen in den letzten Jahren und besonders seit ihrer Entscheidung für den Kommunismus kritisch aufbegehrt. Es entsteht der Eindruck, als ob die Entrechtung der Schüler erst mit deren politischer Bewußtwerdung nötig geworden sei und nicht schon seit Jahrhunderten bestanden hätte. Dementsprechend wird auch die SV nicht mehr grundsätzlich boykottiert, sondern das Kampfprogramm sieht eine Beteiligung der kommunistischen Schülerorganisation an den SV-Wahlen vor. Ebenso wie im bürgerlichen Staat das Parlament soll die SV als »Tribüne der Agitation« (Thesen der OSK, S. 13) benutzt werden. Genauso realpolitisch wie die agitatorischen Ziele der K-Gruppen sind ihre erfüllbaren und so wieder reformorientierten Forderungen, die sich hauptsächlich auf die Schulverfassungsgesetze beziehen:

»Weg mit der Schweigepflicht! Für Öffentlichkeit aller Gremien!«
»Weg mit dem Spaltungsparagraphen 23,3! Für jederzeitige Einberufung der Schülerversammlung durch die Schülervertretung!« (*Schulkampf*, 3/1972, S. 3)

Während die Revolte sich in anarchistischer Tradition nach dem Prinzip der Kampfgewerkschaften organisierte und »unerfüllbare« Forderungen stellte, verlegen sich die K-Gruppen auf die Politik des Kleine-Brötchen-Backens.

Die gänzliche Ausklammerung aller Aspekte der Jugendlichenproblematik und des allgemeinpolitischen Charakters der Pädagogik erübrigt inzwischen nicht nur die Kampfansage an die Lehrer als Lehrer, sondern sogar die Analyse ihrer sozialen Rolle. Der Kampf gilt der »politischen Disziplinierung fortschrittlicher Lehrer und Schüler« (Thesen der OSK, S. 13), als bestünde kein Unterschied zwischen ihnen.

Konflikte

Die Jugendlichenbewegung geht in ihrer Dogmatisierungsphase den Weg der bürgerlichen Jugend, die erwachsen wird. Sie hat sich die Hörner abgestoßen, ist desillusioniert und orientiert sich an »Vorbildern«, wie es die Pädagogen seit dem 18. Jahrhundert vorgesehen hatten. Man wählt die »erprobten« Organisations- und Aktionsformen der Arbeiterbewegung und orientiert sich an den »erfolgreichen« Revolutionen.

Ähnlich wie die intellektuellen Schüler vor 1967 unterdrücken die jungen Kommunisten jegliche jugendspezifische Mentalität, verwerfen alles Utopische, verlieren ihre Spontaneität und werden phantasielos und diszipliniert, brave Kinder, die die Erwachsenen nachmachen.

Dieses neue Bewußtsein vermitteln die KOV-Funktionäre im *Schulkampf,* in Berichten über Schulkonflikte, Aktionen und den Fortschritt des Organisationsaufbaus. Der pflichterfüllende Charakter, der der politischen Arbeit zugeschrieben wird, geht besonders drastisch aus dem Bericht einer Zelle über ihre »Unterrichtsagitation« hervor. Vorbereitung und Ablauf der entsprechenden Politikwissenschaftsstunde werden in allen Einzelheiten beschrieben:

»Eine große Hilfe für uns war, daß wir im Schulkollektiv (SK) gerade die Behandlung des Schulungstextes ›Der Imperialismus als höchstes Stadium des Kapitalismus‹ von Lenin abgeschlossen hatten.« (*Schulkampf,* 3/1972, S. 9)

Nachdem die »UA« (Unterrichtsagitation) anfänglich wie geplant verlaufen war, lehnte der Lehrer die Fortsetzung der Diskussion ab, und es passierte folgende Panne:

»Statt dessen wurden zwei Genossen des KlaKo's [Klassenkollektiv] nach Noten über die ›Ära Bülow‹ und die ›Ära Caprivi‹ geprüft. Darauf waren die Genossen natürlich nicht vorbereitet und liefen auch ins offene Messer (der eine erhielt eine 4, der andere eine 4–). Unser KlaKo übte daraufhin Selbstkritik.«

Obwohl der KOV das Notensystem ablehnt, steht der Hinweis auf die schlechten Noten der Genossen im Mittelpunkt der Selbstkritik. Das abschließende Résumé beweist, daß es den Schülern bei der beschriebenen Aktion vor allem darum ging, der Zentralen Leitung zu gefallen:

»Dies ist das erste Mal gewesen, daß unser KlaKo der Aufforderung des ZR [Zentralrat], die organisierte UA in Angriff zu nehmen, gefolgt war. Obwohl wir es versäumt haben, uns in den entscheidenden Punkten gegen unseren PW-Lehrer durchzusetzen [...] konnten wir uns in unserer Klasse weiter verankern.«

Das passiv autoritäre Verhalten gegenüber den Oberfunktionären in der Zentralen Leitung findet sein Pendant in einer zumindest unbewußten Autoritätshaltung der Schuladministration gegenüber. So werden die schlechten Noten der beiden unterrichtsagitierenden Aktivisten als Niederlage beurteilt, und der

Schulkampf empfiehlt häufig die Konfliktvermeidung. In einem Bericht über eine Klassenfahrt z. B., auf der sich das KlaKo mit einer anderen KOV-Zelle getroffen hatte, heißt es:

»Dafür, daß wir am Singen der Internationale am Ende der Veranstaltung teilnehmen und noch rechtzeitig wieder in der Herberge sein konnten, müssen wir den Genossen danken, die uns noch am späten Abend mit dem Auto zurückfuhren.« (*Schulkampf*, 7/1973, S. 3)

An anderer Stelle wird sogar die Schule als wissensvermittelnde Institution gepriesen:

»Eine Genossin hielt mit Hilfe eines Megaphons kurze Ansprachen in deutsch, englisch und französisch. Sie war begeistert, daß sie das in der Schule erlernte Wissen nützlich anwenden konnte.« (*Kommunistische Schülerpresse*, 6/1972, S. 7)

Das an solchen Stellen meist besonders gut gelungene *Peking-Rundschau*-Deutsch erinnert nicht wenig an den Schulaufsatzstil, den die politisierten Schüler vor und in der Revolte wie die Pest gemieden hatten. Gegen Ende der »KOV-Zeit«, kurz vor seiner Auflösung, bringt der *Schulkampf* immer mehr Artikel zum Parteiaufbau, und die Texte strotzen von Euphemismen wie: »Denn die Arbeit der Kommunisten geht überall schwungvoll voran.« (*Schulkampf*, 7/1973, S. 6)

In den »KOV-Aufgeboten zum 1. Parteitag der KPD« (*Schulkampf*, 5/1974) wird die Verselbständigung der Organisation von den Zielen, denen sie zum Mittel dienen sollte, bis hin zu ihrem Selbstzweck besonders deutlich. Dort heißt es z. B.:

»An erster Stelle steht für uns die direkte Unterstützung der Partei durch den Rote-Fahne-Verkauf [...]. Jeder Genosse muß sein Rote-Fahne-Verkaufskollektiv als höchst wichtige Aufgabe begreifen im Hinblick auf die Vergrößerung des Masseneinflusses der Partei.« (*Schulkampf*, 7/1973, S. 6)

Nicht etwa das Verkaufen der *Roten Fahne* ist eine »höchst wichtige Aufgabe«, sondern das Verkaufskollektiv, d. h. die Organisationseinheit, die den Verkauf regelt. So erklärt sich auch die seltsame Parole: »Vorwärts zum 14tägigen Erscheinen des Schulkampf.« (*Schulkampf*, 5/1974, S. 2)

Rekordzahlen von verkauften Zeitungen, gebildeten Klassenkollektiven und organisierten Schülern stehen im Vordergrund der Erfolgsmeldungen zum ersten Parteitag, während über keine einzige erfolgreiche Aktion berichtet wird. Der Verlust jeglichen Bezugs zur Schulwirklichkeit ist die notwendige Folge dieser Entwicklung. Zur praktischen Arbeit an der Schule wird gesagt:

»Den ideologischen Einfluß der Partei verstärken heißt in erster Linie, mit dem Parteiprogrammentwurf unter den Schülern arbeiten.« (*Schulkampf*, 5/1975, S. 7)

Begründet wird diese Parole damit, daß es gelte, »an den brennenden Fragen der Schüler anzusetzen«. Brennende Fragen sind die »nach unserer Stellung zur Sowjetunion oder nach der jetzigen Politik der SPD-Regierung«.

Die wenigen Berichte über Schulkonflikte beziehen sich fast ausnahmslos auf solche, die als Reaktion der Schulbürokratie auf Aktionen der KOV-Zellen entstanden sind. So werden z. B. KOV-Genossen wegen *Schulkampf*- oder Flugblätterverteilens, anläßlich der Unterrichtsagitation, wegen politischer SV-Wahlkampfführung oder außerschulischer politischer Betätigung bestraft. Die KOV-Zelle agitiert dann z. B. mit Pausenkundgebungen, Demonstrationen durchs Schulhaus, Flugblattaktionen oder Streikaufrufen. Die Schulleitung lenkt entweder verunsichert ein oder reagiert mit noch härteren Sanktionen. Solidarität gilt bis auf eine Ausnahme nur erklärten Kommunisten oder »fortschrittlichen Schülern«. Konflikte, die nicht direkt politisch sind, werden nicht aufgegriffen und die übrigen einseitig politisiert, indem die Rolle des KOV bzw. die Verfolgung der Kommunisten gewaltsam in den Vordergrund gerückt wird.

Der Bericht über einen *Polizeiüberfall am Schlaungymnasium* (*Schulkampf*, 8/1973, S. 8) in Münster beschreibt einen Schulkonflikt, der sich anläßlich einer Lehrerkonferenz zuspitzte, die über Schulverweise beriet. Zum Termin der Konferenz war schulfrei. Der Aufforderung des KOV folgten trotzdem vierzig Schüler und kamen vor die verschlossene und von acht Lehrern bewachte Schule. Was folgt, gleicht trotz der offensichtlichen Bemühung um Sachlichkeit und Nüchternheit in der Schilderung einer klassisch antiautoritären Schüleraktion, deren Initiative sich der KOV zuschreibt:

»Durch einen Trick konnten die Reaktionäre überlistet werden: Die Schülervertreter, die offiziell teilnahmeberechtigt waren, begaben sich ins SMV-Zimmer, um das Fenster von innen zu öffnen! Über 35 Schüler stiegen daraufhin per Räuberleiter ins SMV-Zimmer ein, riefen lautstark im Schulgebäude Parolen und konzentrierten sich darauf, die Öffentlichkeit bei der Konferenz herzustellen, was dann auch geschah.«

Es folgt der Polizeieinsatz, bei dem 24 Schüler verhaftet wurden. Nach einer weiteren Lehrerkonferenz, die mit einem zweiten Rausschmiß endete, kam es zu einer Demonstration mit Kundgebung von ca. 150 Schülern in der Innenstadt von Münster. Die Schulleitung nahm daraufhin die Schulverweise zurück.

Ob nun der KOV, wie er vorgibt, tatsächlich die Eskalation betrieben hat, was gegen die Prinzipien der eigenen Grundsatzprogrammatik verstoßen hätte, oder ob er sich nach Art der Bolschewiki als selbsternannte Avantgarde an die Spitze einer an der Basis entstandenen Bewegung gesetzt hat, ist nicht nachzuprüfen. Die Schlußfolgerungen jedoch, die er aus den Ereignissen zieht, erscheinen im Gegensatz zu den geschilderten Fakten unrealistisch und an den Haaren herbeigezogen:

»Vielen Schülern war klar geworden, [...] daß vor allem die Kommunisten im Zentrum der Verfolgungsmaßnahmen stehen. So riefen die Schüler auch immer wieder spontan: Hände weg von der KPD!«

Während der Bericht ansonsten um nichts mehr bemüht ist, als eine offensichtlich spontane Aktion als geplant hinzustellen, taucht hier das Wort »spontan« ausgerechnet im Zusammenhang mit der unspontansten Eigenart der K-Gruppler, der jubelnden Identifikation mit der Partei, auf, die hier sämtlichen Demonstrationsteilnehmern unterstellt wird. Weiter ist von dem »Druck der Massen« die Rede, womit wohl die erfolgreiche Minderheit der oppositionellen Schüler eines Gymnasiums gemeint ist, und zum Schluß heißt es emphatisch:

»Die Wirklichkeit der Klassenkämpfe, die die Schlaunschüler selbst erlebt haben, wird die reaktionäre bürgerliche Ideologie entlarven.«

Die komische Hilflosigkeit der Schulbürokratie, die schließlich doch zurückstecken mußte, und die Lächerlichkeit des Polizeieinsatzes finden ihr Pendant in der Lächerlichkeit der KOV-Darstellung, die so tut, als ob man sich mitten in der Münsteraner Revolution befinde.

Wieder spielen die Schüler im Sandkasten, nicht nur in dem der Demokratie beim taktischen Wahlkampf um die SV-Kandidatur, sondern auch in dem der Partei und der Revolution. Gleichzeitig reproduziert sich die Überschätzung der eigenen historischen Bedeutsamkeit aus der Revolte und treibt trotz oder gerade wegen des realitätsorientierten Anspruchs der K-Gruppen weit seltsamere Blüten als vorher.

Der vorgebliche Realismus, den die K-Gruppen dem Utopismus der Revolte entgegenstellen, bedingt nicht nur ihre realistische, d. h. konventionelle Art, mit erfüllbaren Forderungen und Wahlbeteiligung Politik zu machen, sondern auch die sich mehr und mehr verselbständigende Fixierung auf die eigene Organisation und deren maßlose Überschätzung.

Der einzige vom Schulkampf dargestellte Konflikt, dem der KOV eine ursprünglich politische Ursache abspricht, entzündete sich an einem ins Klassenzimmer geworfenen Kracher. Die Minibombe enthielt ironische Morddrohungen gegen zwei Lehrer. Die Kripo wurde eingeschaltet und der Vorfall dem KOV angelastet, dem dies ganz recht zu sein scheint: »So bot diese große Unruhe an unserer Schule eine hervorragende Ausgangsbasis für unsere weitere Arbeit.« (*Schulkampf*, 3/1974, S. 5) Auch dies entspricht der offiziell abgelehnten Konfliktstrategie. Der KOV wendet sich zwar gegen den Rausschmiß des Schulverbrechers, läßt aber durchblicken, daß ohne die Politisierung des Vorfalls als Projektion auf den KOV kein Grund dazu bestanden hätte:

> »Auch wenn wir diese ›Tat‹ entschieden ablehnen, da sie in keinster Weise mit unseren politischen Anschauungen übereinstimmt, werden wir uns doch mit aller Gewalt gegen den Rausschmiß des Schülers stellen, denn er dient keineswegs dazu, dem Schüler eine Lehre zu erteilen, sondern einzig und allein dazu, uns [. . .] einzuschüchtern.«

Der KOV läßt hier trotz seiner taktischen Solidarität mit dem Schulrowdy sogar eine prinzipielle Befürwortung von Strafen bzw. Schulstrafen durchblicken. Die Mentalität des angepaßten Schülers scheint wiederhergestellt zu sein.

Die kommunistische Schülerbewegung und speziell der KOV hatten trotz gegenteiliger Absichten ihre relativ größten Erfolge beim Aufgreifen spezifischer Schulkonflikte wie z. B. den Anti-Relegations-Kampagnen und beim Ansetzen an der direkten Betroffenheit der Schüler, wie bei der NC-Kampagne. Es handelt sich auch hier wieder um das Phänomen, daß sich in der feudal-repressiv strukturierten Institution der Schule die antiautoritäre Konfliktstrategie gleichsam naturwüchsig durchsetzt.

Wahrscheinlich unter dem Konkurrenzdruck der sich verbreiternden Spontibewegung beginnt der *Schulkampf* die Freizeit der Schüler erst in seinen letzten Nummern zu behandeln, und zwar unter dem Aspekt der »politischen Gestaltung der Freizeit« (*Schulkampf*, 5/1974, S. 12) oder der politisch richtigen Lösung »persönlicher Probleme«, womit vor allem die Sexualität gemeint ist; und als Kritik antiautoritärer, auf direkte Bedürfnisbefriedigung und Emanzipation abzielender Positionen, wie sie die Spontis nun wieder vertraten.

Was den ersten Punkt angeht, sind die Vorschläge phantasielos und dürftig. So wird z. B. ein politisches Schachspiel empfohlen, dessen Regeln im Gegensatz zum herkömmlichen die Klassenkämpfe im Kapitalismus statt im Feudalsystem wiederspiegelt. Weiter werden gemeinsame Schulungswochenenden und Ferienlager, die Schaffung revolutionärer Singtrupps, Waldspiele wie »Polizei und Demonstranten«, Agitprop-Feste (mit dem vorrangigen Ziel, Geld für solidarische Zwecke zu sammeln bzw. zu agitieren und zu rekrutieren), revolutionäre Urlaubslektüre und ein Karrikaturenwettbewerb des *Schulkampf* angeboten. Die Parolen dazu lauten: »Die Freizeit kollektiv politisch gestalten.« »Revolutionieren wir unsere Freizeit!« (Ebd., S. 7) Diese »richtige Behandlung von Freizeitfragen« (Ebd., S. 12) bekommt den spießigen Charakter der paramilitärischen Pfadfinderorganisationen angepaßter Jugendlicher der Nachkriegszeit. Den Bericht über ein KOV-Ferienlager z. B. könnte vom Stil her ein jeder Streber geschrieben haben:

> »Neben Fußballspielen, Baden, Sonnen und Lagerfeten führten wir auch Schulung durch [. . .] Abends am Lagerfeuer diskutierten wir oft bis in die Nacht hinein über politische Fragen [. . .] Außerdem trieben wir Frühsport, um besser für Auseinandersetzungen mit der Polizei gerüstet zu sein.« (*Schulkampf*, 9/1973, S. 5)

Im Zuge der Wiederentdeckung des Sports wird der »Arbeiterverein Roter Sturm Dortmund« (*Schulkampf*, 11/1973, S. 2) vorgestellt:

> »Es ist allgemein bekannt, daß die Masse der proletarischen Jugendlichen in bürgerlichen Sportvereinen organisiert sind, in denen sie schon früh Konkurrenzdenken angedrillt bekommen [. . .] Was sie jedoch nicht

lernen, ist, auch im Sport einen solidarischen Wettbewerb zu üben. [...] Denn natürlich wird z. B. die Fußballmannschaft des Vereins sobald wie möglich [...] gegen die Mannschaften anderer Vereine auftreten. [...] So wird der Verein gleichzeitig dazu dienen, den bürgerlichen Einfluß auf den Sport zurückzudrängen.«

Außerdem ist vom »harten Training« die Rede, »das nicht zuletzt auch dazu dient, die Arbeiterjugend auf den Klassenkampf vorzubereiten«. Auch wenn es einen Unterschied zwischen Konkurrenzdenken und solidarischem Wettbewerb gäbe, so behält hier doch der Sport den paramilitärischen Charakter, den die antiautoritäre Bewegung am Schulsport so hart kritisierte.

Die Sexualität kommt im ganzen *Schulkampf* nur in einem Artikel vor, wenn man von einer vorsichtigen Andeutung an anderer Stelle über »Probleme mit Freund und Freundin« (*Schulkampf*, 9/1973, S. 5) absieht. Die Überschrift des Sex-Artikels lautet bezeichnenderweise: *Freizeit, Freundschaft, Clique – Politisch tabu?* (*Schulkampf*, 5/1974, S. 12) Die Inangriffnahme dieser heiklen Thematik wird mit dem Hinweis auf in letzter Zeit aufkommende Diskussionen über »den Stellenwert von Freizeit und allem, was damit zu tun hat«, begründet und beginnt mit einer Warnung: »Dabei wird häufig der Fehler gemacht, daß die Genossen den ›persönlichen‹ Problemen eine ›hauptseitige‹ Bedeutung beimessen.« Nach der ausführlichen Propagierung von Strategien zur Konfliktvermeidung den Eltern gegenüber kommt der Schreiber zur Sache:

»Viel größere Probleme schafft aber die Frage der Sexualität und der festen Freundschaft zu einem Partner [...] In diesem Sinn werden wir immer in verschiedener Form persönliche Konflikte haben [...] sei es im Verhältnis zum Freund oder zur Freundin, oder daß man überhaupt erst mal eine Zweierbeziehung eingehen will.«

Sogar der sonst so glatte Stil versagt dem Autor bei diesem mehr denn je angstbesetzten Thema. Im folgenden wird festgestellt, daß die bürgerliche Moral erst nach Beseitigung der kapitalistischen Verhältnisse überflüssig wird, was aber kein Grund sei, »resigniert die Hände in den Schoß zu legen«. Nach einer erneuten Warnung, »den Kampf gegen die imperialistische Beeinflussung [...] auf der Ebene [...] der Kritik der bürgerlichen Sexualmoral aufzunehmen«, folgt die praktische Alternative der KPD:

»Wir zeigen und helfen den Freunden und Genossen durch den aktiven Kampf z. B. um ein unabhängiges Jugendzentrum, auf welche Art und

Weise Elemente einer neuen Beziehung der Menschen untereinander entwickelt werden.«

Es folgen die schon genannten Vorschläge zur kollektiven Freizeitgestaltung. Die Ausführungen über Sexualität gleichen denen einer religiösen Erbauungsschrift. Kein Wort wird über Aufklärung, Verhütung und Sexualtechniken verloren, kein praktischer Ratschlag erteilt, und die Zweierbeziehung wird nicht hinterfragt, ebenso wie Ehe und Familie, worüber sich der *Schulkampf* an keiner Stelle ausläßt.

Noch drastischer kommt die Lustfeindlichkeit und Prüderie der K-Gruppen in deren Kritik an der neuen Konkurrenz, den Spontis, zum Ausdruck. So wird z. B. folgender Text der sich als anarchistisch verstehenden Rock-Band *Ton-Steine-Scherben* unter die Lupe genommen:

»Und ich weiß, wir werden leben,
Und ich weiß, wir werden uns lieben,
Und der Planet Erde wird uns allen gehören
Und jeder wird haben,
Was er braucht.«
(Zit. n. *Schulkampf*, 3/1974, S. 11)

Die Kritik dazu lautet:

»Diese Stellen plädieren für die Abschaffung der Arbeit überhaupt und für eine Art Sozialismus als Freß-Sauf-Fick-Paradies.«

Es folgt die Alternative dazu:

»In ein kommunistisches Programm gehört hingegen die Darstellung der Befriedigung, die Arbeit bereiten könnte.«

In dem genannten *Ton-Steine-Scherben*-Text steht nichts von der Abschaffung der Arbeit. »Leben«, »lieben« und der Hinweis auf vollkommene Bedürfnisbefriedigung (»und jeder wird haben, was er braucht«) werden nicht nur zum Beweis der abgeschafften Arbeit, sondern gar zum Hinweis auf das »Freß-Sauf-Fick-Paradies«, obwohl weder vom Fressen noch von Saufen und Ficken die Rede ist. Bezeichnenderweise wird in der positiven Alternative im Zusammenhang mit der Arbeit von »Befriedigung« gesprochen. Die kommunistische Askeseforderung ist für Schüler wegen des sowieso bestehenden totalen Sexualverbots noch härter als für Studenten. Sie schafft irrationale Aggressionen gegen jeglichen Hedonismus und projiziert gleichzeitig die eigenen verbotenen Wünsche nach direkter Bedürfnisbefriedigung in entstellter Form auf eine anarchistische Utopie. Noch offensichtlicher wird dieser Mechanismus, wenn zur Kritik des anarchistischen Freiheitsbegriffs der *Ton-Steine-Scherben* die entstellende Auslegung einer Bakunin-Stelle kommt, wo jener jedem Individuum die Freiheit zubilligt, faul oder fleißig zu sein und von eigener Arbeit oder der Ausnutzung der Wohltätigkeit zu leben. Für den *Schulkampf* heißt das:

»Nämlich die Freiheit durch Betteln, Faulenzerei und Unehrlichkeit, also durch die möglichst ungehinderte Entfaltung aller Gelüste anderen Menschen zu schaden.« (*Schulkampf*, 4/1974, S. 11)

In dieser Formulierung tritt die bürgerliche Moral, die hinter der kommunistischen Askeseforderung steht, offen zutage: Der Ausdruck »Gelüste«, im bürgerlichen Sprachgebrauch vor allem auf Sexualität angewandt, bezieht sich hier auf unsoziales Verhalten, auf allgemeines Böse-Sein; d. h. die Sexualität entspricht der menschlichen Schlechtigkeit. Die »ungehinderte Entfaltung« dagegen ist ein im Antiautoritarismus geläufiger Terminus, fast immer mit dem Begriff Bedürfnis (»ungehinderte Entfaltung aller Bedürfnisse« o. ä.) gebraucht. Bedürfnisse und Gelüste sind für den kommunistischen Kritiker das gleiche, ebenso wie die »ungehinderte Entfaltung« unsozialem Verhalten gleichgesetzt wird. Hier reproduziert sich die konservative Vorstellung von der ursprünglichen Schlechtigkeit, der Erbsünde des Menschen, den nur Askese und Autorität vor der eigenen Bosheit bewahren können. Der als unmoralisch verworfenen anarchistischen Utopie stellen die entsetzten Interpreten ihre eigene Vorstellung von Freiheit gegenüber: »Unser Weg ist der des organisiert geführten, von einer kommunistischen Partei angeführten proletarischen Klassenkampfes.« Wie schon gesagt, entsprach diese Auffassung weder den Ansichten noch der Lebensweise der Zellenmitglieder des KOV.

In der Blütezeit der K-Gruppen vergrößerte sich die Kluft zwischen Funktionärsspitze und Basis immer mehr. Entmündigt durch den bewußt unüberschaubar gehaltenen Organisationsapparat der KPD und das noch einmal veränderte Verhältnis zur Theorie, die die Funktionäre nun für sich gepachtet hatten, spielten die schulrabaukenhaften Basismitglieder die Rolle von unartigen, noch wenig erzogenen, aber grundsätzlich erziehungswilligen Kindern, denen vom Zentralkomitee Vernunft, Moral und Anstand beigebracht wurde. Nur so läßt sich die Duldung der autoritären Organisationsprinzipien der KPD und eines von den Mitgliedern der Organisation selbst für langweilig und schlecht befundenen Zentralorgans erklären.

Für den allen K-Gruppen gemeinsamen Rigorismus aber, der unglaublich dogmatische Programme, autoritärste Organisationsprinzipien und härteste disziplinarische Anforderungen an die Mitglieder hervorbrachte, und der trotz Meinungsverschiedenheiten letztendlich doch von allen Mitgliedern gebilligt wurde, gibt es bislang nur unvollständige sozialpsychologische Erklärungen: Die K-Gruppenmitglieder der zweiten Dogmatisierungsphase an Universitäten und Schulen waren alle schon zu ihrer eigenen Schulzeit in der antiautoritären Schülerbewegung politisiert worden. Wie schon gesagt, war diese mit ihrer direkt übernommenen Schulstreichtradition, ihren Sex-Kampagnen und Schulskandalen libertärer, antiautoritärer und »hippiesker« als die entsprechende Revolte an den Universitäten gewesen. Während sich die Antiautoritären im SDS noch mit dem traditionalistischen Flügel ihrer Organisation herumschlugen, herrschte der Antiautoritarismus in der Schülerbewegung kurze Zeit fast völlig ungebrochen. So mögen es u. a. Schuldgefühle und Angst vor der eigenen Lebensfreude gewesen sein, was die Antiautoritären der Schülerrevolte zu den Dogmatikern der dürren und asketischen K-Gruppenbewegung gemacht hat. Aber auch die neue Einstellung hielt sich nicht allzu lang. Der totgeglaubte, aber an den Schulen sowieso nie ganz ausgemerzte Antiautoritarismus kam wieder auf, auch im KOV.

Während sich die Funktionärsspitze in diesem Punkt zumindest teilweise den Strömungen der Basis beugte und schließlich auch spontane Aktionen nachträglich legitimierte, blieb sie auf anderem Gebiet hart. Als sich nämlich über die Spontibewegung auch der scheinbar abgeschaffte Hedonismus wieder einzuschleichen drohte, reagierte sie, wie ihre Behandlung des Themas Sexualität beweist, mit verstärkter Propagierung kommunistischer Askese. Und solche Reaktionen sollten den K-Gruppen nicht nur an den Schulen zum Verhängnis werden.

7. Die »Sponti-Zeit«: Der *Apfelbaum*

Exkurs zur Protestbewegung in der Mitte der siebziger Jahre

Vor allem in Berlin und Hamburg, aber auch in verschiedenen kleineren Städten dominierten in den frühen siebziger Jahren bis ca. 1974 die neoleninistischen bzw. maoistischen Parteien das radikale, linksoppositionelle politische Leben an Universitäten, Schulen und in sehr geringem Maße auch in den Betrieben der Bundesrepublik. Darüber hinaus war ein Großteil des linksintellektuellen Kulturbetriebs von dieser Bewegung beeinflußt. Linksavantgardistische Theatergruppen, Filmakademien, Schriftstellervereinigungen und Prominenzen der linken Öffentlichkeit unterschiedlichster Art schlossen sich den K-Gruppen an, sympathisierten mit ihnen oder orientierten sich zumindest theoretisch am Marxismus(-Leninismus), und das *Kursbuch* strotzte von Kritik an der antiautoritären Phase der Bewegung.

Im übrigen wanderte ein großer Teil der ehemaligen Antiautoritären in die DKP ab, die besonders in Marburg, Göttingen, Erlangen und teilweise auch in Berlin (hier als SEW) zu großem Einfluß gelangte. Auch hierbei fehlte es nicht an ehemals linksradikalen Größen.

Die Entwicklung in Frankfurt verlief dabei eher untypisch. Hier entwickelte sich die sogenannte undogmatische Linke neben der K-Gruppenbewegung früher und stärker als anderswo:

Nachdem sich 1969 nach der Auflösung des SDS ein großer Teil der ehemaligen Frankfurter SDS-Funktionäre, -Mitglieder und -Mitläufer in der KPDML, der KPDAO und den »Roten Zellen« an universitären Fachbereichen und Oberschulen oder in Betriebskadern organisiert hatten, gründeten einige Genossen, die nicht bereit waren, die allgemein übliche Kehrtwende um 180 Grad mitzuvollziehen, und so politisch heimatlos geworden waren, eine vergleichsweise undogmatische Betriebsgruppe, die BPG (Betriebsprojektgruppe). In einer anfänglichen theoretischen Orientierungsphase, während derer hauptsächlich politökonomische Studien betrieben wurden, entwickelte die BPG einen linkskommunistischen Standpunkt, indem sie sich auf Theoretiker wie R. Luxemburg und K. Korsch berief, und nahm gleichzeitig die Betriebsarbeit in den Opel-Werken Rüsselsheim auf. Der RK (Revolutionärer Kampf), wie sich die Gruppe jetzt nannte, unterschied sich anfangs organisatorisch und mentalitätsmäßig von den K-Gruppen weniger als die Mitglieder selbst glaubten. Die linksradikalen »Berufsrevolutionäre« waren in Zellen bzw. Kadern organisiert, es gab Aufnahmeverfahren und offizielle Mitgliedschaft, man vertrat den Primat der Politik, und auch im RK machte sich eine bürgerlich-asketische Arbeits- und Kampfmoral breit, wie sie der Revolte fremd gewesen war. Haare und Bärte aber blieben ebenso wie der bohemehafte Habitus der Mitglieder. Von Anbeginn bestand im RK ein aktueller politischer Bezug zur italienischen undogmatischen Linken. So orientierte man sich in der Frühphase bis ca. 1973 an »Lotta Continua« und »Potere Operaio«. In den Betrieben konzentrierten sich die RK-Kader (nach einem Schiffbruch mit Lehrlingen) auf die Agitation der gewerkschaftlich unorganisierten und der ausländischen Arbeiter. Schon nach etwa einem Jahr des Bestehens nahm der RK, der aufgrund seiner undogmatischen Grundtheoreme im Gegensatz zu den K-Gruppen für neue Ideen und Experimente offen war, unter dem italienischen Einfluß neben der Betriebsarbeit die Stadtteilarbeit und den Häuserkampf auf. Bis 1974 waren von RK-Mitgliedern und -Sympathisanten 13 Häuser besetzt worden. Unter den Häuserkämpfern kam die neue Identifikationsbezeichnung »Sponti« (Spontaneist) auf, die mit der leistungsorientierten Beurteilung der Genossen nach Organisationszugehörigkeit und politischer Aktivität Schluß machte. (Um 1969 z. B. war eine Zeitlang der an einen bekannten Nazibegriff erinnernde Ausdruck »Halbgenosse« gebräuchlich gewesen.) Ein Sponti war nun nicht mehr nur einer, der im RK, im Chilekomitee, in der SHI (Sozialistische Hochschulinitiative) oder Organisator eines der ebenfalls zu dieser Zeit entstehenden Stadtteilzentren war, sondern auch jeder, der eine bestimmte unangepaßte Lebensweise führte. Die Kultur der arbeitsscheuen und lebenslustigen Spontis, die für ihre Feste bekannt waren, entwickelte sich in den frühen siebziger Jahren vor allem in den besetzten Häusern. Die gleichzeitig entstehenden »Frauengruppen«, die im Gegensatz zum »Weiberrat« des SDS von Anfang an ein starkes Mißtrauen gegen die männliche Ausrichtung auf Politik, (politische) Arbeit und (politischen) Erfolg hegten, übten dabei den prägendsten Einfluß aus, indem sie den im ideologischen Sinne weiblichen Eigenheiten wie Sensibilität, Zärtlichkeit, Ästhetizismus, Kinderliebe und psychologisches Denken zu ihrer verlorenen Bedeutung verhalfen.

Dies entsprach auch dem Versuch einer neuerlichen Fusion der politischen mit der hedonistischen Linken, die sich unwiederbringlich auseinanderentwickelt zu haben schienen. Letztere hatte seit ihrer endgültigen Abspaltung von der politischen Linken und der weitgehenden Kommerzialisierung der äußeren Attribute ihrer Gegenkultur einen stark ausgeprägten Eskapismus entwickelt, der zum Exodus nach Indien oder ins Ghetto der Drogensubkultur führte. Die Spontis aber übernahmen nicht nur den Hedonismus, die Arbeitsscheu und den bohemehaften Ästhetizismus, sondern auch die Tendenz zum freiwilligen Rückzug ins Ghetto des Gegenmilieus.

Obwohl bis 1975 noch Betriebsarbeit und Stadtteilarbeit betrieben und internationale Solidaritätskampagnen (Chile, Portugal) organisiert wurden, trat die politische Arbeit immer mehr zugunsten der Beschäftigung mit der Interaktion in den eigenen Lebens- und Gruppenzusammenhängen zurück. Es entstanden schließlich Gruppen zum Selbstzweck ihres eigenen Bestehens, gemischte Gruppen, Frauengruppen und später auch »Männergruppen«, die sich trafen, um psychologische »Selbsterfahrung« auszutauschen und Gruppenprozesse zu beobachten. An Stelle der theoretischen und praktischen Sexualbefreiungsstrategien der Revolte trat nun die Problematisierung des Geschlechterrollenverhaltens und das Lob der »Zärtlichkeit«.

Theoretisch orientierten sich die Spontis in der Mitte der siebziger Jahre am italienischen Operaismus, der »Arbeiterautonomie«, und begannen mit dem Anarchismus zu liebäugeln, wobei dessen pazifistischer Richtung mehr und mehr der Vorzug gegeben wurde.

Die von der K-Gruppenzeit stark ermüdete Schülerbewegung erlebte zur Zeit der FVV-Kampagnen um 1974 einen neuen Aufschwung. Die durch die Fahrpreiserhöhung direkt betroffenen Schüler engagierten sich in einem seit dem NC-Streik nicht mehr gekannten Ausmaß an den Aktionen. – Der empörende Zwischenfall bei einer der Frankfurter Demonstrationen, während der ein Schüler von einem Wasserwerfer überfahren und schwer verletzt wurde, und der zur Mobilisierung der Schuljugend beträchtlich beigetragen haben dürfte, soll dabei nicht unerwähnt bleiben.

Zur Zeit der FVV-Kämpfe wurden mehrere Sponti-Schülergruppen gegründet, aus denen einige Schülerzeitungen hervorgingen. Eine davon war der *Apfelbaum* (der Name wurde geändert).

Zur gleichen Zeit wie die Sponti-Schülerbewegung entstanden mehrere politisch rechtsgerichtete Schülergruppen, die von CDU und NPD ins Leben gerufen worden waren. Sie trugen zu einer politischen Polarisierung und einem Bedürfnis nach politischer Identität an den Schulen bei. Die Presse, die die linke Opposition der bundesrepublikanischen Gymnasien dieser Zeit fast vollständig unterschlug, berichtete um so mehr über eine angeblich »rechte Schülerbewegung«, die es als Bewegung nie gegeben hat. Die rechten Schüler verfügten lediglich über einige mit Geld bestochene Funktionäre im Dienst von CDU und NPD und einen entsprechend aufgeblähten Propagandaapparat, bestehend aus mehreren kurzlebigen regionalen und überregionalen Publikationsorganen.

Der *Apfelbaum* und seine Früchte

Die Freiherr-vom-Stein-Schule liegt in der Nähe des Frankfurter Lerchesbergs, dem reichsten Villenviertel der Stadt, aus dem ein Großteil der Schüler stammt. Die Anstalt gilt bis heute als pädagogisch wie politisch konservativ und, was das Lernpensum angeht, anspruchsvoll. Da sie von der Schülerrevolte weitgehend verschont geblieben war, hatte sich der strenge Direktor, der von dem befragten Schüler als »konservativer Spinner« (Interview 1978) charakterisiert wurde, bis in die Mitte der siebziger Jahre ein weitgehend konservativ-autoritäres Lehrerkollegium erhalten können.

Die Politisierung der Schüler einer mit besonders vielen konservativen Lehrern gesegneten Oberstufenklasse, die von 1974 bis 1976 für die größte Unruhe in der Geschichte der Schule sorgten, hatte sich wie gewöhnlich zunächst als moralisches Engagement an allgemeinpolitischen Fragen entzündet. Den Anstoß dazu hatte unter anderem eine christliche Pfadfinderorganisation gegeben. Beim Versuch, dieses Engagement über die Durchsetzung linker Lehrinhalte in die Schule hineinzutragen, machten die Unterprimaner eine für ihre spätere Arbeit richtungsgebende Erfahrung. Die Mitschüler nämlich langweilten sich mit dem linken Sozialkundebuch genauso wie vorher, weil sich die Form der Wissensvermittlung nicht geändert hatte, und die Opposition war so integriert. Die Oppositionellen aber, am Anfang eine Clique von vier oder fünf Leuten, sannen auf andere Mittel und Formen des Protests, indem sie die unpolitisch-aufmüpfigen Verhaltensweisen und Aktionen ihrer Mitschüler beobachteten. So kamen sie zu dem Schluß, daß nicht nur alle Schüler einschließlich der Streber, sondern auch alle Lehrer gegen die Schule rebellieren und dazu – ob bewußt oder unbewußt – die verschiedensten Ausdrucksformen entwickeln. Aufgrund dieser schon der Revolte geläufigen These (siehe *Beobachter*) werteten sie nicht nur den Schülerantiautoritarismus als Protestpotential, sondern auch bestimmte, schrullige Eigenheiten einiger Lehrer. So genoß z. B. ein politisch reaktionärer Chemielehrer die Sympathie jener Schüler wegen der Destruktivität seiner Macken: Er pflegte bei den Experimenten aus Unachtsamkeit Klassenbücher in Brand zu setzen, das chemische Schulmaterial unnötig zu zerschießen und die Reagenzgläser wegzuwerfen, anstatt sie auszuwaschen.

Der Kontakt mit den Genossen der hessischen Naturfreundejugend, die Lektüre einiger pädagogiekritischer Pädagogen (wie P. Fürstenau und A. Wacker) und das Studium der Kritischen Theorie (anhand der Schriften von Th. W. Adorno und besonders von A. Kluge) regte die antiautoritären Schüler von der Freiherr-vom-Stein-Schule zu eigener Artikulation an.

So entstand die Idee, sich in einer Zeitung »zu vergegenständlichen« (Interview 1978), um den Schulbetrieb zu erschüttern. Dies gelang schon mit der ersten Nummer der Zeitung, die nach dem Namen des Direktors schlicht der *Apfelbaum* hieß, und mit einem noch skandalöseren Gag auf den Plan trat. Zum sechzigsten Geburtstag des Direktors nämlich sammelten die Redakteure in allen Klassen Unterschriften für eine Resolution folgenden Wortlauts:

»Wir, die Schüler der Freiherr-vom-Stein-Schule, wollen unserem Herrn Oberstudiendirektor Apfelbaum zu seinem 60. Geburtstag eine Freude machen mit einem Geschenk. Was aber könnte ihn von unserer Seite mehr erfreuen als folgendes Versprechen: Wir versprechen und geben unsere Hand darauf, daß wir in Zukunft:

nie mehr zu spät kommen
keine einzige Stunde mehr schwänzen
jede verlangte Leistung bringen
uns ordentlich hinsetzen
uns sauber anziehen
überhaupt besser benehmen
[...]«
(Flugblatt 1974)

Die Liste überreichten sie dann dem Direktor; dessen Selbstgefälligkeit ließ ihn auf die Verarschung hereinfallen, und er lud die scheinbar schleimscheißenden Möchtegern-Musterschüler zur Geburtstagsfeier im Lehrerzimmer ein. Was sich dort ereignete, konnte man dann in einem Tonbandprotokoll im ersten *Apfelbaum* nachlesen. Lehrer und Direktor waren fast alle angetrunken und gaben sich peinlich-komische Blößen ungeahnten Ausmaßes, so daß das Protokoll sogar noch entschärft werden mußte.

Ein ebenso großer Affront gegen den pädagogischen Auftrag der Schule lag im Abdruck der sogenannten »Ghotul-Geschichte«, einer ursprünglich von den *Ton-Steine-Scherben* veröffentlichten Schilderung eines Aufenthalts zweier europäischer Jugendlicher bei einem »primitiven« Südseestamm, dessen Jugendliche traditionsgemäß die Promiskuität pflegen. Das »Ghotul« ist das Haus, in dem sie ihrem Liebesleben nachgehen. Der Reisebericht beschreibt mehrere Geschlechtsakte im Detail, wobei der Stil keineswegs pornographisch, sondern trotz volkstümlich-eindeutigen Vokabulars eher romantisch-idealisierend ist. Das Nachspiel dieser und anderer Provokationen in der ersten Nummer begann mit einem Auftritt im Direktorzimmer mit den zwei exponiertesten Schülern, dem Elternpaar des einen und dem Direktor. Eltern und Direktor sollen dabei »total ausgeflippt« sein und »alle miteinander gebrüllt« haben (Interview 1978). Über die bis ins Ordinäre gehenden Beschimpfungen hinaus ohrfeigte die Schülermutter den Freund ihres Sohnes und der Direktor den anderen Schüler.

Es folgte eine Gesamtkonferenz, die den Schulverweis der beiden Hauptexponenten und Verwarnungen an einige andere beschließen sollte. Anwesend waren sieben Schüler, die kollektiv für den *Apfelbaum* verantwortlich gezeichnet hatten, deren Eltern, der Direktor und das Lehrerkollegium mit Referendaren. Nach dem Direktor hielt einer der beiden bösesten Schulverbrecher eine längere Rede zu dem vorgeblichen Hauptanklagepunkt: der Bezeichnung der Schule als »Zwangsanstalt«. Beeindruckt vom theoretisch hohen Niveau und der rhetorischen Perfektion dieser Ansprache stimmten die Lehrer schließlich mit großer Mehrheit gegen die geplanten Sanktionen.

Nach diesem Mißerfolg mit der konventionell-disziplinierenden Methode griffen der Direktor und einige gleichgesinnte Lehrer zum modernen Mittel der strafrechtlichen Verfolgung. Binnen zwei Jahren ergingen ca. sieben bis acht Strafanzeigen gegen jeweils mehrere Redaktionsmitglieder des *Apfelbaum*, von denen drei oder vier bis zur Staatsanwaltschaft gelangten und zwei zu einer Gerichtsverhandlung führten. In allen Fällen aber verloren die Pädagogen und blamierten sich dazu. So befand die Staatsanwaltschaft den Namen der Zeitung nicht als Beleidigung des Direktors, und in einigen Fällen interpretierte sie »Beleidigungen« als Satire und räumte künstlerische Freiheit ein.

Sogar der *Apfelbaum* Nummer 5, der wegen Pornographieverdachts von der Staatsanwaltschaft beschlagnahmt wurde, mußte vier Tage später wieder freigegeben werden, nachdem sich die Polizisten eines ganzen Reviers an den darin enthaltenen Artikeln über Onanie erfreut hatten. Die Auflage stieg daraufhin von 700 auf 1400.

In den beiden Gerichtsverhandlungen verlor einmal der Direktor und einmal der Klassenlehrer. Letzterer beging eine weitere Dummheit, indem er mehrmals den Unterricht verweigerte und jedesmal einsehen mußte, daß ihm das Beamtenrecht eine solche Maßnahme nicht gestattete.

Die weitgehende Unangreifbarkeit der unbotmäßigen *Apfelbaum*-Redakteure beruhte auf der konsequenten Anwendung der altbewährten Methode der ironischen Affirmation sowohl in einem Großteil der Artikel als auch bei den spektakulären Schulaktionen: So wurde zum 61. Geburtstag des Direktors der *Apfelbaum-Blues* komponiert und auf dem Schulhof aufgeführt:

»1) Das ist die Geschichte vom Hans Apfelbaum
Der wollte in seinem Leben immer nach vorn.
Früh schon trieb es ihn hinaus, er hielt es
drüben einfach nicht mehr aus.
Das ist der Apfelbaum-Blues, ihm zum Gruß.
Heute wird er einundsechzig –
Mensch das find ich ja so prächtig.

2) Ne eigne Schule hat er gleich gekriegt
und zeigt den Schülern, was sich schickt.
Im Schulhaus wird nicht mehr geraucht,
obwohl er selber Zigaretten braucht.«
(*Apfelbaum*, 5/1975, S. 38)

Im Zuge des ersten »Sex-Skandals« wegen der »Ghotul«-Geschichte waren die Redakteure nicht nur der Verführung Minderjähriger bezichtigt, sondern auch als »Schweine«, »Potenzprotzer«, »Dreckschweine« usw. bezeichnet worden. Daraufhin zeigten sich die Angegriffenen mit Umhängeschildern, auf denen die entsprechenden Schimpfworte zu lesen waren, im Schulhof und spielten »Minderjährige Verführen«, indem sie ihren Mitschülern nachliefen. Ein Flugblatt dazu zeigt auf der einen Seite den Direktor, wie er, eigenen Worten zufolge, die Schule »Stein für Stein« aufbaut, und auf der anderen die Schülerzeitungsredakteure, wie sie als grunzende Schweine ihr Unwesen treiben.

Auch alle Flugblätter der *Apfelbaum*-Redaktion kritisieren Lehrer und Direktor ironisch-affirmativ und bedienen sich witziger Fiktionen wie »Leistungsunwillige GmbH Schüler«, der Sonderkorrespondent »A. F. Baum« (Flugblatt 1975) oder »Das Komitee sauberes Privatleben«. Das letztgenannte Komitee z. B. gibt vor, die Unterrichtsverweigerung des über die Bezeichnung der Schule als »Zwangsanstalt« empörten Oberstudienrat I. gut zu verstehen:

»Wir können Herrn I. nur voll unterstützen. Jenen Elementen, die das ans Licht der Öffentlichkeit zerren, was jeder vernünftige Mensch nur im Geheimsten und Abergeheimsten denkt, [. . .] kann man nur den Unterricht verweigern und mit Strafprozessen drohen.« (Flugblatt 1975)

Innerhalb der eigenen Klasse taten sich die »Apfelbäume« (Spitzname der Redakteure an der Schule) durch weitgehende Nichtanerkennung der Lehrerautorität (Schüler brüllten Lehrer an u. ä.) und scharfe inhaltliche wie formale Kritik hervor. Kollektiv organisierte, schulstreichmäßige Aktionen wie Kracher werfen, Schulbänke auseinanderschrauben, Klassenbücher und Notenbücher klauen waren immer mit einer ganz bestimmten Lehrerkritik verbunden, deren Vermittlung jeweils in die Aktion eingebaut war. So bekamen die Lehrer z. B. ihre Notenbücher erst »nach Auswertung«, d. h. nach der Entlarvung ihrer pädagogischen Methode zurück.

(Flugblatt vom Sommer 1974)

In diesem Zusammenhang ist es bemerkenswert, daß die »Apfelbäume« mit der Unruhe, die sie an der Schule stifteten, zwar auf reichliche Resonanz bei den Mitschülern stießen, trotzdem aber nie Massenaktionen unternahmen. Der befragte ehemalige Mitarbeiter sagte dazu: »Auf Massen konnten wir uns nicht beziehen, es wäre unvorstellbar gewesen, die Leute vom Apfelbaum mit 'nem Megaphon zu sehen.« (Interview 1978)

Es fehlte ihnen an Selbstbewußtsein zum öffentlichen Auftreten. So scheiterte z. B. der Plan, einen dadaistischen Schulsprecher zur SV-Wahl aufzustellen, weil keiner den Mut dazu hatte. (Der

Provo-Schulsprecher vom *Homberger Schulecho* hatte die entsprechende Aktion damals trotz Lampenfieber unternommen.)

Außerhalb der Schule beteiligten sich die »Apfelbäume« an den Demonstrationen der Spontis und arbeiteten in einer Sponti-Schülergruppe mit. Diese bestand aus 15 bis 20 Schülern verschiedener Gymnasien, die sich regelmäßig trafen, um Flugblätter zur Fahrpreiserhöhung und anderen tagespolitischen Themen herauszugeben. In diesem Zusammenhang trat die *Apfelbaum*-Redaktion (mit ›Sympathisanten‹ ca. 30 bis 40 Leute) bei einer FVV-Demonstration als »FVV-Fan-Club« und »Blaufahreraktiv« auf, schwenkte kleine, blaue FVV-Fähnchen und wurde sogar von einem Frankfurter Bürgermeister empfangen. Insofern als dieser nicht merkte, daß Schabernack mit ihm getrieben wurde, und der »FVV-Fan-Club« sogar in einer offiziellen FVV-Broschüre der Stadt Frankfurt erschien, war diese Aktion einerseits besonders gut gelungen, andererseits aber auch integriert worden. Ihre Ironie konnte nur von Insidern verstanden werden.

Zur Zusammenarbeit mit der Sponti-Schülergruppe kam gegen Ende der schulpolitisch aktiven Zeit der *Apfelbaum*-Redakteure die kritische Auseinandersetzung mit einigen anderen Schülerzeitungen. In Frankfurt gab es zu jener Zeit neben dem *Apfelbaum* drei regelmäßig erscheinende, linke, schulspezifische Zeitungen, von denen zwei ähnlich wie der *Apfelbaum* auf der Seite der Spontis standen und eine durch den Einfluß des KB (Kommunistischer Bund, eine vergleichsweise undogmatische K-Gruppe) von ihrem anfänglich antiautoritären Kurs abkam. Zu einer ausführlichen Kontroverse aber kam es nur mit der Kasseler *Auseinandersetzung*, einem regionalen Schülerblatt, das an dem damaligen Frankfurter Sponti-Organ, der *WWA* (Wir wollen alles) orientiert war. Letzteres war ursprünglich als Betriebszeitung gedacht und noch weitgehend »politisch« ausgerichtet. Die *Apfelbaum*-Redakteure warfen den Kasselern mangelnde Beschäftigung mit sich selbst, die Kasseler den Frankfurtern entpolitisiertes Bewußtsein vor.

Die Problematisierung der eigenen Lebensweise, des eigenen psychischen Leidens und der Beziehungen innerhalb der eigenen Clique bzw. »Gruppe« beanspruchten einen unvergleichbar großen Teil der engagierten Energien der Frankfurter Schüler-Spontis (was nicht nur für die Freiherr-vom-Stein-Schüler galt). So hatte z. B. eine spontiorientierte Gruppe des Hofheimer Gymnasiums (in der Nähe von Frankfurt) die »Ghotul-Geschichte« schon etwas früher entdeckt und mit der darin gepriesenen Promiskuität untereinander experimentiert. Die harmonisierende Beschreibung des sexuellen Glücks der Südseejugendlichen dürfte für die Spontischüler eine ähnliche Funktion gehabt haben wie ehemals W. Reichs Aktualisierung der von L. H. Morgan entdeckten Trobriander, von denen die erste Generation der Revolte träumte. Angeregt von diesen mutigen Vorkämpfern planten die »Apfelbäume« ernsthaft, ein »Ghotul« einzurichten, und sahen sich schon nach einem Haus dafür um. Der Plan scheiterte schließlich an den Bedenken, von zu Hause auszuziehen. Die Sexualbefreiungsstrategien wurden ergänzt von der Ausrichtung auf Selbsterfahrungspsychologie.

Gemessen an dem um diese Zeit auch auf undogmatischer Seite noch einigermaßen politisch ausgerichteten Bewußtsein der Bewegung war der Subjektivismus der *Apfelbaum*-Leute extrem und provozierte auch die Kritik Gleichgesinnter. Ein ehemaliger Mitarbeiter erklärte die allgemeinpolitische Abstinenz als naturwüchsiges Produkt der bürgerlichen Erziehung. Die Forderung der Lehrer und auch der Väter sei, »konstruktive Kritik, sachliche Kritik in allgemeinpolitischen Sachen [...] abzugeben« (Interview 1978). Gegen diesen Zwang, »seine Kritik zu legitimieren« und sich »informiert zu zeigen«, hätten sie sich zunächst durch fast ausschließliche Befassung mit eigenen Problemen und z. T. auch mit Ablehnung von Theorie und Wissenschaft gewehrt. Ich glaube allerdings, daß diese (schul-)jugendspezifische Einstellung ebenso wie die konsequent antiautoritäre Schulkonfliktstrategie ohne die neuerlich wieder linksradikal-libertäre Tendenz der Bewegung – als Reaktion auf die Dogmatisierungsphase – nicht praktisch geworden wäre. Im übrigen muß das Verhältnis dieser Schüler zur Theorie recht ambivalent gewesen sein, denn die Autoren, auf die sie sich trotz Theoriefeindlichkeit bezogen, wie Kluge, Adorno und Fürstenau, sind nicht gerade leicht zu lesen. Während der zwei Jahre schulischer Oppositionstätigkeit entwikkelten die Spontischüler mehr und mehr politisches Bewußtsein im herkömmlichen Sinn, ohne dabei ihre libertären Positionen aufzugeben. So erschien nicht nur eine Extranummer zum Tod des RAF-Gefangenen Holger Meins, sondern sie begannen systematisch, allgemeinpolitische Themen aufzugreifen, und zwar mit dem Vorsatz, dabei den Bezug zur eigenen Situation nicht verlorengehen zu lassen. Die Kontaktaufnahme mit chilenischen Schülern, die ihre Schule nach dem Militärputsch in Selbstorganisation übernommen und gegen die Polizei verteidigt hatten, war das gelungenste Ergebnis dieser Bemühungen.

Als 1976 die meisten Redaktionsmitglieder des *Apfelbaum* Abitur gemacht hatten, fand sich kein Nachwuchs für die Fortführung der Zeitung mehr. Die ehemaligen Mitarbeiter glauben, daß dies mit der zahlenmäßigen Zunahme »progressiver Lehrer« zusammenhing, die im Gegensatz zu den konservativen Schulmeistern imstande sind, Gegensätze zu vertuschen und so Opposition im Keim zu ersticken. Die äußere Aufmachung des *Apfelbaum* war typisch für die undogmatische Linke der siebziger Jahre. Sie unterscheidet sich von allen bisher dagewesenen Macharten der Schülerzeitungen durch das Aufgreifen eines von den Spontis neu entwickelten spielerischen Ästhetizismus, der sowohl dem konsumverzichtenden Primitivismus der Druckerzeugnisse der Revolte als auch dem K-Gruppenstil in sachlicher Bolschewikitradition vollständig abging.

Die Themen des *Apfelbaum*: Zwischen Aktionismus und Larmoyanz

Gesellschaftskritik und Rezeption von Tagespolitik

Theoretisch-allgemeine Gesellschaftskritik und politisches Tagesgeschehen sind im *Apfelbaum* fast gar nicht zu finden. Jene beschränkt sich auf eine kurze psychologisch erklärende Bemerkung zum Faschismus, den Abdruck einiger Stimmungsbilder von A. Kluge zur trostlosen Freizeit der Individuen im verarmten Leben (aus: Alexander Kluge, *Lernprozesse mit tödlichem Ausgang*, Frankfurt 1973), und einen Beitrag soziologischer Überlegungen zum Weihnachtsfest. Der letztgenannte Artikel interpretiert die künstlich erzeugte spezifische Weihnachtsglückseligkeit als ein Produkt utopischer Sehnsucht:

> »Haben die weihnachtlichen Bilder wie Friede, Einheit, Harmonie, eine Seele, so ermangeln sie gerade deshalb nicht des Realismus: Sie sind die Vorwegnahme einer verhinderten Wirklichkeit.« (*Apfelbaum*, 4/1975, S. 25)

Zur Tagespolitik findet sich im *Apfelbaum* ein Beitrag, der eine kleine praktische Aktion der Redaktion à la Wallraff dokumentiert. Im September 1974 hatte der RK in einem Flugblatt auf die Beteiligung bundesrepublikanischer Konzerne an den Putschplänen der chilenischen Junta hingewiesen. Ein *Apfelbaum*-Redakteur telephonierte daraufhin mit der Geschäftsleitung eines der im Flugblatt genannten Konzerne und mit dem chilenischen Konsulat, berichtete über den Inhalt des Papiers und fragte jeweils, was es damit auf sich habe. Im *Apfelbaum* erscheinen ein Auszug des RK-Flugblatts und die Tonbandprotokolle der Telephonate, während derer sich die beiden Befragten von den ungeheueren Beschuldigungen distanzieren. Die kleine Dokumentation ermangelt jeglichen Kommentars.

Der *Apfelbaum* Nummer 3 ist die Sondernummer anläßlich des Todes von Holger Meins, des ersten politischen Gefangenen, der in einem bundesrepublikanischen Gefängnis umkam. Nach der Motivation der Redaktion zur Herausgabe einer Sondernummer anläßlich gerade dieses Ereignisses gefragt, gab der ehemalige Mitarbeiter dafür die absolute Tabuisierung an, der das Thema »politische Gefangene« in der Schule unterlag. Ein großer Teil der zehnseitigen Broschüre besteht aus Tonbandprotokollen des Schultags nach der Meldung vom Tode des Holger Meins. Die *Apfelbaum*-Redaktion fragt Lehrer und Schüler nach ihrer Meinung dazu. Während die angesprochenen Lehrer jede Stellungnahme ablehnen, äußern sich die befragten Schüler bis auf einen, der den Tod eines Hungerstreikenden für nicht verwunderlich hält, empört oder wütend, indem sie Staat und Justiz die Schuld am Tod des RAF-Gefangenen geben. Darüber hinaus enthält die Sondernummer einen *Brief einer politischen Gefangenen über die Isolationsfolter* (*Apfelbaum*-Sondernummer 3, S. 3), einige Zeitungsausschnitte zu dem Todesfall und mehrere kurze Schilderungen der eigenen Reaktion auf die Nachricht von Schülern und Studenten, die alle von starker Betroffenheit geprägt sind. So heißt es z. B.:

»Bei der Überlegung, was die Baader-Meinhof-Leute früher gemacht hatten, wurde ich irgendwo ziemlich unsicher. Diese Unsicherheit wurde dann aber von dem Gedanken, daß ja noch etliche andere im Knast sitzen und sich in der gleichen Scheiße befinden und jeden Tag sterben können, verdrängt. Ich bekam dann eine ziemliche Wut auf den Staat, der solche Schweinereien macht.«

Ebenso wie bei der Dokumentation nach Wallraff-Methode enthält sich das Zeitungskollektiv auch hier des Kommentars zu den Dokumenten, aus denen dennoch ein Meinungsbild hervorgeht.

Die Schulinstitution

Noch konsequenter als in der Revolte thematisieren die Sponti-Schüler in ihrer Zeitung hauptsächlich ihre eigene, von der Schule bestimmte Lebensweise.

Auf der ersten Seite der ersten Nummer des *Apfelbaum* findet sich ein Text von H. Hesse, den ich ungekürzt wiedergebe. Erstens ist die Auswahl gerade dieses Zitats aufschlußreich für Bewußtsein und Intentionen der *Apfelbaum*-Redakteure, zweitens aber veranschaulichen die vernichtenden Bemerkungen des mit der Wandervogelbewegung und der Boheme sympathisierenden Dichters über den Schulmeister die antipädagogischen Tendenzen aller progressiven bürgerlichen Jugendlichenbewegungen vom Sturm und Drang bis zur Schülerrevolte:

»Man sage nicht, Schulmeister haben kein Herz und seien verknöcherte und entseelte Pedanten! O nein, wenn ein Lehrer sieht, wie eines Kindes lange erfolglos gereiztes Talent hervorbricht, wie ein Knabe Holzsäbel und Schleuder und Bogen und die anderen kindischen Spielereien ablegt, wie er vorwärtszustreben beginnt, wie der Ernst der Arbeit aus einem rauhen Pausback einen feinen, ernsten und fast asketischen Knaben macht, wie sein Gesicht älter und geistiger, sein Blick tiefer und zielbewußter, seine Hand weißer und stiller wird, dann lacht ihm die Seele vor Freude und Stolz. Seine Pflicht und sein ihm vom Staat überantworteter Beruf ist es, in dem jungen Knaben die rohen Kräfte und Begierden der Natur zu bändigen und auszurotten und an ihre Stelle stille, mäßige und staatlich anerkannte Ideale zu pflanzen. Wie mancher, der jetzt ein zufriedener Bürger und strebsamer Beamter ist, wäre ohne diese Bemühungen der Schule zu einem haltlos stürmenden Neuerer oder unfruchtbar sinnenden Träumer geworden!

Es war etwas in ihm, etwas Wildes, Regelloses, Kulturloses, das mußte erst zerbrochen werden, eine gefährliche Flamme, die mußte erst gelöscht und ausgetreten werden. Der Mensch, wie ihn die Natur erschafft, ist etwas Unberechenbares, Undurchsichtiges, Gefährliches. Er ist ein von unbekanntem Berge herbrechender Strom und ist ein Urwald ohne Weg und Ordnung. Und wie ein Urwald gelichtet und gereinigt und gewaltsam eingeschränkt werden muß, so muß die Schule den natürlichen Menschen zerbrechen, besiegen und gewaltsam einschränken; ihre Aufgabe ist es, ihn nach obrigkeitlicherseits gebilligten Grundsätzen zu einem nützlichen Gliede der Gesellschaft zu machen und die Eigenschaften in ihm zu wekken, deren völlige Ausbildung alsdann die sorgfältige Zucht der Kaserne krönend beendigt.« (*Apfelbaum*, 1/1974, S. 2)

Der nächste Beitrag in dieser Nummer des *Apfelbaum*, *Zur Situation des Schülers* (Ebd., S. 3), hat ebenso wie das Hesse-Zitat grundsatzprogrammatischen Charakter. Die Hauptthese des mehr anschaulich-assoziativ als theoretisch geschriebenen und wenig gegliederten Textes ist die von der Schule als »Zwangsanstalt«. Als Begründung dafür werden angeführt: Die Unterdrükkung von (sexuellen und kommunikativen) »Bedürfnissen« der Schüler im Unterricht, die Pflicht zum Schulbesuch, der mit Zwang aufrechterhalten werden muß, und die den Schülern aufgezwungene Konkurrenzsituation durch ein Leistungsbeurteilungssystem, das das Interesse am Unterricht auf das an der Note reduziert. Die Frage: »Was hält uns von der Widerstandsleistung ab?« beantworten folgende Thesen: Die pädagogische Situation macht den Lehrer für den Schüler zum Vaterersatz und erzeugt so eine passiv-autoritäre Fixierung.

Das in der Schule produzierte Konkurrenzbewußtsein der Schüler wird durch die von der »Kulturindustrie« (Ebd., S. 5) verbreitete Ideologie der grundsätzlichen Asozialität des Menschen aufrecht erhalten. Trägheit und Passivität der Schüler sind eine Folge der »Frustration im Unterricht« und machen ihrerseits unfähig, gegen die Ursachen anzugehen. So werden immer wieder zurückgewiesene Bedürfnisse schließlich aus Angst vor Versagung nicht mehr angemeldet: »Die Mehrzahl gerade der älteren von uns ist völlig apathisch: lässig, abgefuckt.« Die beschriebene Situation läßt zweierlei Reaktionsmöglichkeiten des Schülers zu, die Identifikation mit dem Aggressor und den (politisch unbewußten) antiautoritären Widerstand:

»Mangelnder Leistungswille, wiederholtes unentschuldigtes Fehlen und Zuspätkommen [. . .] sind in einem der Ausdruck des schulischen Elends und die Protestation dagegen.« (Ebd., S. 7)

D. h., daß sich »allgemeiner Protest« fast immer gegen die »Schule als Zwangsanstalt«, nur selten aber gegen die Unterrichtsinhalte richtet (Ebd., S. 8). Daraus wird der Schluß gezogen, daß theoretische Abhandlungen und Unterrichtskritiken weniger geeignet sind, die Schüler kritisch zu machen. Mehr Erfolg erhofft man sich davon, an den Schülerantiautoritarismus anzuknüpfen und den Schüleralltag zu problematisieren: »Protest ist vorhanden. Ihm, der unartikuliert, [...] soll zur Sprache verholfen werden.«

Ein Artikel zum Thema Prüfungen im *Apfelbaum* (4/1975) zeichnet sich durch Komplexität in Form und Stil aus. Verschiedene literarische bzw. journalistische Formen werden lose aneinandergereiht, so daß eine an die Veröffentlichungen der Situationisten erinnernde Collage entsteht, bei deren Abfassung kein Wert auf Gliederung noch roten Faden in der Gedankenführung gelegt wurde. Der elfseitige Text enthält: Auszüge aus dem kultusministeriellen Erlaß für schulische Prüfungen von 1973, theoretische Überlegungen zu verschiedenen Aspekten des Themas Prüfungen, das Protokoll eines nicht frontalen Unterrichts, Ratschläge zum Unterlaufen von Prüfungen und den Bericht über einen sadistisch prüfenden Lehrer. Zwischen dem Text finden sich kleine Zeichnungen und wörtliche Lehrer- wie Schülerzitate. Die wichtigsten Aussagen des Beitrags beziehen sich auf die schulische Ideologiereproduktion bzw. auf das »hidden curriculum«: Die Leistungsbeurteilung entspricht nie dem Anspruch der Objektivität, Noten und Prüfungen dienen dagegen zur Einübung von Konkurrenzverhalten und Leistungsorientierung.

In derselben Nummer des *Apfelbaum* erscheint in ähnlicher Form ein Beitrag unter dem Titel *Lernen und Vergessen* (*Apfelbaum*, 4/1975, S. 41), der mit der Feststellung beginnt, daß fast alles in der Schule erlernte Wissen später vergessen wird. Dies wird aus der schulischen Trennung von Theorie und Praxis und aus der Passivierung der Schüler als Folge des Frontalunterrichts erklärt. Dagegen hält der *Apfelbaum* einen von seiten der Schüler selbsttätigen Unterricht, im Rahmen dessen der Lehrer lediglich die Fragen der Schüler zu beantworten hat, wie es im Schulversuch »Glocksee« realisiert wird. Die lakonisch-zynische Bemerkung über das Scheitern eines solchen Unterrichtsversuchs in der *Apfelbaum*-Redaktion nimmt diese Alternative als Forderung wieder zurück.

Neben den genannten halb-theoretischen Artikeln ist die Schulinstitution auch das Thema mehrerer Glossen, Satiren, fiktiver Berichte, einer surrealen Geschichte und einer Dokumentation. Betrachten wir die beiden Letztgenannten näher.

Die Story von der *Verwandlung des Volker S.* (*Apfelbaum*, 6/1975, S. 4) behandelt die Rolle des Lehrers. Der gewissenhafte und übertrieben pflichtbewußte Mathematiklehrer Volker, der sich vergeblich bemühte, seinen unernsthaften und kindischen Schülern die Liebe zur Mathematik zu vermitteln, entdeckte eines Tages mit Entsetzen, wie sich bei ihm selber eine schülerhafte Lust an Albernheiten und kindischen Späßen einstellte. Die Angst vor solcher Luderei bewirkte zunächst die Verwandlung Volkers in einen Taschenrechner. Wider Erwarten aber hatte diese Metamorphose keinerlei stabilisierenden Effekt, sondern verstärkte nur den Wunsch nach einem anderen Leben. Die Geschichte happyendet damit, daß Volker den Schulhof unter Wasser setzt und so in ein Schwimmbad verwandelt. Hier wird nicht nur die Ideologie der Altersklassendifferenzierung in ihrer integrativen Funktion durchschaut, sondern auch ein wichtiger Aspekt der psychischen Tragik der Lehrerrolle veranschaulicht: der notwendige Neid des Pädagogen nämlich auf das Privileg der Schüler, sich unzivilisiert zu verhalten.

Zum Thema Berufsverbot äußert sich der *Apfelbaum* durch den Abdruck eines Tonbandprotokolls vom Interview mit einer Lehrerin, die erzählt, was ihr von staatlicher Seite widerfuhr:

»und gegen Ende der Stunde, ich war gerade in einer Sexta, kam Herr N. und sagte mir dann ... äh ... sagte eigentlich mehr zu der Klasse: ›Frau O. ... der Regierungspräsident hat Frau O. untersagt, zu unterrichten.‹« (*Apfelbaum*, 5/1975, S. 12)

Dieser einfache, subjektive und gerade dadurch besonders eindrucksvolle Erfahrungsbericht hat wahrscheinlich mehr aufklärerischen und agitatorischen Wert als ein sachlich-informativer Artikel mit gesamtgesellschaftlichen Bezügen, Parolen und Forderungen.

Sexualität und Freizeit

Das Thema Sexualität, an dem sich einige Jahre vor der Sponti-Ära die Schülerrevolte entzündet hatte, wird im *Apfelbaum* nirgendwo abstrakt, sondern immer im Zusammenhang mit dem Schulalltag oder der von diesem geprägten Schüler-Freizeit behandelt. (Einzige Ausnahme ist die schon genannte »Ghotul«-Geschichte, mit der der *Apfelbaum* in seiner ersten Nummer den Auftakt zu den folgenden Schulskandalen gab.)

In der zweiten Nummer erscheint ein längerer Artikel zum Thema *Schule und Sexualität* (*Apfelbaum*, 2/1974, S. 18) in dem schon beschriebenen situationistischen Collagenstil. In diesem Fall sind Schilderungen von schulischen Konfliktsituationen, Selbsterfahrungsberichte, theoretische Kommentare dazu und Textstellen aus dem Aufsatz von W. F. Haug *Zur Srategie der Triebunterdrückung und Triebmodellierung in Gymnasien«* (in: *Das Argument*, 56, 1970) bewußt verhackstückt, ungegliedert und im wissenschaftlichen Sinne schlampig aneinandergeknallt. Zu Beginn werden drei Episoden erzählt, in denen Lehrer Schüler wegen des Verdachts sexueller Betätigung maßregeln. Auf einer Klassenfahrt z. B. wurden Mädchen und Jungen zusammen in einem Zimmer erwischt, was Krach, consilium abeundi und Aussprache mit dem Direktor zur Folge hatte. Aus dieser und ähnlichen Erfahrungen zieht der Autor zweierlei Schlußfolgerungen. Erstens unterstellt er dem Lehrer, der von Berufs wegen nicht nur seine eigenen, sondern auch die Affekte seiner Schüler unter Kontrolle halten muß, Sexualneid. Zweitens stellt er die pädagogisch angestrebte vollständige Verbannung der Sexualität aus der Schule fest:

»Für den Schüler ist Sexualität an der Schule nur in dunklen Räumen und Toiletten und in der Freizeit möglich.« (Haug, 1970, zit. n. *Apfelbaum*, 2/1974, S. 19)

Es folgt der *Pausenhofreport*, ein theoretisch kommentierter Selbsterfahrungsbericht von einem, der in der Pause gern ein Mädchen ansprechen würde, aber unfähig dazu ist, denn die schulische Abhängigkeitssituation untergräbt ihm das Selbstbewußtsein in jeglicher Beziehung:

»Wenn mir im Unterricht jemand das Rückrat halb gebrochen hat, nur weil ich die Vokabeln nicht gelernt hatte, wenn ich 45 Min. lang vor Angst dauernd auf die Uhr gesehen habe und in mir zusammengekrochen bin, um ohne Hausaufgaben nicht aufzufallen, wenn ich vor demselben Typ auch noch schleimen mußte, um nicht ganz fertig gemacht zu werden, dann soll ich auch noch den Mut aufbringen, in der Pause ein Mädchen anzusprechen.«

»Ich bleibe in der Pause so passiv wie im Unterricht.« (Ebd., S. 19 f.)

Gebrochenes Selbstbewußtsein und Passivität sind aber nicht nur die Folge der unmenschlichen Beziehungen zwischen Schüler und Lehrer, sondern auch des ebenso pervertierten Verhältnisses zu den Mitschülern:

»So habe ich gegenüber den Mitschülern, die ich mehr oder weniger bekämpfe, [...] ein schlechtes Gewissen. Daß sich ein Mädchen interessieren könnte für einen so feigen, ängstlichen, unwissenden, unfähigen, unselbständigen, unterwürfigen, unsolidarischen, angepaßten Mitschüler, kann ich mir nicht vorstellen.«

Als weitere Folge schulischer Unterdrückung, der allgemeinen wie der sexuellen, werden die Brutalisierung der Sexualität, grobe, chauvinistische Äußerungen auf männlicher, autoritäre Objektwahl auf weiblicher Seite, betrachtet. Schließlich wird die zentrale These W. F. Haugs zur schulischen Sexualunterdrückung referiert und teilweise zitiert: Die ständige, allgegenwärtige Verfolgung und die damit verbundene Heimlichkeit lehren den Schüler die sexuelle Selbstkontrolle. Was übrigbleibt, ist zur Obszönität entstellte Sexualität:

»Man schlägt ein Gesicht zur Fratze und sagt anschließend, jemand, der so fratzenhaft aussieht, hat die Schläge auch verdient.« (Ebd., S. 22)

Ebenso wie bei den im letzten Abschnitt angeführten theoretischen Artikeln zur Schulinstitution ermangelt auch der Sexualitätsbeitrag jeglicher Besinnung auf möglichen Widerstand und der Anmeldung von Forderungen an die Schulbürokratie. Trotz des Bekenntnisses zu antiautoritären Verhaltensweisen scheint die von den Schülern selbst beschriebene resignative Gelähmtheit, der Erfolg der schulischen Domestizierung, unüberwindlich zu sein.

Eine andere Form der vom *Apfelbaum* bevorzugten Vermittlung sind die Selbsterfahrungsberichte, die Mitte der siebziger Jahre eine Zeitlang hoch modisch waren. So berichten zum Thema Sexualität zwei Mädchen und drei Jungen. Die erste Schülerin beschreibt die Entwicklung ihrer Sexualität (nur Petting) ab dem zwölften Lebensjahr und ihre Angst, frigide zu sein. Zum Zeitpunkt der Niederschrift hat sie die genannten Schwierigkeiten durch Gespräche mit Leuten, »denen es genauso oder ähnlich geht« (*Apfelbaum*, 5/1975, S. 19), bewältigt:

»Schließlich habe ich diese ganzen Ängste deshalb bekommen, weil ich nicht offen mit anderen Leuten über mich reden konnte, deswegen habe ich mich auch voll in meine Probleme reingesteigert.« (Ebd., S. 17)

Zwei der männlichen Selbsterfahrungsberichte handeln vom Onanieren. Im ersten Fall nennt der Autor seine Masturbationsphantasien:

»Die Frauen sind gesichtslos und haben nur einen Mund. Und ich zwinge sie mit Gewalt dazu, an meinem Schwanz rumzuwummeln, mir einen abzuwummeln, ich peitsche sie aus, sie sind hilflos und ich bin der Pascha.« (*Apfelbaum*, 6/1975, S. 37)

Weiter bekennt er, daß sein Verhalten zu Mädchen in der Realität umgekehrt ist, freundlich und unterwürfig. Zum Schluß beschreibt er die Beziehung zu seiner Freundin:

»Bei ihr bin ich nur selten körperlich aggressiv, meistens liebevoll und zärtlich. Es ist unheimlich schön, wenn wir zusammen sind.« (Ebd., S. 38)

Die Idealisierung seiner wirklichen Liebesbeziehung, die angesichts der Gewaltphantasien so harmonisch nicht sein kann, enthebt ihn der Problematisierung sowohl seiner Phantasien als auch der seiner Zweierbeziehung und entschärft die Radikalität seiner anfänglichen Ehrlichkeit.

Der zweite männliche Onanie-Report beschreibt die Schwierigkeiten der Selbstbefriedigung in der elterlichen Wohnung, wo der Autor ein Zimmer mit seinem Bruder teilt. Dann beklagt er sich über den Mangel an Onanievorlagen, der den Mangel an Sex überhaupt noch schlimmer macht. Sein Bericht schließt mit folgender Erklärung:

»Wenn die Mädchen, diese dummen Gören, nichts mit uns zu tun haben wollen, dann sollen sie doch sehen, was sie ohne uns machen. Wir eröffnen Mitte Oktober den ›Freunde des Wummelns‹ e. V.«
»Nicht Rammeln sondern Wummeln.« (Ebd., S. 40)

Der dritte männliche Bericht über eigenes Verhalten schildert eine qualvolle »Anmach-Szene«. Die offene Äußerung des Wunsches nach purer Sexualität verbindet sich hier mit der Kritik verlogener Umgangsformen.

Über das Aufgreifen des in der Schule am stärksten tabuisierten Themas hinaus stellt die exhibitionistische Ehrlichkeit besonders der drei letzten Berichterstatter eine mutige Provokation gegen die Schule dar.

Trotzdem fehlt allen Erfahrungsberichten das Aufzeigen gesellschaftlicher Ursachen der Misere und die Perspektive zur Veränderung. Eine sehr typische Variante der Sponti-Mentalität aber kommt hier zum Vorschein, indem gesellschaftliche Veränderung lediglich als Verbesserung zwischenmenschlichen Kontakts und intensiverer Kommunikation für möglich gehalten wird.

Vollständig resignativen Charakter schließlich nimmt die Perspektivlosigkeit der Sponti-Schüler in einigen Beiträgen zur Freizeit an. Unter dem Titel *School's out* (*Apfelbaum*, 3/1974, S. 4) wird drastisch geschildert, wie sich die in der Schulzeit erzeugte Passivität der Jugendlichen in der Freizeit reproduziert:

»›In den Ferien schlaf ich eben bis mittags, und dann bin ich so den ganzen Tag müde und hänge lasch rum, abends hock ich sehr lange in der Kneipe . . .‹ Ohne den Rhythmus der täglichen Schulstunden ist man nicht mehr fähig, sein Leben interessant zu gestalten. Das einzige, was einem übrigbleibt, ist, lasch herumzuhängen und zu hoffen, daß was passiert.«

»Diskussionen über den Gruppenzusammenhang« (Ebd., S. 5), in denen »Normen für ›gruppenwichtiges Verhalten‹« entwickelt werden, hält der Autor für oberflächlich und beschreibt eine für Selbsterfahrungs- und Sensitivierungspsychologie typische Situation: »Rainer streckt die Hände von sich: ›Ihr müßt mich jetzt alle anfassen‹ . . . als ob der Rainer nicht mehr wollte.« (Ebd., S. 6) Noch hoffnungsloser ist ein mit *Der Froschkönig* (*Apfelbaum*, 5/1975, S. 36) überschriebener Bericht über den eigenen psychischen Zustand eines *Apfelbaum*-Redakteurs nach dem Abitur, der folgendermaßen beginnt:

»Ich weiß nicht, was ich jetzt tun soll. Als ich in der Schule war, steuerte mein ganzes Leben aufs Abitur hin, oder wurde gesteuert.«

»Ich bin zu träge, um mich um den Zivildienst oder mein Studium zu kümmern. Es liegt sicher an meiner Unsicherheit, mich ohne Anleitung (durch die Schule) um wesentliche Sachen selbst zu kümmern.«

Eine weitere Glanzleistung in der Illustration von »Sponti-Kaputtheit« ist der Reisebericht von vier Schülern, die nach Frankreich fuhren und sich vorgenommen hatten, eine »4-Wochen-Französinnen-Anmach-Dauerorgie zu feiern« (*Apfelbaum*, 6/1975, S. 26). Die nachträgliche Interpretation des Vorhabens lautet:

»Diese völlig realitätsfremden Erwartungen waren durch die übliche Frankfurter Trostlosigkeit begründet. (Kneipe, Suff, kaum Kommunikation und meistens nicht einmal eine Frau ›zum Trost‹).«

Nichts klappte dann, keine einzige Französin wurde aufgetan, und nicht einmal zur Problematisierung der Situation waren die Enttäuschten imstande.

Das Problem der Sexualunterdrückung stellt sich im Jahre 1975 im Gegensatz zu den sechziger Jahren offensichtlich nur noch vermittelt als eines der Verbote dar. Es ist vielmehr die schon verinnerlichte Unfähigkeit zur Kontaktaufnahme mit einem möglichen Sexualobjekt. Da hierzulande dank der Liberalisierung der Sexualmoral weder die Beschaffung der Pille noch die eines Beischlafplatzes mit Schwierigkeiten verbunden ist, die Schüler aber aus Kontaktunfähigkeit trotzdem unter Sexualnot leiden, gibt es scheinbar nichts mehr zu fordern. So tendieren auch die »Apfelbäume« dazu, die Schuld bei sich selbst zu suchen bzw. den psychischen Schaden durch gruppeninternen Erfahrungsaustausch rein individuell zu beheben.

Dem die traurige Realität wiedergebenden Urlaubsbericht ohne Hoffnungsschimmer zwischengeschaltet ist ein fiktiver Zeitungsbericht ganz anderen Charakters. Unter der Schlagzeile *Terror an Land und Strand* (*Apfelbaum*, 6/1975, S. 29) wird über einen jungen Deutschen berichtet, der am Badestrand einer Französin eine (Haar-)Bürste entriß. Eine Großfahndung wurde eingeleitet und der »Terrorist« verhaftet. Weiter heißt es:

> »Wenngleich der Untersuchungsrichter keine Verbindung zwischen dem Täter und der Baader-Meinhofbande sieht, so muß doch die Frage gestellt werden, ob unsere Justiz noch in der Lage ist, uns zuverlässig gegen solche dreisten Übergriffe zu schützen, oder ob sie sich mit solch fadenscheinigen Ausreden wie die des Angeklagten (Wörtlich ›Bedürfnis nach menschlichem Kontakt‹??) abspeisen läßt.«

Die eigene psychische Lage wird hier in gesamtgesellschaftlichen Zusammenhang gebracht anstatt wie bisher nur in schulinstitutionellen. Was hier ironisch angedeutet wird, ist die systemimmanente Unterbindung und Sanktionierung »menschlichen Kontakts«, wie sie im sozialen Teilbereich der Schule an anderer Stelle im Detail beschrieben wird. Außerdem scheint mir das Terrormotiv hier als Wunschbild des aktiven Widerstands gegen eine Gesellschaft zu fungieren, die ihre Individuen mit Kontaktarmut und Passivität schlägt. Diese Annahme wird durch zwei weitere, ebenfalls fiktive Beiträge ähnlichen Stils bestätigt:

Dem *Tod im Globetrotter* (*Apfelbaum*, 6/1975, S. 20) diente A.

Kluges surreale Geschichte *Massensterben in Venedig* (aus: *Lernprozesse mit tödlichem Ausgang*, Frankfurt 1973) zur Vorlage. Kluge beschreibt dort den unvermuteten Aufstand der Insassen eines Altenwohnheims. Im *Apfelbaum* auf die Randgruppe der Schüler übertragen ist es die Geschichte eines militanten Jugendaufstandes in der Stammkneipe der Freiherr-vom-Stein-Schüler, dem »Globetrotter«: Im Laufe eines Sommerabends wird es mehreren jugendlichen Stammgästen des Lokals schlecht. Als einer davon stirbt, verhindern die anderen den Abtransport des Toten und der Ohnmächtigen. In einer Schlägerei mit den übrigen Gästen töten die Schüler den Wirt und den Kellner und verschanzen sich schließlich in der Kneipe. Nach längerer Belagerung stürmt die Polizei schließlich die Bastion und erschießt in Notwehr 16 Jugendliche. Über die Schüler heißt es:

»Bis zu diesem Ereignis hatten die meisten Jugendlichen, die das Stammpublikum der Kneipe bildeten, die Vorstellung von sich gehabt, daß sie harmlos und gutmütig seien. Daran zweifelten die Verwirrten jetzt.«

Auch hier also phantasieren sich die »Apfelbäume« als von der Polizei verfolgt und in diesem Fall auch als tatsächlich gewalttätig. Auch der Ort der erfundenen Ereignisse ist der gleiche, der der enttäuschten Illusionen nämlich, diesmal nicht der Badestrand, sondern die Stammkneipe, der Platz allabendlicher Hoffnung und Frustration. Der Passivität und Resignation, von denen die »ernsthaften« Artikel zu den Themen Freizeit und Sexualität geprägt sind, stehen Aktivität und Aggressivität in den surrealfiktiven Beiträgen gegenüber. Auch gesamtgesellschaftliche Bezüge sind hier häufiger als sonstwo.

Bei der theoretischen und (selbsterfahrungs-)psychologischen Thematisierung speziell sexueller Probleme fällt der Verzicht auf Forderungen oder auch nur Perspektiven zur Veränderung der traurigen Lage besonders auf. Davon sticht nicht nur der hedonistische Utopismus der (nicht redaktionseigenen) »Ghotul-Geschichte« ab, sondern auch der ironisch-fiktive Leserbrief eines *Vereins zum Schutz deutscher Moral und Sittlichkeit* (*Apfelbaum*, 6/1975, S. 46):

»Immer mehr Jugendliche scheinen in letzter Zeit den Begriff ›Öffentlicher Verkehr‹ falsch zu verstehen. Laut Polizeibericht haben in Frankfurt am 25. 7. 75 gegen 22.30 Uhr 18 angetrunkene Jugendliche beiderlei Geschlechts eine Straßenbahn überfallartig bestiegen. Sofort fingen sie an, laute Rock Musik spielen zu lassen, Alkoholika zu verteilen, und Luftschlangen blasend forderten sie die anderen Fahrgäste zu unmoralischen Handlungen auf.«

Im Schatten der Unernsthaftigkeit, unter dem Schutz der ironischen Affirmation kommt hier großer Hedonismus zum Vorschein, dessen Verfechter aktiv für die Durchsetzung ihres Vergnügens eintreten.

Lehrerkritik

Wie schon aus den vorangegangenen Abschnitten hervorgeht, wird der Vorsatz, der Phantasie an die Macht zu verhelfen, im *Apfelbaum* von schonungslosem Realismus komplementiert und unterstützt. Dies beweist unter anderem auch schon die Benennung. Linke Schülerzeitungen übernehmen gewöhnlich entweder tradierte Namen (wie *Bienenkorb*, *Beobachter* u. ä.) oder geben sich bewußt revolutionär klingende Titel (wie *Schulkampf* oder *Roter sowieso*), die eine bessere Schulzukunft antizipieren. Der *Apfelbaum* dagegen bleibt bei der von der vortechnokratischen Autorität des Direktors geprägten Realität. Immerhin brachte dies dem Schulleiter, der den Prozeß gegen die Verunglimpfung seines Namens verlor, eine Blamage ein, wie sie selbst die Revolte selten einem Direktor angetan hat.

Auch spezifische Lehrerkritik und Konfliktrezeption werden hauptsächlich durch pure Widerspiegelung geleistet. Als Mittel dazu dienen kurze wörtliche Lehrerzitate, Tonbandaufzeichnungen des Unterrichts und nachgedruckte Dokumente bestimmter Konfliktfälle, wie der Brief einer Elternversammlung, der Wortlaut eines für den Direktor negativen Gerichtsbescheids, ein Brief des Direktors an die Eltern usw. Dazu kommen einfache, das Lehrerverhalten wiedergebende Berichte, die, ohne Kommentar für sich selbst sprechend, dokumentarischen Charakter haben. So wird z. B. unter dem Titel: *Chronik einer außergewöhnlichen Ehrung* (*Apfelbaum*, 4/1975, S. 12) das Verhalten eines sadistisch prüfenden Studienrates beschrieben. Der Stil ist schlicht und kokettiert mit kindlicher Hilflosigkeit:

»Am Samstag, den 8. 9., ist die Cornelia aus dem Matheunterricht der UFSa bei Herrn Str. K. gelaufen. Sie hatte an der Tafel rechnen müssen und konnte die Kritik von Herrn Str. nicht ertragen. ›Ihre Klammern sind zu groß, die werden so gemacht wie der Buchstabe ...‹ [...] Da standen der Cornelia die Tränen in den Augen, und sie ist aus dem Klassenzimmer gerannt.«

Die Redaktion bezieht keinerlei Stellung dazu. Als weiteres Mittel zur Lehrerkritik dienen kurze Glossen oder Satiren, in denen ebensowenig direkte Opposition gegen die Schulbürokratie zum Ausdruck kommt, wie in den dokumentarischen Beiträgen.

Anders dagegen auch hier wieder in den phantasievoll-surrealen Texten: So beschwert sich der Autor eines fiktiven Berichts aus der *Bunten Illustrierten* über die *Rocker an Deutschlands Schulen* (*Apfelbaum*, 4/1975, S. 39). Gemeint sind der Direktor und der in dessen Auftrag handelnde Hausmeister der Freiherr-vom-Stein-Schule. Beide hatten den Schülern den Gebrauch von Elektrogeräten im Kunstunterricht verboten, die sie unter Absprache mit dem Kunstlehrer benutzten. Letzterer gab nach kurzer Gegenwehr und auf die Drohung des Direktors mit der Polizei klein bei. Nicht so die Schüler, von denen es heißt:

»Die Schüler dagegen ließen sich durch das Rockerunwesen nicht einschüchtern. [...] In Zukunft werde sich bei solchen Vorfällen des ›Macht vor Recht‹, gab ein anonymer Anrufer bekannt, der ›Graue September‹ einschalten.«

Hier wird der »Schwarze September« assoziiert, die palästinensische Terror-Organisation, die bei der Olympiade von 1972 für die blutig mißglückte Geiselnahme verantwortlich war. – Kurze Zeit nach Erscheinen dieses Artikels wurden sämtliche Klassenbücher der Freiherr-vom-Stein-Schule geklaut, und der »Graue September« erklärte sich dafür verantwortlich. So kommt auch in dieser ironisch-phantasievollen Selbstkriminalisierung der Wunsch nach einflußreicherem oppositionellen Handeln besser zum Ausdruck, als es ein harmloser Schulstreich wie der Klassenbuchklau leisten kann. Und es ist auch nicht zufällig, daß Zweifel an der antiautoritär-harmlosen Konfliktstrategie schulischer Opposition gerade in einem *Brief des Grauen Septembers* (*Apfelbaum*, 5/1975, S. 21) geäußert wird, in dem es heißt:

»Die Eingliederung in die Schule erfolgt nach wie vor mit Gewalt, heute mehr über Zensuren. Der Klassenbuchklau hat deswegen auch weder Lehrer noch Schüler stark berührt. [...] Da konnten sich bloß noch Gestalten aus dem vorigen Jahrhundert drüber aufregen. OStR. Apfelbaum: ›Schweinerei‹.«

Es erhebt sich die Frage, warum die »Apfelbäume« nicht über das Schulstreichniveau hinausgekommen sind.

Wie gesagt, beschränkt sich die Strategie der Opposition der Sponti-Schüler auf die Anwendung des konfliktstrategischen Antiautoritarismus der Schule und auf die ebenso altbewährte Vermittlungsform der Dokumentation, der satirischen Glossen, der ironischen Affirmation und der Fiktion. Dies entspricht der Zweitauflage der libertären Prinzipien der Bewegung, die sich jetzt von ihrer K-Gruppen-Phase distanziert, indem sie den trokkenen Agitationsstil in Bolschewiki-Tradition mit seinen stereotypen Parolen und Forderungen meidet, um der Phantasie wieder mehr Raum zu gewähren. So hofft man entweder auf den agitatorischen Effekt ungewöhnlicher und geistreicher Einfälle bei der Vermittlung, oder – im Fall der Dokumentation – auf die selbsttätige Phantasie des zu Agitierenden. Dabei aber drängt sich der Verdacht auf, daß die Sponti-Schüler nicht zufällig die gleichen journalistischen Sicherheitsmaßnahmen benutzen wie die oppositionellen Schüler vor Ausbruch der Revolte bzw. in deren noch defensiver Frühphase. In dieser Parallele drückt sich der Verlust der Bewegung an Selbstbewußtsein, Risikobereitschaft und Engagementfähigkeit aus, den diese mit dem Niedergang der K-Gruppenbewegung erlitten hat.

Die sich wieder jugendlich gebende Schulopposition der mittleren siebziger Jahre reproduziert die antiautoritäre Revolte der späten sechziger Jahre durch ihren organisatorischen Dezentralismus, ihre Praxisorientiertheit durch subjektives Anknüpfen an die eigene, direkte Betroffenheit und im konfliktstrategischen Antiautoritarismus mit spielerischen und ästhetisierten Aktionsformen. Inhaltlich-theoretische Parallelen bestehen in der Berufung auf einen Teil der Literatur der Neuen Linken in kritisch-theoretischer und libertärer Tradition.

Als Unterschied zur Revolte fällt zunächst die Tatsache auf, daß sich der Protest inzwischen eher bei der Konfrontation mit konservativer Pädagogik regt, als (wie zu Anfang) als Reaktion auf die Freigabe von Spielräumen. Die Schulreformen der siebziger Jahre gingen mit dem weitgehenden Abbau der direkten Lehrerautorität und mit der begrenzten Erfüllung von Forderungen der Revolte einher, wie z. B. der Zulassung von Gruppenarbeit und dem beschränkten Abbau des Frontalunterrichts durch Einführung von Diskussionen. Gleichzeitig wurden inhaltliche Freiräume für »progressive Lehrer« geschaffen. Auf diese Weise gelang es der Schulbürokratie, einen Großteil des Protests zu integrieren. Kein Wunder also, daß der unbestechliche Rest der Bewegung sich weigert, linke von rechten Lehrern zu unterscheiden, hatte man doch mit den »progressiven Lehrern« nicht weniger schlechte Erfahrungen als mit den autoritären. Ganz im Gegenteil sogar bieten die selten gewordenen konservativ-autoritären Pädagogen wegen ihrer komisch wirkenden Antiquiertheit viel mehr Angriffsflächen als die »schleimigen« (Interview 1978) progressiven.

Was die Spontis aber am grundlegendsten von den Jugendlichen der ersten Protestgeneration unterscheidet, ist ihre kollektive Eigenschaft resignativer Apathie und Lustlosigkeit, die ihrer Ausrichtung auf direkte Bedürfnisbefriedigung so seltsam entgegensteht. Die »Apfelbäume« äußern nur selten Wut, wenig Anklage, keine Forderungen und nur geringe Hoffnung auf Veränderung der Verhältnisse und die Aufhebung des eigenen Leidens. Und je schärfer ihre Kritik ist, desto ironischer wird sie vermittelt, so daß unklar bleibt, ob und wie ernst sie gemeint ist. Der Konfrontationsvermeidung mit dem Gegner aber steht die um so größere Strenge mit sich selbst gegenüber, die in der Konzentration auf Gruppendynamik und Selbsterfahrungspsychologie zum Ausdruck kommt. Auch dies ist nicht verwunderlich, wenn man bedenkt, daß die jüngeren Spontis mit dem Niedergang zuerst der Revolte, dann der K-Gruppenbewegung und der entsprechenden Verstärkung staatlicher Repression quasi aufgewachsen sind. (Die *Apfelbaum*-Redakteure waren 1968 zwölf Jahre alt.) Die vorsichtig gewordenen Spontis kehren erst gründlich vor der eigenen Tür, bevor sie deren Schwelle verlassen, um zum Angriff überzugehen.

Während Revolte und Dogmatisierungsphase mit euphorisch übersteigertem Selbstbewußtsein bezüglich ihrer eigenen historischen Möglichkeiten geschlagen waren, leidet die Spontibewegung der siebziger Jahre eher an Bescheidenheit, Ängstlichkeit, Defaitismus und Selbstunterschätzung.

Schlußbemerkung

Obwohl meine Untersuchung nur bis zum Jahr 1976 reicht und die Arbeit daran schon 1979 abgeschlossen wurde, will ich noch einige Hypothesen für die Zeit der späten siebziger und beginnenden achtziger Jahre aufstellen. Da eine Schülerbewegung als solche nicht mehr existiert, beziehen sich diese Überlegungen auf die Situation der Jugend allgemein.

Die Protestbewegung der späten sechziger Jahre – als eine am Generationskonflikt entzündete Jugendlichenrevolte radikalisiert – hatte das politische und kulturelle Leben der Bundesrepublik ein paar Jahre lang gründlich durcheinandergebracht. Politiker und Pädagogen bemühen sich seither unermüdlich um die Entschärfung der Gegensätze zwischen den Generationen. Herabsetzung des Mündigkeitsalters, Abbau direkter Autorität in der Schule, Liberalisierung der familiären Erziehung und Lockerung der Sexualmoral haben sich dabei hervorragend bewährt. Seit Mitte der siebziger Jahre scheinen zwischen Jugendlichen und Erwachsenen (zumindest in Mittel- und Oberschicht) Strategien zur Konfliktvermeidung vorzuherrschen. Dazu einige Beispiele:

Im Gegensatz zu den dramatischen Generationskonflikten der sechziger und beginnenden siebziger Jahre, während derer das heimliche Ausreißen von Schülern und die von den Eltern veranlaßte polizeiliche Fahndung an der Tagesordnung waren, trennen sich inzwischen auch mittelständische Familien verhältnismäßig problemlos und vergleichsweise früher von ihren Kindern.

Die Sexualität, eins der klassischen Themen der Jugendlichenrevolten, ist seit Mitte der siebziger Jahre kaum mehr Gegenstand öffentlicher Diskussion. Die 10 Jahre vorher so heftig geforderte Aufhebung des Sexualverbots für Jugendliche und besonders für Schüler scheint – wenn vielleicht auch nur inoffiziell durch stillschweigende Duldung – weitgehend erfüllt zu sein.

An der schulischen Pädagogik fällt neben dem Aussterben des sich als Patriarch gebärdenden Lehrertyrannen die Lockerung der Anwesenheitspflicht ins Auge. Das »Schulschwänzen« – vor nicht allzu langer Zeit noch ein schweres »Schulverbrechen« – ist heute kaum mehr Anlaß disziplinarischer Rüge, wenn es auch bei rein bürokratischer Handhabung des Lehrers noch Noten und Versetzung beeinflußt.

Mit der Einführung des Kurssystems nähert die Oberstufenreform den Status des Schülers dem des Studenten an und trägt so zusammen mit dem Abbau direkter Lehrerautorität zugunsten abstrakter bürokratischer Machtausübung zur Abschwächung der Altersklassendifferenzierung bei. Trotzdem sind die Oberschüler dadurch nur scheinbar selbständiger und eigenverantwortlicher geworden; sie wurden sogar eher Opfer verstärkter Infantilisierung. Schuld daran sind die modernen Lehrmethoden und Lernmittel, für deren Einführung die technokratisch ausgerichteten Schulreformer und die »progressiven« Lehrer gleichermaßen verantwortlich sind. Dazu einige Beispiele:

Unter dem Vorwand bzw. der ehrlich verblendeten Absicht, die Chancengleichheit einzuführen, ist man seit Ende der sechziger Jahre bemüht, den Lernstoff so zu präsentieren, daß er auch von klassenmäßig unterprivilegierten Schülern erfaßt werden kann. Die Einführung von Arbeitspapieren (anstelle der Lektüre von Büchern oder längeren Texten), von vorbereiteten Fragen zwecks Strukturierung der Diskussion, von Arbeitsheften, d. h. Texten mit Auslassungen zum Ausfüllen und schließlich die Anwendung von Fragebogen-Tests zur Leistungsbeurteilung reduzieren die Komplexität jeglichen Wissensstoffes auf ein Minimum.

Ebenso fragwürdig ist der teilweise angestrebte Abbau des grammatikalischen Sprachunterrichts zugunsten audiovisueller Drill-Methoden, die – ausschließlich angewandt – zur Verkümmerung des analytischen Denkens bei gleichzeitiger Gewöhnung an lediglich rezeptive Wissensaneignung beitragen.

Den Gymnasiasten der Nachkriegszeit wurde noch bürgerliche Ideologie in Form von Allgemeinbildung präsentiert, an deren relativ ganzheitlicher Vermittlung sich leicht grundsätzliche Systemkritik entzünden konnte. Inzwischen ist die pädagogische Tendenz zu Zersplitterung von Totalität und Simplifizierung übergegangen, wobei weder ein historischer noch gesamtgesellschaftlicher Zusammenhang des jeweils ausschnitthaft verabreichten Lehrstoffs hergestellt wird.

Die technokratischen Reformen haben für den Schüler die Versachlichung seines Verhältnisses zur Institution Schule zur Folge. Der Lehrer wird zum unpersönlichen Vorgesetzten, die Mitschüler zu bloßen Mitkonsumenten und -Konkurrenten, mit denen man sich dank der Aufhebung des festen Klassenverbandes nicht mehr auseinandersetzen muß, und der Lernstoff zum fragebogenmäßigen Testwissen. Dies und der gleichzeitig steigende Leistungsdruck machen das Schülerleben äußerlich dem des Erwachsenen ähnlicher. Der Schonraumcharakter und damit die Privilegien des bürgerlichen Jugendlichen werden abgebaut. An der feudalen Abhängigkeit von der Schule dagegen, die inzwischen nicht mehr direkt autoritär, sondern bürokratisch totalitär ist, hat sich nichts geändert. Die Verwischung der Gegensätze aber erschwert das Aufkommen jugendspezifischer Mentalität im klassisch bürgerlichen Sinn.

Eine entsprechende Entwicklung vollzieht sich an der Universität. Die Studienreform ihrerseits nimmt zwar auch den Professoren ihre feudale Macht, nähert den Status des Studenten aber dennoch dem des Schülers an, indem sie seine Studienzeit beschränkt, seinen Studiengang reglementiert und ihm Lernpensum und Lehrinhalte mehr und mehr vorschreibt. Die Tendenz zur schonraumartigen Verlängerung der Ausbildungszeit mittelständischer Jugendlicher, die seit Beginn des bürgerlichen Zeitalters wirksam war und sich an der Universität meist als Privileg darstellte, schlägt dabei ins Gegenteil um.

Verschulung der Universität und Infantilisierung der Studenten aber ist nur ein Indiz für die fortschreitende Verschulung weiterer gesellschaftlicher Bereiche, von der künftig die Individuen aller Altersklassen betroffen sein werden. So entspricht z. B. die pädagogische Erfassung der frühen Kindheit als Vorschulerziehung der Erwachsenenbildung.

Letztere übernimmt immer mehr von den Funktionen, die früher von Grundschule, Berufsschule, der Lehre oder anderen Berufsausbildungsgängen erfüllt wurden. Die gesellschaftliche Schicht der Angestellten sieht sich schon jetzt gezwungen, im Interesse beruflichen Fortkommens fachspezifische Fortbildungskurse oder Sprachkurse an der Volkshochschule zu belegen. Die Praxis der Erwachsenenbildung wiederum betreibt unter dem Vorwand der Lernmotivierung oft eine ganz unverhüllte Infantilisierung der erwachsenen Schüler. Die Dozenten veranstalten »Wandertage« und »Klassentreffen« mit den Kursteilnehmern und integrieren zur »Auflockerung« Kinderspiele in den Unterricht. Die Teilnahme ist dabei keineswegs freiwillig.

Eine starke pädagogische Tendenz ist auch auf dem Freizeitsektor zu verzeichnen. Seinem Hobby nachzugehen heißt heutzutage, etwas lernen; ob es sich dabei um Töpferei, Gesellschaftstanz oder Pantomime handelt, immer bedarf es der Anleitung durch einen Spezialisten und einer entsprechenden Institution, die diese garantiert. Noch deutlicher ist die Verschulung der Urlaubsreise durch die Reisegesellschaften. Der Urlauber hat es nicht nur mit einem Reiseleiter zu tun, sondern neuerdings auch mit den sogenannten Animateuren, einer Art Spezialisten für Gruppendynamik, oberflächliche Kommunikation und gute Laune.

Die meisten neuen pädagogischen Professionen aber hat die Psychohygiene hervorgebracht. Ein ganzes Heer von modernen Seelsorgern bietet seine Dienste in fast allen Lebensbereichen an, in der Vorschule, der Schule, im Betrieb, im Krankenhaus, beim Militär und im Gefängnis. Sogar das Leben – nämlich als bloßes Zurechtkommen mit sich und anderen über die materielle Problematik hinaus – ist keine Selbstverständlichkeit mehr, sondern muß von immer mehr Menschen in der Therapie erlernt werden. Die Tendenz geht dabei zu immer spezifischerer Zweckausrichtung der therapeutischen Behandlung, ob individuell oder in Gruppen. (In Amerika gibt es inzwischen Gruppentherapien unter Mottos wie »chatting up for beginners«, »Anmachen für Anfänger«.)

Zur pädagogischen Infantilisierung der Kinder und Jugendlichen ist die systematische ›Verkindischung‹ nun auch der Erwachsenen getreten.

Die Altersklassendifferenzierung aber hat damit einen Teil ihrer Funktion eingebüßt, und zwar den der Produktion des bürgerlichen Erwachsenen. Dieser durch individuelle Zivilisation domestizierte Menschentyp war – wenn auch weitgehend unfähig zu spontaner Opposition und mit Obrigkeitsgehorsam geschlagen – so doch tatsächlich selbständig, selbstverantwortlich und weitblickend, d. h. potentiell kritisch.

Die hochzivilisierte Industriegesellschaft aber braucht keine autonomen bürgerlichen Individuen, sondern ist im Begriff, ein flexibel diszipliniertes und folgsames, aber kindisches und verantwortungsloses Geschöpf zu produzieren, dessen Sozialisationsprozeß schon im Kleinkindalter beginnt und nie aufhört, sondern sein ganzes Leben reguliert und bestimmt. Kinder, Jugendliche und Erwachsene werden sich wieder gleich werden, wie im Mittelalter.

Was die Opposition der Schüler angeht, so schien in den späten siebziger Jahren an den Schulen die lähmende Grabesruhe vorzuherrschen, die sich trotz der aufkommenden Bürgerinitiativen- und Ökologie-Bewegung über das ganze Land gesenkt hatte. Inwieweit diese oft als »bleiern« empfundene Oppositionslosigkeit auch auf einer veränderten Presseberichterstattung beruhte, wäre noch zu untersuchen. Während in den sechziger und frühen siebziger Jahren Journalisten und Reporter bei politischen Aktionen noch im wahrsten Sinne des Wortes »mitspielten«, indem sie zahlenmäßige Stärke und Einfluß der »radikalen Minderheiten« eher übertrieben darstellten, wurden in der zweiten Hälfte der siebziger Jahre nicht nur auf staatlicher Seite zahllose politische Skandale vertuscht, sondern auch unendlich viele linksoppositionelle Aktionen und Kampagnen verschiedenster Fraktionierungen verschwiegen und unterschlagen, so auch die nicht unbeträchtliche Beteiligung von Schülern an den Aktionen der Anti-AKW-Bewegung. Die sich neu formierende politische Rechte dagegen erfreut sich bis heute einer glänzenden Presse. So gelang es auch den »rechten Schülergruppen«, sich ins Rampenlicht zu stellen, obwohl sie – wenn auch eine ernstzunehmende Gefahr – bisher noch keinen großen Einfluß auf den Schulalltag nehmen konnten.

Aber nicht nur die »Rechten« von Schüler Union bis zum NS-Schülerbund begannen sich nach dem Niedergang der K-Gruppen-Bewegung und der weitgehenden Entpolitisierung der »Sponti-Szene« für die Schüler zu interessieren, es stürzten sich auch sämtliche Jugendorganisationen der im Parlament vertretenen Parteien auf die Schulen, vor allem Jusos, SDAJ und Judos. Dank der finanziellen Mittel ihrer Mutterorganisationen gelang es ihnen, einen großen Teil der Schülerpresse an sich zu reißen und mehr und mehr in die Gremien der Schülervertretungen einzusikkern. Ob sie dabei im Sinne ihrer Parteien erfolgreich waren und sind, kann ich nicht beurteilen. Zu massenhaftem Zulauf von Schülern, wie zu Zeiten der Revolte und auch noch der frühen K-Gruppen-Zeit, hat es jedenfalls keiner der Parteijugendverbände gebracht.

Unabhängig vom politischen und oppositionellen Geschehen oder Nicht-Geschehen an den Schulen dominierte während der späten siebziger Jahre in Akademikerkreisen und in der linksliberalen Presse zum Thema Schüler die vulgarisierte These vom Narziß als dem neuen Sozialisationstyp: dem »NST«. Dieses pädagogische Konstrukt eines desinteressierten und motivationslosen Jugendlichen reflektierte viel von der keineswegs altersgebundenen »Spontikaputtheit« und wirkte – von ebenso resignierten wie etablierten 68er Linken vorgetragen – oft wie eine Projektion der eigenen Hilflosigkeit auf die jüngere Generation. Hatten die noch Wandervogel- bzw. Hitlerjugend-bewegten Väter der 68er Generation ihren Kindern kurz vor deren Aufstand das Siegel der »Schweigenden Generation« aufgedrückt, so erfanden die 68er »Altgenossen« als Eltern und Pädagogen den »NST«. Die bürgerliche Ideologie von der per se revolutionären Jugend, die das System selbst schon kaum mehr brauchen kann, feierte damit fröhliche Urstände. Die 68er Revolte aber wurde damit von ehemaligen Beteiligten selbst zu dem degradiert, was die damals ältere Generation am liebsten darin gesehen hätte, einem eigentlich unpolitischen Konflikt zwischen Vätern und Söhnen.

Und wieder einmal sollte sich die Geschichte wiederholen: Punk, Züricher Bewegung, Häuserkampf und jugendliches Engagement in der Friedensbewegung brachen ebenso unerwartet über NST-orientierte Journalisten und Jugendspezialisten herein, wie einstmals die »Schüler-und-Studenten-Revolte« über die Kritiker der »Schweigenden Generation«. Und schon hat man auch wieder eine »neue Jugendlichenbewegung« daraus gemacht. Ob es sich dabei wirklich um eine solche handelt, scheint mir schon beim oberflächlichen Vergleich mit der »Schüler- und Studenten-Bewegung« fragwürdig zu werden.

Die 68er Revolte entzündete sich am Generationskonflikt und an antiimperialistischer Empörung. Sexuelles Elend, Autoritätskonflikte mit Eltern, Lehrern und Professoren provozierten nicht nur kulturrevolutionäres Aufbegehren gegen die Erwachsenen als Spießer und ihre Lebensweise, sondern auch Identifikation mit den Ländern der Dritten Welt.

Die jugendlichen Revolten der achtziger Jahre dagegen sind aus Angst vor Krieg und Umweltkatastrophen und aus Verzweiflung an der fortschreitenden Technokratisierung des täglichen Lebens entstanden. Das sind Probleme, die alle betreffen; der Generationskonflikt hat dabei nicht einmal mehr auslösende Funktion.

Die neueren »Jugendunruhen« haben nichts mehr von der bürgerlichen und kleinbürgerlichen Homogenität klassischer (deutscher) Jugendlichenbewegungen vom »Sturm und Drang« über den Wandervogel bis zur 68er Revolte. Während die intellektuellen Akteure der Revolte und der K-Gruppenära verzweifelt und meist erfolglos um die jungen Proletarier warben, kommen diese jetzt von selber. Nur interessiert diese Tatsache heutzutage keinen mehr, denn die finstere Zukunft scheint alle gleich zu machen.

Dementsprechend kämpfen Schüler, Punks und Häuserbesetzer, »die ganze no-future-Gesellschaft«, wie ein Schüler dazu sagte, weder als Jugendliche, noch als Schüler, Lehrlinge oder gar Studenten, sondern als künftige Leidtragende der heute gemachten Politik. Wenn sich das »trau keinem über 30« schon damals weniger auf das biologische Lebensalter als auf bürgerlich-erwachsene Lebenshaltung und Lebensweise bezog, so richtet sich heute nicht einmal der subkulturelle Separatismus der Punks gegen die Erwachsenen, sondern vielmehr gegen alle, die anders sind.

Die Organisationsformen der von Jugendlichen getragenen Bewegungen um Häuserkampf und Jugendzentren unterscheiden sich ebenso wie das altersklassengemischte oppositionelle Sammelbecken Ökologie- und Friedensbewegung von der 68er Revolte durch die Abwesenheit von charismatischen Führern und sonstigen Helden. Auch solche nicht-institutionellen Autoritäten und Idole waren für die klassischen Jugendlichenbewegungen kennzeichnend: Trotz der Ablehnung der von den Erwachsenen vorgegebenen Leitbilder bedurfte man immer noch eigener Identifikationsfiguren.

Was die Ausdrucksweisen der sich neu konstituierenden Opposition angeht, so hat man den Eindruck, die Phantasie habe seit ihrer situationistischen Propagierung 20 Jahre gebraucht, um »an die Macht« zu kommen. Spielerische und spontane Aktionen sind dabei keineswegs mehr Sache von Jugendlichen, sondern werden inzwischen sogar von älteren Bürgerinitiativlern veranstaltet. So haben die Friedensdemonstrationen, auf denen Fässer mitgerollt, Pauken geschlagen und viel clownhafter Ulk getrieben wird, nicht nur durch ihre altersmäßige Vermischtheit, sondern auch durch eine gewisse Entspezialisierung von Verhaltens- und Ausdrucksweisen mittelalterliches Gepräge bekommen. Die oben beschriebene Tendenz zur pädagogischen Infantilisierung auch der Erwachsenen scheint den (für das System nicht ungefährlichen) folgerichtigen Nebeneffekt der Freisetzung spontaner und unzivilisierter Verhaltensweisen von Angehörigen der älteren Generation zu haben.

Die Ziele der angeblichen Jugendlichenbewegung sind einerseits weniger fest umrissen als die von 1968, andererseits aber auch realistischer. Auch die radikalsten Schüler z. B. bekämpfen die Schule nicht mehr als Institution. Resignation in diesem Punkt ist nur allzu verständlich. Haben doch die Linken aus der Protestbewegung trotz deren ursprünglich antiautoritär-pädagogischer Ausrichtung den Steigbügel für technokratische Reformen und ansteigenden Leistungsdruck gehalten. Die Schüler wollen nicht mehr die selbstbestimmte Gegenschule, sondern die Einstellung aller Lehrer, die – ihrerseits von Arbeitslosigkeit und Berufsverbot bedroht – ihre klassenfeindartige Distanz mehr und mehr verlieren. Trotzdem haben in der Bundesrepublik noch nie so viele Schüler demonstriert wie in den letzten Jahren.

So ist es Politikern und Erziehern dank pädagogischer Liberalisierungen und Bildungsreformen zwar gelungen, dem zugespitzten Generationskonflikt beizukommen, nicht aber dem jugendlichen Protest, der heute Teil einer Bewegung ist, die quer durch alle Altersklassen geht.

Literatur

Bei Zitaten aus klassischen Texten ist das ursprüngliche Erscheinungsjahr im Text angegeben.
Bei Zitaten aus den Schülerzeitschriften wurde die Orthographie gemäß den gängigen Regeln berichtigt.
Ebenso wurde die Kleinschrift aus den Originaltexten des *Homberger Schulecho* und des *Apfelbaum* nicht übernommen.

Adamo, Hans (Hg.), Marx/Engels/Lenin, *Über den Anarchismus*, Frankfurt 1976.

Althusser, Louis, *Marxismus und Ideologie*, Berlin 1973.

Amendt, Günther (Hg.), *Kinderkreuzzug*, Reinbek 1968.

Apfelbaum 1/1974-6/1975. [Der Titel wurde geändert.]

Ariès, Philippe, *Geschichte der Kindheit*, München/Wien 1976.

Ausubel, David, *Das Jugendalter*, München 1970.

Bakunin, Michael, *Gott und der Staat*, Reinbek 1971.

Bakunin, Michael, *Staatlichkeit und Anarchie*, Berlin 1972.

Beck, Johannes, *Lernen in der Klassengesellschaft*, Reinbek 1974.

Benjamin, Walter, *Über Kinder, Jugend und Erziehung*, Frankfurt 1969.

Benz, Ernst, *Das Recht auf Faulheit*, Stuttgart 1974.

Beobachter, Nr. 1-6, Sondernr. 1-4 [1968/1969].

(Den Ausgaben des *Beobachter* fehlt die jeweilige Angabe des Erscheinungsjahres. Da sich das ehemalige Mitglied des Redaktionskollektivs nicht genau erinnern konnte, kann ich, aus dem Inhalt schließend, nur annehmen, daß die beiden letzten Hefte 1969 entstanden sind. Da die Seiten der einzelnen Ausgaben nicht numeriert sind, entfallen die Seitenangaben bei meinen Zitaten.)

Bernfeld, Siegfried, *Die Schulgemeinde und ihre Klassenkampffunktion*, Berlin 1968.

Bernfeld, Siegfried, *Sisyphos oder die Grenzen der Erziehung*, Frankfurt 1967.

Bienenkorb-Gazette, Nr. 1/1964-1/1967.

Boockchin, Murray, *Kommunismus und Selbstbestimmung*, Berlin 1974.

Borries, Achim v. / Brandies, Ingeborg (Hg.), *Anarchismus. Theorie/Kritik/Utopie*, Frankfurt 1970.

Braunmühl, Ekkehard von, *Antipädagogik*, Weinheim/Basel 1976.

Brückner, Peter, *Interview mit Peter Brückner*, in: *Diskus*, 5/6, 1978.

Brückner, Peter, *Zur Sozialpsychologie des Kapitalismus*, Frankfurt 1972.

Brückner, Peter / Krovaza, Alfred, *Was heißt Politisierung der Wissenschaften*, Frankfurt 1972.

Duerr, Hans Peter (Hg.), *Unter dem Pflaster liegt der Strand*, Bd. I, II, Berlin 1975; Bd. III, Berlin 1976; Bd. IV, Berlin 1977.

Ebbinghaus, Angelika, *Taylor in Rußland*, in: *Autonomie*, 1/1975.
Elias, Norbert, *Über den Prozeß der Zivilisation*, Frankfurt 1977.
Engels, Friedrich, *Der Deutsche Bauernkrieg*, Berlin 1972.
Engels, Friedrich, *Der Ursprung der Familie, des Privateigentums und des Staates*, Frankfurt 1969.
Firestone, Shulamith, *Frauenbefreiung und sexuelle Revolution*, Frankfurt 1976.
Foucault, Michel, *Mikrophysik der Macht*, Frankfurt 1976.
Foucault, Michel, *Überwachen und Strafen*, Frankfurt 1976.
Freud, Sigmund, *Das Unbehagen in der Kultur*, in: S. F., *Abriß der Psychoanalyse*, Frankfurt 1972.
Freud, Sigmund, *Über die Psychogenese eines Falles von weiblicher Homosexualität*, in: S. F., *Studienausgabe*, Bd. VII, Frankfurt 1973.
Freud, Sigmund, *Vorlesungen zur Einführung in die Psychoanalyse und neue Folge*, in: S. F., *Studienausgabe*, Bd. I, Frankfurt 1970.
Guérin, Daniel, *Anarchismus. Begriff und Praxis*, Frankfurt 1967.
Günther, Karl-Heinz, *Geschichte der Erziehung*, Berlin 1967.
Günther, Karl-Heinz, *Quellen zur Geschichte der Erziehung*, Berlin 1968.
Grossarth-Maticek, Ronald, *Revolution der Gestörten?*, Heidelberg 1975.
Guha, Anton Andreas, *Sexualität und Pornographie*, Frankfurt 1972.
Haug, Hans-Jürgen / Maessen, Hubert, *Was wollen die Schüler?*, Frankfurt 1969.
Haug, Wolfgang Fritz, *Zur Strategie der Triebunterdrückung und Triebmodellierung in Gymnasien*, in: *Das Argument* 56/1970.
Hauser, Arnold, *Sozialgeschichte der Kunst und Literatur*, München 1967.
Heydorn, Heinz J., *Über den Widerspruch von Bildung und Herrschaft*, Frankfurt 1970.
Hofmann, Werner, *Zur Soziologie der Studentenrevolte*, in: W. H., *Abschied vom Bürgertum*, Frankfurt 1970.
Hollstein, Walter, *Der Untergrund*, Neuwied 1969.
Homberger Schulecho, 1/1968-3/1969.
Horkheimer, Max, *Autorität und Familie in der Gegenwart*, in: Claessen, Dieter (Hg.), *Familiensoziologie*, Frankfurt 1973.
Horney, Walter (Hg.), *Pädagogisches Lexikon*, Gütersloh 1970.
Hornstein, Walter, *Jugend in ihrer Zeit*, Hamburg 1966.
Illich, Ivan, *Entschulung der Gesellschaft*, München 1972.
Illich, Ivan, *Schule. Ritual des Fortschritts*, Berlin 1972.
Joll, James, *Die Anarchisten*, Frankfurt/Berlin 1969.
Kerbs, Diethardt (Hg.), *Die hedonistische Linke*, Wien 1974.
Kleemann, Susanne, *Ursachen und Formen der amerikanischen Studentenopposition*, Frankfurt 1971.

Kluge, Alexander, *Lernprozesse mit tödlichem Ausgang*, Frankfurt 1973.
Knaak, Lothar, *Trotz-Protest-Rebellion. Urformen des Nestzerstörungstriebes*, Zürich 1970.
König, Helmut, *Zur Geschichte der Nationalerziehung in Deutschland im letzten Drittel des 18. Jahrhunderts*, Berlin 1960.
König, René, *Handbuch der empirischen Sozialforschung*, Stuttgart 1967.
Kreutz, Henrik, *Soziologie der Jugend*, München 1976.
Kreuzer, Hellmut, *Die Boheme*, Stuttgart 1971.
Kropotkin, Peter, *Die Eroberung des Brotes*, Berlin 1972.
Kropotkin, Peter, *Gegenseitige Hilfe*, Berlin 1975.
Kropotkin, Peter, *Landwirtschaft, Industrie und Handwerk*, Berlin 1976.
Krupskaja, Nadeza K., *Sozialistische Pädagogik*, Berlin 1971.
Kuckuck, Margarete, *Student und Klassenkampf*, Hamburg 1974.
Landauer, Gustav, *Erkenntnis und Befreiung*, Frankfurt 1972.
Lenhart, Volker, *Diskussion über die Schulreform in der BRD*, Frankfurt 1972.
Lenin, W. I., *Ein Schritt vorwärts, zwei zurück*, in: Lenin, *Werke*, Bd. 7, Berlin 1973.
Lenin, W. I., *Der »linke Radikalismus«. Die Kinderkrankheit im Kommunismus*, Peking 1976.
Lenin, W. I., *Die Hauptaufgaben unserer Tage*, in: Lenin, *Werke*, Bd. 27, Berlin 1972.
Lenin, W. I., *Staat und Revolution*, Peking 1969.
Lenin, W. I., *Was Tun?*, Berlin 1970.
Lessing, Hellmut, *Existenzbedingungen der Arbeiterjugend und der Gegenstand ihrer Organisation*, in: H. L., Manfred Liebel, *Jugend in der Klassengesellschaft*, München 1974 (A).
Lessing, Hellmut, *Zum Begriff des Politischen in der Jugendforschung*, in: H. L., Manfred Liebel, *Jugend in der Klassengesellschaft*, München 1974 (B).
Lessing, Hellmut, *Jugendpflege oder Selbsttätigkeit*, Köln 1976.
Liebel, Manfred / Wellendorf, Franz, *Schülerselbstbefreiung*, Frankfurt 1969.
Mannoni, Maud, *»Scheißerziehung«. Von der Antipsychiatrie zur Antipädagogik*, Frankfurt 1976.
Marx, Karl, *Grundrisse der Kritik der politischen Ökonomie*, Wien (EVA) o. J.
Marx, Karl, *Der achtzehnte Brumaire des Louis Bonaparte*, Berlin 1971.
Marx, Karl / Engels, Friedrich, *Manifest der Kommunistischen Partei*, Peking 1975.

Mead, Margaret, *Jugend und Sexualität in primitiven Gesellschaften*, München 1976.
Mehnert, Klaus, *Jugend im Zeitbruch*, Stuttgart 1976.
Muchow, Hans Heinrich, *Jugend und Zeitgeist*, Reinbek 1962.
Neidhardt, Friedhelm, *Bezugspunkte einer soziologischen Theorie der Jugend*, in: F. N. u. a., *Jugend im Spektrum der Wissenschaften*, München 1970.
Neidhardt, Friedhelm, *Die Familie in Deutschland*, Opladen 1975.
Nettlau, Max, *Geschichte der Anarchie*, Berlin 1972.
Pross, Harry, *Jugend, Eros, Politik*, München 1964.
Puder, Martin, *Marx und Engels als konservative Denker*, in: H. P. Duerr, *Unter dem Pflaster liegt der Strand*, Bd. III, Berlin 1976.
Rammstedt, Otthein, *Anarchismus*, Köln 1969.
Reich, Wilhelm, *Dialektischer Materialismus und Psychoanalyse*, Graz 1971.
Rendtel, Frithjof, *Politische Bildung durch die Schülerpresse. Ihre Wandlung von 1969 auf 1976*, München (DJI) 1979.
Rendtel, Frithjof, *Zur Schülerpresse in der Bundesrepublik*, Hannover/Berlin/Darmstadt/Dortmund 1971.
Ritsert, Jürgen, *Inhaltsanalyse und Ideologiekritik*, Frankfurt 1972.
Roszak, Theodore, *Gegenkultur*, München 1973.
Rote Schülerpresse, 1/1971-1/1972.
Roter Schweitzer, 1/1971-3/1971.
Seidelmann, Karl, *Die deutsche Jugendbewegung*, Bad Heilbrunn 1966.
Steffen, Monika / Funken, Klaus, *Die einfache Kaderproduktion. Thesen zur Studentenbewegung als kleinbürgerlicher Massenbewegung*, in: *Kursbuch*, 25/1971.
Stirner, Max, *Der Einzige und sein Eigentum*, München 1968.
Scheibe, Wolfgang, *Schülermitverantwortung*, Darmstadt 1966.
Schérer, René, *Das dressierte Kind*, Berlin 1975.
Schmelz, Herbert, *Soziologische Inhaltsanalyse von Schul- und Schülerzeitungen*, Frankfurt 1968.
Schulkampf, 3/1972-3/1975.
Schwerbrock, Wolfgang, *Proteste der Jugend*, Düsseldorf 1968.
Thesen der Oberschülerkommission, in: *Rote Presse Korrespondenz*, 138/1971.
Ussel, Jos van, *Sexualunterdrückung. Geschichte der Sexualfeindschaft*, Reinbek 1970.
Wittkop, Justus, *Bakunin*, Reinbek 1974.

edition suhrkamp. Neue Folge

100 James Joyce, Ulysses
101 Errungenschaften. Eine Kasuistik. Hg. v. Michael Rutschky
102 Der große Rausch. Türkische Erzähler der Gegenwart. Hg. v. Yüksel Pazarkaya
103 Bernhard Luginbühl, Die kleine explosive Küche
104 Hugh Kenner, Ulysses
105 Hans Wollschläger liest »Ulysses«
106 James Joyce, Penelope. Das letzte Kapitel des ›Ulysses‹. Engl./Dt.
107 Fragment und Totalität. Hg. v. Christiaan L. Hart Nibbrig und Lucien Dällenbach
108 Gabriel Jackson, Annäherung an Spanien 1898–1975
109 Thomas McKeown, Die Bedeutung der Medizin. Traum, Wahn oder Nemesis?
110 Uwe Kolbe, Hineingeboren. Gedichte 1975–1979
111 Ngũgĩ wa Thiong'o, Verborgene Schicksale
112 José Lezama Lima, Die Ausdruckswelten Amerikas
113 Signatur G. L.: Gustav Landauer im »Sozialist«. Hg. v. Ruth Link-Salinger (Hyman)
114 Michael Brodsky, Der Tatbestand und seine Hülle
115 Ulla Pruss-Kaddatz, Wortergreifung. Zur Entstehung einer Arbeiterkultur in Frankreich
116 Jean-Paul Aron / Roger Kempf, Der sittliche Verfall
117 Gerald Zschorsch, Der Duft der anderen Haut
118 George Tabori, Unterammergau oder Die guten Deutschen
119 Samuel Beckett, Mal vu, mal dit / Schlecht gesehen, Schlecht gesagt. Frz./Dt.
120 Vivian Mercier, Beckett/Beckett
121 Thomas A. Sebeok, Jean Umiker-Sebeok, »Du kennst meine Methode«
122 Von der Verantwortung des Wissens. Hg. v. Paul Good
123 Karin Struck, Kindheits Ende. Journal einer Krise
124 Wladimir Tendrjakow, Sechzig Kerzen
125 Dieter Henrich, Fixpunkte der Kunst
126 Roland Barthes, Die Rauheit der Stimme. Interviews 1962–1980
127 Einar Schleef, Die Bande
128 Takeo Doi, Amae – Freiheit in Geborgenheit

129 Blick übers Meer. Hg. v. Helmut Martin, Charlotte Dunsing, Wolf Baus
130 Wie die Wahrheit zur Fabel wurde. Nietzsches Umwertung von Kultur und Subjekt. Hg. v. Philipp Rippel
131 Josef Esser, Gewerkschaften in der Krise
132 Die Wiederkehr des Körpers. Hg. v. Dietmar Kamper u. Christoph Wulf
133 Richard Saage, Rückkehr zum starken Staat?
134 Dieter Senghaas, Von Europa lernen
135 Peter Weiss, Notizbücher 1960–1970. Zwei Bände
136 Marin Sorescu, Abendrot Nr. 15
137 Joachim Veil, Die Wiederkehr des Bumerangs
138 Chinua Achebe, Okonkwo oder das Alte stürzt
139 Robert Pinget, Apokryph
140 Julio Cortázar, Ultimo Round
141 Faszination der Gewalt. Politische Strategie und Alltagserfahrung. Red.: Reiner Steinweg
142 Manfred Frank, Der kommende Gott
143 Die neue Friedensbewegung. Red.: Reiner Steinweg
144 Mythos und Moderne. Hg. v. Karl Heinz Bohrer
145 Mongo Beti, Remember Ruben
146 Franz Böni, Alvier
147 Der religiöse Faktor
148 Michael Buselmeier, Radfahrt gegen Ende des Winters
149 Karl Held/Theo Ebel, Krieg und Frieden
150 Jean-Pierre Vernant, Die Ursprünge des griechischen Denkens
151 Literatur und Politik in der VR China. Hg. v. Rudolf G. Wagner
152 Hans-Ulrich Wehler, Preußen ist wieder chic . . .
153 Der Mensch als Risiko. Hg. v. Manfred Wambach
154 Nicolas Bornhorn, Der Film als Wirklichkeit
156 Die armen Frauen. Hg. v. Ilona Kickbusch u. Barbara Riedmüller
157 Zum Funktionswandel der Literatur. Hg. v. Peter Bürger
158 Ulrike Heider, Schülerprotest in der Bundesrepublik
159 Eva-Maria Alves, Maanja
160 Franz Koppe, Grundbegriffe der Ästhetik
161 Jürg Laederach, In extremis
162 Eike Hennig, Der normale Extremismus
163 Walther Abisch, Im Futurum perfectum
164 Peter Schwacke, Carte blanche
165 Tove Ditlevsen, Die Gesichter

166 Die neue internationale Informationsordnung. Red.: Reiner Steinweg
167 Ernst Bloch, Was schadet und was nutzt Deutschland ein feindlicher Sieg. Hg. v. Martin Korol
168 Peter Handke, Phantasien der Wiederholung
169 Volker Braun, Geschichten von Hinze und Kunze
170 Edward P. Thompson, Die Entstehung der englischen Arbeiterklasse
171 Roland Barthes, Elemente der Semiologie
172 Franz Xaver Kroetz, Frühe Stücke/Frühe Prosa
173 Werner Koch, Intensivstation
174 Literatur der DDR in den siebziger Jahren. Hg. v. Peter Uwe Hohendahl u. Patricia Herminghouse
175 Lloyd de Mause, Grundlagen der Psychohistorie
176 Josef Esser/Wolfgang Fach/Werner Väth, Krisenregulierung
177 Josef Winkler, Die Menscher
178 Uwe Kolbe, Abschiede und andere Liebesgedichte
179 J. M. A. Biesheuvel, Der Schrei aus dem Souterrain
180 Jochen Hörisch, Gott, Geld und Glück – Zur Logik der Liebe
181 Georg Vobruba, Politik mit dem Wohlfahrtsstaat
182 Walter Vogl, Hassler
183 João Ubaldo Ribeiro, Sargento Getúlio
184 Francis F. Piven/Richard A. Cloward, Aufstand der Armen
185 Abschied vom Recht? Hg. v. Rüdiger Voigt
186 Celso Furtado, Brasilien nach dem Wirtschaftswunder
187 Martin Roda Becher, Der rauschende Garten
188 Das Schwinden der Sinne. Hg. v. Dietmar Kamper u. Christoph Wulf
189 Rüdiger Lautmann, Der Zwang zur Tugend
190 Vom Krieg der Erwachsenen gegen die Kinder. Red.: Reiner Steinweg
191 Brecht-Journal. Hg. v. Jan Knopf
192 Feminismus. Inspektion der Herrenkultur. Ein Handbuch. Hg. v. Luise F. Pusch
193 Alexander Kluge, Schlachtbeschreibung
194 Andrea Lee, Russisches Tagebuch
195 Taktische Kernwaffen. Die fragmentierte Abschreckung. Hg. v. Philippe Blanchard, Reinhart Koselleck u. Ludwig Streit
196 Rüstung und soziale Sicherheit. Red.: Reiner Steinweg
197 Andreas Buro/Karl Grube, Vietnam! Vietnam?

198 Franz Böni, Der Johanniterlauf
199 Ngũgĩ wa Thiong'o, Der gekreuzigte Teufel
200 Walter Benjamin, Das Passagen-Werk. Hg. v. Rolf Tiedemann

Neue Historische Bibliothek
Hg. von Hans-Ulrich Wehler

241 Werner Abelshauser, Wirtschaftsgeschichte der Bundesrepublik Deutschland. 1945–1980
242 Dirk Blasius, Geschichte der politischen Kriminalität in Deutschland 1800–1980
243 Kurt Kluxen, Geschichte und Problematik des Parlamentarismus
244 Peter Marschalck, Bevölkerungsgeschichte Deutschlands im 19. und 20. Jahrhundert
245 Wolfgang Wippermann, Europäischer Faschismus im Vergleich 1922–1982
246 Michael Geyer, Deutsche Rüstungspolitik 1860–1980
247 Volker Hentschel, Geschichte der deutschen Sozialpolitik 1880–1980
248 Detlef Lehnert, Sozialdemokratie zwischen Protestbewegung und Regierungspartei 1848–1983
250 Peter Alter, Nationalismus
254 Hans-Ulrich Wehler, Grundzüge der amerikanischen Außenpolitik 1750–1900

edition suhrkamp. Neue Folge